頻出度順

漢字検定問題集 準2級

成美堂出版

本書の見方と使い方

POINT 1 頻出度順だから効率的に学習できる!

本書では過去問20年分(約250回分)を徹底分析し、出題回数に応じて、A~Cのランクに分けて出題しています。試験によく出る順に学習できるので、効率的に学習できます。

Aランク
過去の試験で最も出題されているもの。

Bランク
過去の試験でよく出題されているもの。

Cランク
出題頻度はそれほど多くないが、満点をめざすなら学習しておきたいもの。

頻出度 A ランク

読み ①

● 次の——線の**漢字の読み**を**ひらがな**で答えよ。

☑ 1 自分の年齢を偽って登録した。
☑ 2 一か月分の食費を賄う。
☑ 3 週末には渓流でイワナを釣る。
☑ 4 訳あって人目を忍んで暮らす。
☑ 5 その風習は廃れてしまった。
☑ 6 必要且つ十分な準備をする。
☑ 7 友人の話は聞くに堪えない話だ。
☑ 8 国民の多くが飢えている。
☑ 9 ご用命はこちらで承ります。
☑ 10 但し書きももらさずに読む。

解答
1 いつわ
2 まかな 辞
3 つ
4 しの
5 すた 辞
6 か
7 た
8 う
9 うけたまわ
10 ただ

☑ 11 借入金返済の督促を受ける。
☑ 12 楽をして稼ぐことはできない。
☑ 13 一生をかけて罪を償う。
☑ 14 競泳で自己記録の更新に挑む。
☑ 15 のどが渇いて水が欲しい。
☑ 16 珠玉の作品集が完成した。
☑ 17 果実の熟れた香りがする。
☑ 18 テーブルの花瓶に花を一輪挿す。
☑ 19 両意見を併せて考えてほしい。
☑ 20 伯母の食事内容は偏っている。

解答
11 とくそく 辞
12 かせ
13 つぐな
14 いど
15 かわ
16 しゅぎょく 辞
17 う
18 さ
19 あわ
20 かたよ

目標時間 22分
1回目 /44
2回目 /44

14

出題分野

漢字検定準2級では9の分野に分かれています。

目標時間と自己採点記入欄

実際の試験時間(60分)から換算した目標時間です。

POINT 5 別冊「漢字検定準2級合格ブック」で配当漢字を完全マスター!

「準2級配当漢字表」をはじめ、「試験に出る四字熟語の問題」「よく出る対義語の問題」など役立つ資料をコンパクトにまとめました。持ち運びに便利なので、別冊だけ持ち歩いて、いつでもどこでも暗記ができます。赤シートにも対応しています。

2 POINT 赤シート対応だから スピーディにチェックできる！

答えを赤シートで隠しながら解いていけばいいので、何度でも気軽に問題を解くことができます。

3 POINT 辞書いらずの 丁寧な解説！

辞書を引きたくなるような難しい言葉には、意味を掲載してあります。四字熟語もすべて意味が入っているので、辞書を引く手間が省けて効率的に学習できます。

ひよこのパラパラマンガ

疲れたときにめくってみてください。

チェックボックス

間違えた問題をチェックできるので、くり返し勉強できます。

読み　部首　熟語の構成　四字熟語　対義語・類義語　同音・同訓異字　誤字訂正　漢字と送りがな　書き取り　模擬テスト

21 大型車両が車の通行を遮る。
22 今日は専ら聞き役に徹した。
23 書店員に本書の一読を薦められる。
24 先生の登壇で会場は大いに沸いた。
25 日々の努力を褒める。
26 忙しい時間を割いて対応する。
27 ハンマーで岩を砕いて進む。
28 今夜は宵の明星が見える。
29 一人で非難の矢面に立つ。
30 ますます危険な状態に陥る。
31 断固として不当な支払いを拒む。
32 二人は海岸から沖を眺めた。
33 嫌な顔も見せず手伝いをする。
34 個別の例は割愛して報告する。

21 さえぎ　22 もっぱ　23 すす　24 わ　25 ほ　26 さ　27 くだ　28 よい 辞　29 やおもて　30 おちい　31　32　33　34

35 ついに均衡が破られた。
36 国賓待遇で迎えられる。
37 国王から祝いの品を賜る。
38 漆塗りの技法を学んだ。
39 触媒により化学反応を速める。
40 人垣をかき分けて前に出た。
41 先生のおかげで迅速に対応できた。
42 目標の達成を心に誓う。
43 二つの意見の折衷案を提示する。
44 事件の真犯人を捜す。

35 きんこう　36 こくひん 辞　37 たまわ　38 うるしぬ　39 しょくばい 辞　40 ひとがき　41 じんそく　42 ちか　43 せっちゅう　44 さが

意味をCheck!

2 賄う…限られた費用や人手などで用を足す。
5 廃れる…時間がたつとともに行われなくなる。
11 督促…約束や支払いなどの実行を促すこと。
16 珠玉…立派なものや美しいもののたとえ。
28 宵の明星…日没後に西の空に輝く金星。
34 割愛…残念に思いながら、一部を捨てる（省略する）こと。
36 国賓…国家が国費で接待する外国の要人。
39 触媒…化学反応を促進させる作用のある物質。

15

辞書のアイコン

この問題の解答または文中の語句について、「意味をCheck!《チェック》」欄で意味を説明しています。

4 POINT 仕上げに使える 模擬試験3回分収録！

本試験とそっくりの形式の模擬試験を3回分用意してあります。実際の試験の60分間で解いて、自己採点してみましょう。

本書の特長

頻出度順だから効率的に学習できる

試験にでやすい漢字を分析

漢字検定準2級では、準2級配当漢字の**328字**を含めた**常用漢字2136字のうちの1951字**が出題範囲になります。

とはいえ、この字がすべて出題されるわけではありません。

下の表を見てください。この表は、漢字検定の過去問題20年分(約250回分)の試験で実際に出題された問題を分析した結果です。**出題範囲が決まっているので、特定の漢字が何度も出題されます。**

たとえば、読みの問題では「賄う」が23回も出題されている一方、「殊勲」は1回しか出題されていません。部首の問題では、「賓」と「醸」はどちらも準2級配当漢字ですが、「賓」が23回出題されているのに対し、「醸」の出題は1回のみです。

過去問題20年分で出題の多い問題

出題分野	出題例(出題回数)
読み	賄う(23回) 但し・忍ぶ(21回)
部首	爵・甚・畝・賓(23回) 嗣・褒・戻(22回)
熟語の構成	禍福・巧拙(20回) 寛厳・親疎(18回)
四字熟語	物情騒然(19回) 驚天動地・比翼連理(17回)
対義語・類義語	召還⇔派遣(23回) 忍耐＝我慢(26回)
同音・同訓異字	ショウ―祥(12回)肖(12回) コウ―衡(13回)溝(10回)
誤字訂正	頒売・般売⇨販売(13回)
漢字と送りがな	輝く(17回) 及ぼす(16回)
書き取り	繰る(17回) 曇る(16回)

分析結果からA、B、Cランクに分類

本書では、この結果をもとにして、出題回数が多い順に**Aランク**(最頻出問題)、**Bランク**(必修問題)、**Cランク**(満点問題)の3つのランクに分類して問題を掲載しています。

A ランク 最頻出問題。**過去に何度も繰り返し出題された問題**で、これからも出題されやすい「**試験によく出る問題**」です。覚えておけば得点源につながり、短期間での合格も可能です。

B ランク **必修問題**。比較的よく出る問題で、覚えておけば確実に合格することにつながります。

C ランク **満点問題**。出題頻度はそれほど高くありませんが、満点をめざすならば覚えておきたい問題です。

準2級配当漢字の中で、出題分野によっては実際には出題されない漢字もあります。本書は頻出度順になっているため、そのような漢字を覚えなくてもよいようになっています。

漢字検定準２級 受検ガイド

実施は年３回、だれでも受けられる

漢字検定は、年齢、性別、国籍を問わず、だれでも受検できます。

受検方法には、公開会場での個人の受検、準会場での団体受検、コンピューターを使って試験を受けるＣＢＴ受検があります。

試験に関する問合せ先

公益財団法人
日本漢字能力検定協会
【ホームページ】https://www.kanken.or.jp/
＜本部＞
京都市東山区祇園町南側５５１番地

ホームページにある「よくある質問」を読んで該当する質問がみつからなければメールフォームでお問合せください。電話でのお問合せ窓口は0120-509-315（無料）です。

漢字検定の概要（個人受験の場合）

試験実施	年３回 ①６月中の日曜日 ②10～11月中の日曜日 ③翌年１～２月中の日曜日
試験会場	全国と海外の主要都市
受検料	3500円(準2級)
申込方法	①インターネットもしくは携帯電話から専用フォームで申し込みを行い、クレジットカードやコンビニエンスストアで決済を行う ②指定のコンビニエンスストアに設置された端末機で申し込みを行い、レジにて検定料を支払う
申込期間	検定日の約３か月前から１か月前まで
試験時間	60分 開始時間の異なる級を選べば２つ以上の級を受検することもできる
合格基準	200点満点で正答率70%程度(140点程度)以上が合格の目安
合格の通知	合格者には合格証書、合格証明書、検定結果通知が、不合格者には検定結果通知が郵送される

※本書の情報は制作時点のものです。受検をお考えの方は、ご自身で㈾日本漢字検定能力協会の発表する最新情報をご確認ください。

各級のレベルと出題内容

級	レベル（対象漢字数）	程度	主な出題内容	合格基準	検定時間
1	大学・一般程度（約6000字）	常用漢字を含めて、約6000字の漢字の音・訓を理解し、文章の中で適切に使える。	漢字の読み / 漢字の書取 / 故事・諺 / 対義語・類義語 / 同音・同訓異字 / 誤字訂正 / 四字熟語	200点満点中80%程度	各60分
準1	大学・一般程度（約3000字）	常用漢字を含めて、約3000字の漢字の音・訓を理解し、文章の中で適切に使える。	漢字の読み / 漢字の書取 / 故事・諺 / 対義語・類義語 / 同音・同訓異字 / 誤字訂正 / 四字熟語		
2	高校卒業・大学・一般程度（2136字）	すべての常用漢字を理解し、文章の中で適切に使える。	漢字の読み / 漢字の書取 / 部首・部首名 / 送り仮名 / 対義語・類義語 / 同音・同訓異字 / 誤字訂正 / 四字熟語 / 熟語の構成		
準2	高校在学程度（1951字）	常用漢字のうち1951字を理解し、文章の中で適切に使える。	漢字の読み / 漢字の書取 / 部首・部首名 / 送り仮名 / 対義語・類義語 / 同音・同訓異字 / 誤字訂正 / 四字熟語 / 熟語の構成	200点満点中70%程度	
3	中学卒業程度（1623字）	常用漢字のうち約1600字を理解し、文章の中で適切に使える。	漢字の読み / 漢字の書取 / 部首・部首名 / 送り仮名 / 対義語・類義語 / 同音・同訓異字 / 誤字訂正 / 四字熟語 / 熟語の構成		
4	中学校在学程度（1339字）	常用漢字のうち約1300字を理解し、文章の中で適切に使える。	漢字の読み / 漢字の書取 / 部首・部首名 / 送り仮名 / 対義語・類義語 / 同音・同訓異字 / 誤字訂正 / 四字熟語 / 熟語の構成		
5	小学校6年生修了程度（1026字）	小学校6年生までの学習漢字を理解し、文章の中で漢字が果たしている役割に対する知識を身に付け、漢字を文章の中で適切に使える。	漢字の読み / 漢字の書取 / 部首・部首名 / 筆順・画数 / 送り仮名 / 対義語・類義語 / 同音・同訓異字 / 誤字訂正 / 四字熟語 / 熟語の構成		

※6級以下は省略

漢字検定準2級の審査基準

程度	常用漢字のうち1951字を理解し、文章の中で適切に使える。	
領域・内容	[読むことと書くこと] 1951字の漢字の読み書きを習得し、文章の中で適切に使える。	● 音読みと訓読みとを正しく理解していること。 ● 送り仮名や仮名遣いに注意して正しく書けること。 ● 熟語の構成を正しく理解していること。 ● 熟字訓、当て字を理解していること。 （硫黄＝いおう、相撲＝すもう　など） ● 対義語、類義語、同音・同訓異字を正しく理解していること。
	[四字熟語] 典拠のある四字熟語を理解している（驚天動地、孤立無援　など）。	
	[部　首] 部首を識別し、漢字の構成と意味を理解している。	

※本書は出題が予想される形式で構成しています。実際の試験は、（公財）日本漢字能力検定協会の審査基準の変更の有無にかかわらず、出題形式や問題数が変更されることもあります。

2020年度からの試験制度変更について

平成29年改訂の小学校学習指導要領が2020年度から全面実施されたことに伴い、漢字検定でも一部の漢字の配当級が変更になりました。準２級では、準２級配当漢字だった「潟」「佐」「崎」「滋」「縄」が７級配当漢字に変更され、配当漢字から外れています。本書ではこの試験制度変更を踏まえて、配当級が変更となった漢字の出題頻度を予想した上で、A・B・Cの各ランクに予想問題として掲載しています。

【出題分野別】学習のポイント

読み

配点●1問1点×30問＝30点（総得点の15％）

準2級配当漢字からの出題が8割以上です。音読みの出題が約7割、訓読みが約3割です。

①準2級配当漢字をマスターする

読みの問題は30問（30点）あります。全体に占める割合が高い分野ですから、ここでの取りこぼしがないように、準2級配当漢字の音読みと訓読みをしっかり覚えましょう。30問中の約7割が音読みの問題、約3割が訓読みの問題です。

過去問題20年分では、次のような問題が多く出題されています。

- 賄う（まかな）
- 但し（ただ）
- 忍ぶ（しの）
- 献身（けんしん）
- 珠玉（しゅぎょく）

②下級の漢字で中学校・高校で習う読み

下級で学ぶ漢字でも、中学校・高校でその読みを習うものについてもよく出題されています。たとえば、次のようなものです。

- 熟れる（う）　⇩5級配当漢字
- 専ら（もっぱ）　⇩5級配当漢字
- 損ねる（そこ）　⇩6級配当漢字

これらの漢字については、本書の別冊17～25ページに掲載してあるので、チェックしてください。

③熟字訓・当て字・特別な読み

出題数は多くありませんが、必ずといっていいほど出題されます。

- 相撲（すもう）
- 浮つく（うわ）
- 波止場（はとば）
- 名残（なごり）

部首

配点●1問1点×10問＝10点（総得点の5％）

7～8割が準2級配当漢字からの出題で、残りの2～3割は下級の漢字が出題されます。

①準2級配当漢字の部首を暗記

部首の問題では、準2級配当漢字からの出題が多く、少なくとも準2級配当漢字の部首を暗記しておく必要があります。部首名は問われません。

部首は辞書ごとに異なるものもあるので、協会発行のものを使うといいでしょう。本書もこれに準じています。

②判別しにくいものはまとめて復習

準2級配当漢字以外で部首が判別しにくいものに、次のようなものがあります。

- 辛（3級）⇩辛（立ではない）
- 再（6級）⇩冂（一ではない）

熟語の構成

配点●1問2点×10問＝20点（総得点の10％）
8割程度が準2級配当漢字を使った熟語。残りの2割は下級の漢字が使われています。

●漢字の関係を答える問題

二字熟語を構成する上下の漢字の関係を次のア～オから選ぶ問題です。

ア 同じような意味の漢字を重ねたもの（**枢要**）
イ 反対または対応の意味を表す字を重ねたもの（**禍福**）
ウ 上の字が下の字を修飾しているもの（**酪農**）
エ 下の字が上の字の目的語・補語になっているもの（**検疫**）
オ 上の字が下の字の意味を打ち消しているもの（**不肖**）

ア～オの見分け方のコツは、別冊47～48ページを参照してください。

四字熟語

配点●1問2点×15問＝30点（総得点の15％）
四字熟語のうち、一字を書き、後の意味に合うものを選ぶ問題。

❶漢字と意味が問われる

準2級試験では、四字熟語を構成する漢字を正しくおぼえているかどうかと、その意味について理解しているかどうかが問われます。

まず問1で、空欄になっている1文字に当てはまるひらがなを選択肢群から選び、四字熟語を完成させる問題が10問出題されます。

次に問2で四字熟語の意味が5つ示され、問1で出題された10の四字熟語の中から意味が合うものを選びます。

過去問題20年分では

問1
● **ア** 物情□然（物情騒然《ぶつじょうそうぜん》）
● **イ** 比□連理（比翼連理《ひよくれんり》）
● **ウ** □天動地（驚天動地《きょうてんどうち》）

問2
●世の中が騒がしい様子。（ア）

などがよく出題されています。

❷意味も含めて覚える

知らない四字熟語を推測で答えるのは非常に難しいので、本書の別冊26～43ページを利用して、頻出している四字熟語は漢字・意味ともにしっかり覚えましょう。

また、同じ四字熟語であっても書く漢字一字が異なる形で出題されることもあります。たとえば、「一□打尽」「一網打□」といった出題ですが、本書では、これをふまえて過去問を集計し、出題しています。

対義語・類義語

配点●1問2点×10問＝20点（総得点の10%）
準2級配当漢字からの出題は3割程度で、残りは下級の漢字が出題されます。

❶熟語の知識を増やす

対義語5問、類義語5問が出題されます。

過去問題20年分では

対義語
●召還⇔派遣　●煩雑⇔簡略

類義語
●忍耐＝我慢　●肯定＝是認

などがよく出題されています。

漢字や熟語の意味を理解していないと対義語・類義語は答えられません。

❷選択肢を消していく

実際の試験では時間を無駄にしないため、わかったものから選択肢のひらがなを消していきましょう。

同音・同訓異字

配点●1問2点×10問＝20点（総得点の10%）
準2級配当漢字からの出題は2割程度で、他は下級の漢字が出題されます。

●下級の漢字も要チェック

2問1組の同じ読みをもつ異なる漢字を一字ずつ書く問題です。

準2級配当漢字を書かせる問題は少なく、下級の漢字を間違えずに書けるようにしておきましょう。

過去問題20年分では

●ショウ――肖（準2級）・祥（準2級）
●コウ――衡（準2級）・溝（準2級）
●トウ――塔（準2級）・騰（準2級）

などがよく出題されています。

本書では、同音・同訓異字をまとめて覚えられるよう、2〜6問一組で出題しています。

誤字訂正

配点●1問2点×5問＝10点（総得点の5%）
準2級配当漢字を使った熟語の出題は2割程度で、残りは下級の漢字を使った熟語です。

●文中の熟語をよく見る

文中の二字もしくは三字の熟語のうちの一字を訂正する問題で、何気なく読んだだけでは誤りは見つからないので、必ず間違いがある、という気持ちで文を読むようにします。

過去問題20年分では

●老旧化・老窮化⇩老朽化
●繊衣・繊緯⇩繊維
●頒売・搬売⇩販売
●逮保・待捕⇩逮捕

などがよく出題されています。

漢字と送りがな

配点●1問2点×5問＝10点（総得点の5％）
準2級配当漢字からの出題は約2割で、残りは下級の漢字から出題されます。

❶訓読みをおさらいする

下級の漢字を使った問題では、とくに、中学校・高校で習う読みについても要注意です。

過去問題20年分では

- カガヤク（輝く）……4級
- イマシメル（戒める）……4級
- オヨボス（及ぼす）……4級

などがよく出題されています。

❷文字数が多い訓読みは注意

よく出題されるのは、訓読みの文字数が多い漢字です。準2級だけでなく、下級の漢字についても、それらの漢字を集中的におさらいしておくとよいでしょう。

書き取り

配点●1問2点×25問＝50点（総得点の25％）
準2級配当漢字からの出題は約4割で、残りは下級の漢字から出題されています。

❶準2級までの漢字を書けるように

準2級までに学んだ漢字が出題範囲になり、音読みが6割、訓読みが4割程度の割合で出題されます。準2級配当漢字の中から4割程度の漢字が出題されます。

書き取り以外のほかの問題にも言えることですが、「書き」の分野の問題は、下級の漢字も含めて、準2級までの漢字を正しく書けるようにしておきましょう。

❷取りこぼしがないようにする

書き取りの問題は全部で25問ですが、配点が1問2点なので総得点が50点になり、全体の25％を占め、得点源としたいところです。

せっかく覚えた漢字も、うろ覚えだったり乱暴に書いたりして×になってはもったいない話です。正しく覚えて、取りこぼしがないようにしましょう。

❸熟字訓や当て字、中学校・高校で学ぶ読みも

数は少ないですが、熟字訓・当て字はよく出題されています。また、学習済みの下級の漢字であっても、下級では出題されてこなかった「中学校・高校で学ぶ読み」が、準2級では出題されており、注意が必要です。

熟字訓・当て字

- シバフ（芝生）　● イオウ（硫黄）
- ジャリ（砂利）　● シグレ（時雨）

中学校・高校で学ぶ読み

- モッパら（専）……5級

❹字形の似ている漢字には要注意

「徴（4級）・懲（準2級）」「謄・騰（ともに準2級）」「慮（4級）・虜（準2級）」など、とくに字形の似た漢字は、しっかり覚えて区別して書きましょう。

も・く・じ

［頻出度順］問題集……13

Aランク　最頻出問題

Bランク　必修問題

本書は、
●［頻出度順］問題集（A、B、Cランク）
●模擬テスト
●［別冊］漢字検定準2級合格ブック
で構成されています。

Cランク 満点問題

模擬テスト …… 199

[別冊] 漢字検定準2級合格ブック

※本書は原則として2023年4月現在の情報に基づいています。

【頻出度順】問題集

頻出度 A ランク

最頻出問題

過去の試験で最も出題されているもの。

頻出度 B ランク

必修問題

過去の試験でよく出題されているもの。

頻出度 C ランク

満点問題

出題頻度はそれほど多くないが
満点を目指すなら学習しておきたいもの。

パラパラマンガです。
息抜きしたいときにめくってね。
バトンを持って行進しているよ。

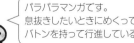

頻出度

A ランク

読み①

●次の——線の**漢字の読み**を**ひらがな**で答えよ。

1 自分の年齢を偽って登録した。

2 一か月分の食費を賄う。

3 週末には渓流でイワナを釣る。

4 訳あって人目を忍んで暮らす。

5 その風習は廃れてしまった。

6 必要且つ十分な準備をする。

7 友人の話は聞くに堪えない話だ。

8 国民の多くが飢えている。

9 ご用命はこちらで承ります。

10 但し書きももらさずに読む。

解答

1 いつわ
2 まかな 辞
3 つ
4 しの
5 すた 辞
6 か
7 た
8 う
9 うけたまわ
10 ただ

11 借入金返済の督促を受ける。

12 楽をして稼ぐことはできない。

13 一生をかけて罪を償う。

14 競泳で自己記録の更新に挑む。

15 のどが渇いて水が欲しい。

16 珠玉の作品集が完成した。

17 果実の熟れた香りがする。

18 テーブルの花瓶に花を一輪挿す。

19 両意見を併せて考えてほしい。

20 伯母の食事内容は偏っている。

解答

11 とくそく 辞
12 かせ
13 つぐな
14 いど
15 かわ
16 しゅぎょく 辞
17 う
18 さ
19 あわ
20 かたよ

目標時間 22分

1回目 /44

2回目 /44

□21 大型車両が車の通行を遮る。
□22 今日は専ら聞き役に徹した。
□23 書店員に本書の一読を薦められる。
□24 先生の登壇で会場は大いに沸いた。
□25 日々の努力を褒める。
□26 忙しい時間を割いて対応する。
□27 ハンマーで岩を砕いて進む。
□28 今夜は宵の明星が見える。
□29 一人で非難の矢面に立つ。
□30 ますます危険な状態に陥る。
□31 断固として不当な支払いを拒む。
□32 二人は海岸から沖を眺めた。
□33 嫌な顔も見せず手伝いをする。
□34 個別の例は割愛して報告する。

21 さえぎ
22 もっぱ
23 すす
24 わ
25 ほ
26 さ
27 くだ
28 よい 辞
29 やおもて
30 おちい
31 こば
32 なが
33 いや
34 かつあい 辞

□35 ついに均衡が破られた。
□36 国賓待遇で迎えられる。
□37 国王から祝いの品を賜る。
□38 漆塗りの技法を学んだ。
□39 触媒により化学反応を速める。
□40 人垣をかき分けて前に出た。
□41 先生のおかげで迅速に対応できた。
□42 目標の達成を心に誓う。
□43 二つの意見の折衷案を提示する。
□44 事件の真犯人を捜す。

35 きんこう
36 こくひん 辞
37 たまわ
38 うるしぬ
39 しょくばい 辞
40 ひとがき
41 じんそく
42 ちか
43 せっちゅう
44 さが

意味をCheck!

2 賄う…限られた費用や人手などで用を足す。
5 廃れる…時間がたつとともに行われなくなる。
11 督促…約束や支払いなどの実行を促すこと。
16 珠玉…立派なものや美しいもののたとえ。

28 宵の明星…日没後に西の空に輝く金星。
34 割愛…残念に思いながら、一部を捨てる（省略する）こと。
36 国賓…国家が国費で接待する外国の要人。
39 触媒…化学反応を促進させる作用のある物質。

頻出度 A ランク

読み②

目標時間 22分

1回目 /44

2回目 /44

●次の――線の漢字の読みをひらがなで答えよ。

1 この山の中腹には棚田が多い。
2 この寺の住職は尼さんだ。
3 服装は時代とともに変遷する。
4 教え子の不心得を諭す。
5 謹んで先生の話をお聞きする。
6 献身的に患者に尽くす心持ちだ。
7 二人の心の溝を埋める。
8 議論百出で収拾がつかない。
9 陸軍の部隊が駐屯している。
10 この地域は地盤が軟らかい。

解答

1 たなだ
2 あま
3 へんせん 辞
4 さと 辞
5 つつし
6 けんしん
7 みぞ
8 しゅうしゅう
9 ちゅうとん 辞
10 やわ

11 無駄な時間を費やした。
12 ささいなことを気に病む。
13 岬にそよ風が吹き抜ける。
14 心から哀悼の意を表する。
15 遺体を解剖して死因を調べる。
16 垣根越しに裏庭が見える。
17 半生を享楽にふけって過ごした。
18 パンにハムとチーズを挟む。
19 暁の空に金星が輝いている。
20 隅々にまで気を配ることが大切だ。

解答

11 つい
12 や
13 みさき
14 あいとう
15 かいぼう
16 かきね
17 きょうらく 辞
18 はさ
19 あかつき 辞
20 すみずみ

- □ **21** 一週間後に顕著な効果が見られた。
- □ **22** 近所の人と親密に言葉を交わす。
- □ **23** 無意味な規則を全廃する。
- □ **24** 若い頃の記憶を手繰る。
- □ **25** 醜い争いばかりが起こる。
- □ **26** すばらしい叙景文を読んだ。
- □ **27** 神社の参道の杉並木が見事だ。
- □ **28** 船舶免許を更新する時期だ。
- □ **29** 古い蔵から家宝が出てきた。
- □ **30** この絵画は一見に値する。
- □ **31** 計画通りに逐次進行させたい。
- □ **32** 組織の中枢を固める。
- □ **33** 失敗に懲りて反省したようだ。
- □ **34** 会社の定款を一部変更する。

21 けんちょ
22 か
23 ぜんぱい
24 たぐ
25 みにく
26 じょけい 辞
27 すぎなみき
28 せんぱく
29 くら
30 あたい
31 ちくじ 辞
32 ちゅうすう
33 こ
34 ていかん 辞

- □ **35** 近年、物価の騰貴が著しい。
- □ **36** 姉はいつも同じ失敗を犯す。
- □ **37** 大きな扉が静かに開いた。
- □ **38** 会はなごやかな雰囲気に包まれた。
- □ **39** 書庫で古い文献を調べる。
- □ **40** 旅先の銘菓を土産にする。
- □ **41** 犯人は面長で目が鋭いという。
- □ **42** この国に平和が戻ることを祈る。
- □ **43** 今年は竜巻の発生が多い。
- □ **44** 青空に山の緑が映える。

35 とうき
36 おか
37 とびら
38 ふんいき
39 ぶんけん
40 めいか
41 おもなが
42 もど
43 たつまき
44 は

意味をCheck!

3 変遷…時間・時代の推移に伴って移り変わること。
4 諭す…よくわかるように話して教える。
9 駐屯…軍隊が一つの場所にとどまっていること。
17 享楽…思うままに快楽を味わうこと。

19 暁…太陽が昇る前の空が少し明るくなってきた頃。
26 叙景…風景を表す文章。
31 逐次…ある順序に従って。次々に。順次。
34 定款…社団法人の業務や組織、活動などをまとめた基本規則。

頻出度

A ランク

読み ③

目標時間 22分

1回目 ／44

2回目 ／44

● 次の――線の**漢字の読み**を**ひらがな**で答えよ。

1 将来に禍根を残す結果となった。

2 当村の予算はあまりにも寡少だ。

3 悪いうわさが飛び交う。

4 隣人とは昔から懇意にしている。

5 この作品は表現が秀逸だ。

6 真実を述べることを宣誓する。

7 事故数は逓減の傾向にある。

8 会長として全体を統轄する。

9 戸籍謄本を取り寄せる。

10 この病原体は蚊が媒介する。

解答

1 かこん 辞
2 かしょう
3 か
4 こんい 辞
5 しゅういつ
6 せんせい
7 ていげん 辞
8 とうかつ
9 とうほん 辞
10 ばいかい

11 油断させて人を欺く。

12 地震で建物が大きな損害を被った。

13 げたの鼻緒が切れた。

14 気分が浮ついて寝つけない。

15 自然の悠久の営みに感じ入る。

16 倫理委員会から勧告が出た。

17 外科で手術を受ける。

18 寒さで唇が紫色になっていた。

19 ねんごろに死者の霊を弔う。

20 己自身を見つめ直す好機だ。

解答

11 あざむ
12 こうむ
13 はなお
14 うわ
15 ゆうきゅう
16 りんり
17 げか
18 くちびる
19 とむら
20 おのれ

21 それは管轄区域外の出来事だ。
22 今年は物価が急騰している。
23 靴擦れを起こし足の皮がむける。
24 社員の中でも傑出した人材だ。
25 血眼になって捜し続けた。
26 建坪の狭さが難点だ。
27 友人は私をじっと見据えた。
28 本日付で、営業部長を更迭する。
29 筋肉を鋼のように鍛え上げる。
30 冬の長い夜は一晩中、思索にふける。
31 事情を酌量する余地はない。
32 父が渋い表情を浮かべている。
33 世界選手権でタイトルを奪還する。
34 升目のスケールで計測する。

21 かんかつ
22 きゅうとう
23 くつずれ
24 けっしゅつ
25 ちまなこ
26 たてつぼ
27 みす
28 こうてつ 辞
29 はがね
30 しさく 辞
31 しゃくりょう
32 しぶ
33 だっかん
34 ますめ

35 辛うじて約束の時間に間に合う。
36 祖父は川柳を趣味としている。
37 計画を漸進的に実現していく。
38 生徒たちが相撲部屋を見学した。
39 中庸を得た考え方の持ち主だ。
40 山頂からの眺望がすばらしい。
41 婚礼にあたり、必要な品を調える。
42 それぞれ適宜判断しなさい。
43 仲間と渓流で釣りを楽しんだ。
44 利益剰余金の使い道を思案する。

35 かろ
36 せんりゅう
37 ぜんしん
38 すもう
39 ちゅうよう 辞
40 ちょうぼう
41 ととの
42 てきぎ 辞
43 けいりゅう
44 じょうよ

意味をCheck!

1 **禍根**…災いが生じる元になる物事。「禍」は「災い」の意。
4 **懇意**…親しい間柄であること。相手からの厚意。
7 **逓減**…量や数が少しずつ減ること。また、減らすこと。
9 **謄本**…原本をそのまま写し取って作成した文書。

28 **更迭**…ある地位にいる人をほかの人に入れ替えること。
30 **思索**…筋道を立てて深く考えること。
39 **中庸**…思想や考え方に偏りがなく中正であるさま。
42 **適宜**…その場の状況に合わせること。

頻出度 A ランク

読み ④

● 次の――線の漢字の読みをひらがなで答えよ。

1 平衡感覚が衰えてきた。
2 クラス全員で級友との名残を惜しむ。
3 不安げな面持ちをしている。
4 野暮なことを言わないでほしい。
5 兄が愉悦の表情を浮かべる。
6 湖畔の夕映えの光景が忘れられない。
7 明日は新しい靴を履くつもりだ。
8 海峡の渦潮を見物する。
9 自分の殻に閉じこもる。
10 岩礁に注意して航行する。

解答
1 へいこう
2 なごり
3 おもも
4 やぼ 辞
5 ゆえつ 辞
6 ゆうば
7 は
8 うずしお
9 から
10 がんしょう

11 宮廷文学を研究している。
12 知人が不慮の事故で急逝した。
13 漢詩を朗々と吟詠する。
14 みんなから軽侮の目で見られた。
15 弟は剛直な心の持ち主だ。
16 会社の主張には首肯しがたいものがある。
17 寒い時期には汁ものが恋しい。
18 甚だ残念な結果に終わった。
19 トビが上空を旋回している。
20 漸次完成に向かっている。

解答
11 きゅうてい
12 きゅうせい 辞
13 ぎんえい
14 けいぶ
15 ごうちょく
16 しゅこう 辞
17 しる
18 はなは
19 せんかい
20 ぜんじ

目標時間 22分

1回目 /44

2回目 /44

21 あまりにも大雑把な考えだ。
22 詳細が把握できない。
23 私家本に頒価を設定する。
24 高い塀に囲まれた家だ。
25 凡庸な政治家だと言われている。
26 麻の着物が涼しげに見えた。
27 品質を吟味して選択する。
28 二社を合併して新会社を設立する。
29 今度の土曜日に棟上げ式を行う。
30 年度末は煩忙を極める。
31 食べ物の腐った臭いがする。
32 患者を診るのは午前中だけだ。
33 くりの渋皮をむいて甘く煮る。
34 猟銃の管理を厳重に行う。

21 おおざっぱ
22 はあく
23 はんか
24 へい
25 ぼんよう
26 あさ
27 ぎんみ 辞
28 がっぺい
29 むねあ
30 はんぼう
31 にお
32 み
33 しぶかわ
34 りょうじゅう

35 王侯貴族とは無縁の家系に育つ。
36 父は頑健な体をしている。
37 新党の旗揚げの準備をする。
38 広漠とした平原を進む。
39 友人は豪傑の異名を持つ男だ。
40 最悪の災禍に見舞われた。
41 父は毎日、晩酌を欠かさない。
42 桟道を抜けると集落があった。
43 ある哲学者に私淑している。
44 改正案を委員会に諮る。

35 おうこう
36 がんけん
37 はたあ
38 こうばく
39 ごうけつ
40 さいか
41 ばんしゃく
42 さんどう
43 ししゅく 辞
44 はか 辞

意味をCheck!

4 野暮…人情や世情にうとく、その機微をわきまえない様子。
5 愉悦…心から愉快に感じて喜ぶこと。
12 急逝…急に死ぬこと。「逝」は「遠くへ行って戻らない」の意。

16 首肯…その通りであると認めてうなずくこと。
27 吟味…念入りに調べること。
43 私淑…著書などを通じて、間接的に師と仰ぐこと。
44 諮る…いろいろな人の意見を聞くこと（「図る・測る・計る・量る」の使い分けに注意）。

頻出度 A ランク

読み⑤

目標時間 22分

1回目 /44

2回目 /44

● 次の――線の**漢字の読み**を**ひらがな**で答えよ。

□ 1 病気がようやく治癒した。
□ 2 外部の音を遮断する。
□ 3 国王への功労により爵位が授けられる。
□ 4 全員が粛然として控える。
□ 5 法令の遵守を改めて伝える。
□ 6 助太刀を買って出る。
□ 7 英文学作品の抄訳を試みる。
□ 8 襟足を切りそろえる。
□ 9 郷土の名産を推奨する。
□ 10 景観用に庭石を据える。

解答

1 ちゆ
2 しゃだん
3 しゃくい
4 しゅくぜん 辞
5 じゅんしゅ 辞
6 すけだち
7 しょうやく 辞
8 えりあし
9 すいしょう
10 す

□ 11 今朝、今年初めて霜が降りた。
□ 12 茶渋がきゅうすに趣を添える。
□ 13 春には姉の婚約が調うはずだ。
□ 14 事故の犠牲者を追悼する。
□ 15 この塚は古い道標であったらしい。
□ 16 文化祭では終始裏方に徹した。
□ 17 本書の扉絵はすばらしい出来だ。
□ 18 人命救助で表彰される。
□ 19 庭に氏神を祭るほこらがある。
□ 20 堀の向こうに公園がある。

解答

11 しも
12 ちゃしぶ
13 ととの
14 ついとう 辞
15 つか
16 てっ
17 とびらえ
18 ひょうしょう
19 うじがみ
20 ほり

☐ 21 繭は生糸の原料になる。
☐ 22 娘に母の面影が宿っている。
☐ 23 銀行に融資を依頼する。
☐ 24 演奏会開演の予鈴が鳴った。
☐ 25 焼き上がった陶器を窯から出す。
☐ 26 境内の出店で鈴を買う。
☐ 27 チームの弱点が露呈して敗れた。
☐ 28 祖母は安逸な人生を送った。
☐ 29 全体を概括的に捉える。
☐ 30 施設の拡充を進める計画だ。
☐ 31 国土の一部を割譲する。
☐ 32 寛大な対応をお願いしたい。
☐ 33 多くの艦艇が集結している。
☐ 34 渓谷に一本の橋が架かっている。

21 まゆ
22 おもかげ
23 ゆうし
24 よれい 辞
25 かま
26 すず
27 ろてい
28 あんいつ 辞
29 がいかつ
30 かくじゅう
31 かつじょう
32 かんだい
33 かんてい 辞
34 けいこく

☐ 35 いい加減な仕事ぶりを嫌う。
☐ 36 技術の巧拙を競う大会だ。
☐ 37 姉は高尚な趣味を持っている。
☐ 38 両者は外観が酷似している。
☐ 39 婚姻の届け出書を提出する。
☐ 40 山寺で静かに座禅を組む。
☐ 41 山肌が大きく露出している。
☐ 42 作品を漆器展に出品する。
☐ 43 リーダーが先頭に立って実践する。
☐ 44 体育館に遮光幕を巡らす。

35 きら
36 こうせつ
37 こうしょう 辞
38 こくじ
39 こんいん
40 ざぜん
41 やまはだ
42 しっき
43 じっせん
44 しゃこう

意味をCheck!

4 粛然…かしこまり静まり返っている様子。
5 遵守…法律や決まりごとをよく守ること。
7 抄訳…原文の一部を翻訳すること。
14 追悼…死者の生前をしのび、その死をいたむこと。

24 予鈴…前もって鳴らすベル。
28 安逸…不安もなく気楽に過ごすこと。また、特に向上心も持たずに日を送ること。
33 艦艇…さまざまな種類や大きさの軍事用船舶の総称。
37 高尚…性質や品格などの程度が高いこと。

頻出度 A ランク

読み⑥

目標時間 22分

1回目 /44

2回目 /44

● 次の――線の漢字の読みをひらがなで答えよ。

1 家族が増えて家が手狭になる。
2 恩師がついに叙勲を受けた。
3 駄文で読む気がうせる。
4 正と邪が相克する世界を描く。
5 市長が贈賄の罪で裁かれた。
6 泰然として動じる様子もない。
7 計画の大枠は決まっている。
8 海洋底部分の地殻は薄い。
9 表現が稚拙な作品だ。
10 中国語の文書を逐語訳する。

解答
1 てぜま
2 じょくん 辞
3 だぶん
4 そうこく 辞
5 ぞうわい 辞
6 たいぜん 辞
7 おおわく
8 ちかく
9 ちせつ
10 ちくごやく 辞

11 不動産取引を仲介する。
12 猫舌で熱い食べ物は苦手だ。
13 二大派閥が党内を牛耳る。
14 備忘録に書き留めておく。
15 上書きしたデータをもとに戻す。
16 江戸時代から続く窯元だ。
17 国内有数の酪農地帯である。
18 旅愁を感じさせる景観だ。
19 長年の収賄がついに露顕した。
20 その説は寡聞にして知らない。

解答
11 ちゅうかい
12 ねこじた
13 はばつ
14 びぼうろく
15 もど
16 かまもと
17 らくのう
18 りょしゅう
19 ろけん 辞
20 かぶん

21 失敗続きで閑職に回された。
22 多くの人が飢餓に苦しんでいる。
23 新刊を恩師に謹呈する。
24 話し合いでは肯定的意見が多い。
25 拙速主義が信用を低下させた。
26 堕落した生活を続ける。
27 絹のような肌合いの布だ。
28 複雑な問題で会議は紛糾した。
29 貧苦の苦汁をなめる毎日だった。
30 課内の数人が減俸処分を受けた。
31 夕方まで孫の子守をする。
32 明日はさらに捜索範囲を広げるという。
33 深い憂愁に閉ざされる。
34 募集は自薦他薦を問わない。

21 かんしょく
22 きが
23 きんてい
24 こうてい
25 せっそく
26 だらく
27 はだあ
28 ふんきゅう 辞
29 くじゅう 辞
30 げんぽう
31 こもり
32 そうさく
33 ゆうしゅう 辞
34 じせん

35 いとこは質朴な人間だ。
36 国家の安泰に力を尽くす。
37 思いもかけない逸品と出会う。
38 女性の間では不満が渦巻く。
39 浦風に髪がなびいている。
40 子供には寛容な心で対処する。
41 見事なスピーチに感銘を受けた。
42 店は客もなく閑散としている。
43 敵の猛攻で城が陥落した。
44 店には既に先客がいた。

35 しつぼく
36 あんたい
37 いっぴん
38 うずま
39 うらかぜ
40 かんよう
41 かんめい
42 かんさん
43 かんらく
44 すで

意味をCheck!

2 叙勲…勲章を与えること。
4 相克…相いれない者同士が互いに勝とうとして争うこと。
5 贈賄…わいろを贈ること。
6 泰然…落ち着きがあり、何事にも動じないさま。
10 逐語訳…原文の一語一語を忠実に解釈・翻訳すること。

19 露顕…悪事や秘密などがばれること。
28 紛糾…事態がもつれ乱れて、まとまらないこと。
29 苦汁をなめる…つらい経験をする。
33 憂愁…気分が晴れずに沈むこと。

頻出度

A ランク

読み ⑦

目標時間 22分

1回目 ／44

2回目 ／44

● 次の――線の**漢字の読み**を**ひらがな**で答えよ。

□ **1** 担任教諭の家庭訪問を受ける。

□ **2** 今年は吟醸酒の出来が良い。

□ **3** 知人には係累が多い。

□ **4** 急な増水で中州に取り残される。

□ **5** 先祖からの系譜をたどる。

□ **6** 長い間思い煩うばかりだった。

□ **7** 犬猿の仲の二人が談笑している。

□ **8** 隠されていた事実が顕在化した。

□ **9** 私の師匠は名人の誉れが高い。

□ **10** 永遠の安寧を祈念する。

解答

1 きょうゆ
2 ぎんじょう
3 けいるい 辞
4 なかす
5 けいふ
6 わずら
7 けんえん 辞
8 けんざい
9 ほま
10 あんねい

□ **11** 店に雨傘を忘れてきた。

□ **12** 派手な催しを自粛する。

□ **13** 闘志を炎のように燃やす。

□ **14** 犯した罪を悔いる。

□ **15** 所得税の還付申告をする。

□ **16** 記録文に最小限の潤色を加える。

□ **17** この作品は叙情に流れる傾向がある。

□ **18** 殺人教唆の疑いで捕らえた。

□ **19** 友人は度胸が据わっている。

□ **20** 拙劣な対応策にあきれた。

解答

11 あまがさ
12 じしゅく
13 ほのお
14 く
15 かんぷ
16 じゅんしょく 辞
17 じょじょう 辞
18 きょうさ
19 す
20 せつれつ 辞

□21 国の興廃をかけて戦う。
□22 事件には若干不可解な点がある。
□23 川底に藻が繁茂している。
□24 医院の開業資金を貸与する。
□25 鉄瓶でいれたお茶はおいしい。
□26 敵軍に筒先を向ける。
□27 再び罪を犯す虞がある。
□28 出張先で厚遇される。
□29 外交交渉が難渋している。
□30 喪中欠礼のはがきを出す。
□31 母はいつも口幅ったいことを言う。
□32 毎週、週刊誌三誌を併読する。
□33 この工事は命懸けの作業だ。
□34 恩師を主賓としてお招きする。

21 こうはい
22 じゃっかん
23 も
24 たいよ
25 てつびん
26 つつさき
27 おそれ
28 こうぐう
29 なんじゅう 辞
30 もちゅう
31 くちはば
32 へいどく
33 いのちが
34 しゅひん

□35 政財界の癒着が暴かれた。
□36 汁粉が私の大好物だ。
□37 粛々と事後処理を進める。
□38 社史を年代に従って叙述する。
□39 情報が筒抜けになっている。
□40 祖父は穏やかで寡黙な人だった。
□41 一つの命題を解析する。
□42 町で大きな貝塚が発見された。
□43 博士は正説を堂々と喝破した。
□44 兄は見事に初志を貫徹した。

35 ゆちゃく
36 しるこ
37 しゅくしゅく
38 じょじゅつ
39 つつぬ
40 かもく
41 かいせき
42 かいづか
43 かっぱ 辞
44 かんてつ

意味をCheck!

3 係累…親や妻子など面倒を見なければならない家族。
7 犬猿の仲…きわめて仲が悪い者同士のたとえ。
16 潤色…原文を誇張したり書き加えたりして、面白くすること。
17 叙情…自分の感情を述べ表すこと。
20 拙劣…まずいこと。下手であること。
29 難渋…何らかの支障により物事が思いどおりに進まないこと。
43 喝破…正しい説を堂々と説くこと。

頻出度 A ランク

読み ⑧

目標時間 22分

1回目 /44

2回目 /44

● 次の——線の**漢字の読み**を**ひらがな**で答えよ。

- 1 大切な問題を閑却し続ける。
- 2 道路の一部が陥没している。
- 3 慶弔用の礼服を仕立てる。
- 4 これは滋養豊かな食べ物だ。
- 5 入社時に誓約書にサインした。
- 6 工業用部品の生産量が漸増する。
- 7 決算時に棚卸しの結果をまとめる。
- 8 風評の真偽を確かめたい。
- 9 不心得を懇々と説諭した。
- 10 美しい旋律が聞こえてくる。

解答

1 かんきゃく 辞
2 かんぼつ
3 けいちょう
4 じよう
5 せいやく
6 ぜんぞう
7 たなおろ
8 しんぎ
9 せつゆ 辞
10 せんりつ

- 11 姿の美醜は問題ではない。
- 12 喪が明けるのを待って参加する。
- 13 ヨットの帆を巧みに操る。
- 14 十周年記念と銘打った会を開く。
- 15 最近は惰眠をむさぼっている。
- 16 すべての情報を網羅する。
- 17 減給の懲戒処分を受ける。
- 18 緊張して開会式に臨む。
- 19 会場は和やかな空気に包まれた。
- 20 年老いた両親を扶養する。

解答

11 びしゅう
12 も
13 あやつ
14 めいう
15 だみん
16 もうら
17 ちょうかい
18 のぞ
19 なご
20 ふよう

- **21** 姉の話に一抹の不安を覚えた。
- **22** 韻律の整った作品だ。
- **23** 名前を聞いただけで毛嫌いする。
- **24** 船が海溝深くに沈んだ。
- **25** この業界は寡占状態にある。
- **26** 窮迫した生活が続いている。
- **27** 雑誌の購読は二冊までだ。
- **28** 学歴を詐称して就職した。
- **29** 酒の席で醜態を演じた。
- **30** 夏の木陰に蚊柱が立っている。
- **31** 長い間患っていた病気が快癒する。
- **32** 友人は自由奔放な性格だ。
- **33** 化粧を施すのには時間がかかる。
- **34** 荒涼とした平原をさまよう。

21	いちまつ
22	いんりつ
23	けぎら
24	かいこう
25	かせん
26	きゅうはく
27	こうどく
28	さしょう
29	しゅうたい 辞
30	かばしら
31	かいゆ
32	ほんぽう
33	けしょう
34	こうりょう

- **35** 会社の枢要な地位に就く。
- **36** 参加者数の多寡が問題だ。
- **37** 根、茎、葉の水の通り道を調べる。
- **38** 誠に遺憾に存じます。
- **39** あなたには克己心が欠けている。
- **40** 大きな地震で家が傷んだ。
- **41** 困難な任務を完遂する。
- **42** 国外に放逐された男を捜す。
- **43** 相手を完膚なきまで追いつめる。
- **44** 親の愛情に思わず感泣した。

35	すうよう 辞
36	たか 辞
37	くき
38	いかん
39	こっきしん 辞
40	いた
41	かんすい 辞
42	ほうちく
43	かんぷ
44	かんきゅう 辞

意味をCheck!

1 閑却…いい加減にほうっておくこと。

9 説諭…悪い点を改めるように言い聞かせること。

29 醜態…恥ずかしくなるほど見苦しい状態。

35 枢要…組織や物事の中の、最も大切な部分。

36 多寡…人数や金額などが多いか少ないか。

39 克己心…自分の欲望や衝動を抑えつける心。

41 完遂…物事を完全にやり遂げること。

44 感泣…感激のあまりに泣くこと。

頻出度

A ランク

部首①

目標時間 28分

1回目 ／56

2回目 ／56

● 次の漢字の**部首**を答えよ。

〈例〉花［艹］ 関［門］

1	栽
2	賓
3	嗣
4	爵
5	戻
6	衡
7	充
8	甚
9	畝
10	瓶
11	褒
12	虜

解答

1 木（き）
2 貝（かい こがい）
3 口（くち）
4 爫（つめかんむり つめがしら）
5 戸（とだれ とかんむり）
6 行（ぎょうがまえ ゆきがまえ）
7 儿（ひとあし にんにょう）
8 甘（かん あまい）
9 田（た）
10 瓦（かわら）
11 衣（ころも）
12 虍（とらがしら とらかんむり）

13	丙
14	薫
15	升
16	斉
17	奔
18	喪
19	韻
20	且
21	虞
22	昆
23	彰
24	崇

解答

13 一（いち）
14 艹（くさかんむり）
15 十（じゅう）
16 斉（せい）
17 大（だい）
18 口（くち）
19 音（おと）
20 一（いち）
21 虍（とらがしら とらかんむり）
22 日（ひ）
23 彡（さんづくり）
24 山（やま）

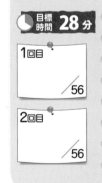

25	26	27	28	29	30	31	32
泰	弔	寧	麻	亜	缶	恭	蛍

33	34	35	36	37	38	39	40
亭	摩	竜	享	臭	辱	窃	窯

25 氺（したみず）
26 弓（ゆみ）
27 宀（うかんむり）
28 麻（あさ）
29 二（に）
30 缶（ほとぎ）
31 ⺗（したごころ）
32 虫（むし）
33 亠（なべぶた けいさんかんむり）
34 手（て）
35 竜（りゅう）
36 亠（なべぶた けいさんかんむり）
37 自（みずから）
38 辰（しんのたつ）
39 穴（あなかんむり）
40 穴（あなかんむり）

41	42	43	44	45	46	47	48
羅	呉	磨	殻	款	献	囚	叙

49	50	51	52	53	54	55	56
刃	衷	軟	耗	癒	尉	翁	劾

41 罒（あみがしら あみめ よこめ）
42 口（くち）
43 石（いし）
44 殳（るまた ほこづくり）
45 欠（あくび かける）
46 犬（いぬ）
47 囗（くにがまえ）
48 又（また）
49 刀（かたな）
50 衣（ころも）
51 車（くるまへん）
52 耒（すきへん らいすき）
53 疒（やまいだれ）
54 寸（すん）
55 羽（はね）
56 力（ちから）

頻出度
A ランク

部首②

目標時間 28分

1回目 ／56

2回目 ／56

● 次の漢字の**部首**を答えよ。

〈例〉花［艹］ 関［門］

1	殉
2	勅
3	尼
4	累
5	罷
6	薦
7	幣
8	辛
9	靴
10	再
11	妥
12	呈

解答

1	歹	（かばねへん いちたへん がつへん）
2	力	（ちから）
3	尸	（かばね しかばね）
4	糸	（いと）
5	罒	（あみがしら あみめ よこめ）
6	艹	（くさかんむり）
7	巾	（はば）
8	辛	（からい）
9	革	（かわへん）
10	冂	（どうがまえ けいがまえ まきがまえ）
11	女	（おんな）
12	口	（くち）

13	索
14	庸
15	履
16	頒
17	玄
18	衡
19	致
20	弊
21	妄
22	徹
23	翻
24	帥

解答

13	糸	（いと）
14	广	（まだれ）
15	尸	（かばね しかばね）
16	頁	（おおがい）
17	玄	（げん）
18	行	（ぎょうがまえ ゆきがまえ）
19	至	（いたる）
20	廾	（こまぬき にじゅうあし）
21	女	（おんな）
22	彳	（ぎょうにんべん）
23	羽	（はね）
24	巾	（はば）

25	26	27	28	29	30	31	32
煩	宜	扉	雇	酌	宵	凸	矯

33	34	35	36	37	38	39	40
克	唇	吏	塁	貢	虚	釈	閥

25	26	27	28	29	30	31	32
火（ひへん）	宀（うかんむり）	戸（とだれ とかんむり）	隹（ふるとり）	酉（とりへん）	宀（うかんむり）	凵（うけばこ）	矢（やへん）

33	34	35	36	37	38	39	40
儿（ひとあし にんにょう）	口（くち）	口（くち）	土（つち）	貝（かい こがい）	虍（とらがしら とらかんむり）	釆（のごめへん）	門（もんがまえ）

41	42	43	44	45	46	47	48
尿	革	赴	募	叔	既	宰	准

49	50	51	52	53	54	55	56
旋	幾	凹	碁	街	朱	匠	兆

41	42	43	44	45	46	47	48
尸（かばね しかばね）	革（かくのかわ つくりがわ）	走（そうにょう）	力（ちから）	又（また）	旡（なし ぶ すでのつくり）	宀（うかんむり）	冫（にすい）

49	50	51	52	53	54	55	56
方（ほうへん かたへん）	幺（よう いとがしら）	凵（うけばこ）	石（いし）	行（ぎょうがまえ ゆきがまえ）	木（き）	匚（はこがまえ）	儿（ひとあし にんにょう）

頻出度
A
ランク

熟語の構成①

目標時間 18分

1回目 ／36

2回目 ／36

● **熟語の構成**のしかたには次のようなものがある。

ア 同じような意味の漢字を重ねたもの（**岩石**）
イ 反対または対応の意味を表す字を重ねたもの（**高低**）
ウ 上の字が下の字を修飾しているもの（**洋画**）
エ 下の字が上の字の目的語・補語になっているもの（**着席**）
オ 上の字が下の字の意味を打ち消しているもの（**非常**）

次の熟語は右の**ア～オ**のどれにあたるか、**一つ**選び、**記号**で答えよ。

1 禍福
2 巧拙
3 寛厳
4 珠玉
5 存廃
6 往還

解答と解説

1 イ（かふく）
禍（災い）↕福（幸せ）

2 イ（こうせつ）
巧（みなこと）↕拙（つたないこと）

3 イ（かんげん）
寛（ゆるやかだ）↕厳（しい）

4 ア（しゅぎょく）
どちらも「たま」の意味。

5 イ（そんぱい／ぞんぱい）
存（残すこと）↕廃（やめること）

6 イ（おうかん）
往（行く）↕還（帰る）

7 枢要
8 去就
9 酷似
10 繁閑
11 不肖
12 抑揚

解答と解説

7 ア（すうよう）
どちらも「かなめ」の意味。

8 イ（きょしゅう）
去（る）↕（任務などに）就（く）

9 ウ（こくじ）
酷（きわめて）↓似（る）

10 イ（はんかん）
繁（忙しい）↕閑（暇である）

11 オ（ふしょう）
不（否定）＋肖（似る）

12 イ（よくよう）
（調子などを）抑（下げること）↕揚（上げること）

13 検疫
14 罷業
15 慶弔
16 虜囚
17 衆寡
18 酪農
19 殉職
20 遷都

13 エ（けんえき） 検（調べる）↑疫（病を）
14 エ（ひぎょう） 罷（中止する）↑業（務を）
15 イ（けいちょう） 慶（祝いごと）↕弔（いごと）
16 ア（りょしゅう） どちらも「とらわれびと」の意味。
17 イ（しゅうか） 衆（人数が多いこと）↕寡（少ないこと）
18 ウ（らくのう） 酪（乳を採取し加工する）↓農（業）
19 エ（じゅんしょく） 殉（じる）↑職（務に）
20 エ（せんと） 遷（移す）↑都（を）

21 争覇
22 疎密
23 奔流
24 挑戦
25 災禍
26 点滅
27 庶務
28 遮光

21 エ（そうは） 争（う）↑覇（者の地位を）
22 イ（そみつ）（密度が）疎（あらいこと）↕密（細かいこと）
23 ウ（ほんりゅう） 奔（勢いよくほとばしる）↓流（れ）
24 エ（ちょうせん） 挑（む）↑戦（いを）
25 ア（さいか） どちらも「わざわい」の意味。
26 イ（てんめつ） 点（明かりがつくこと）↕滅（消えること）
27 ウ（しょむ） 庶（もろもろの）↓務（事務）
28 エ（しゃこう） 遮（る）↑光（を）

29 贈賄
30 無粋
31 興廃
32 多寡
33 未遂
34 隠顕
35 剛柔
36 出没

29 エ（ぞうわい） 贈（る）↑賄（わいろを）
30 オ（ぶすい） 無（否定）＋粋（あかぬける）
31 イ（こうはい） 興（盛んになること）↕廃（衰えること）
32 イ（たか） 多（いこと）↕寡（少ないこと）
33 オ（みすい） 未（否定）＋遂（やり遂げる）
34 イ（いんけん） 隠（れる）↕顕（現れる）
35 イ（ごうじゅう） 剛（かたいこと）↕柔（らかいこと）
36 イ（しゅつぼつ） 出（現れること）↕没（隠れること）

頻出度 A ランク

熟語の構成②

●熟語の構成のしかたには次のようなものがある。

ア 同じような意味の漢字を重ねたもの（岩石）
イ 反対または対応の意味を表す字を重ねたもの（高低）
ウ 上の字が下の字を修飾しているもの（洋画）
エ 下の字が上の字の目的語・補語になっているもの（着席）
オ 上の字が下の字の意味を打ち消しているもの（非常）

次の熟語は右のア～オのどれにあたるか、一つ選び、記号で答えよ。

1 偏在
2 殉教
3 媒介
4 虚実
5 徹夜
6 撤兵

解答と解説

1 ウ（へんざい）偏（って）⬇在（存在する）
2 エ（じゅんきょう）殉（じる）⬆教（宗教に）
3 ア（ばいかい）どちらも「仲立ちをする」の意味。
4 イ（きょじつ）虚（うそ）⬍実（真実）
5 エ（てつや）徹（する）⬆夜（を）
6 エ（てっぺい）撤（退かせる）⬆兵（軍隊を）

7 不穏
8 扶助
9 急逝
10 造幣
11 廃刊
12 不偏

解答と解説

7 オ（ふおん）不（否定）＋穏（やか）
8 ア（ふじょ）どちらも「助ける」の意味。
9 ウ（きゅうせい）急（に）⬇逝（死ぬ）
10 エ（ぞうへい）造（る）⬆幣（貨幣を）
11 エ（はいかん）廃（発行をやめる）⬆刊（定期刊行物の）
12 オ（ふへん）不（否定）＋偏（る）

目標時間 18分

1回目 ／36

2回目 ／36

☐ 13 享受
☐ 14 搭乗
☐ 15 雅俗
☐ 16 漆黒
☐ 17 漸進
☐ 18 独吟
☐ 19 還元
☐ 20 座礁

13 ア（きょうじゅ）どちらも「受ける」の意味。
14 ア（とうじょう）どちらも「乗る」の意味。
15 イ（がぞく）雅（風雅なさま）↕俗（卑俗なさま）
16 ウ（しっこく）漆（のような）↓黒（さ）
17 ウ（ぜんしん）漸（少しずつ）↓進（む）
18 ウ（どくぎん）（詩歌などを）独（一人で）↓吟（じる）
19 エ（かんげん）還（かえす）↑元（に）
20 エ（ざしょう）座（乗り上げる）↑礁（岩礁に）

☐ 21 渉外
☐ 22 無謀
☐ 23 安寧
☐ 24 献呈
☐ 25 添削
☐ 26 懇請
☐ 27 克己
☐ 28 免疫

21 エ（しょうがい）渉（交渉する）↑外（外部と）
22 オ（むぼう）無（否定）＋謀（よく考える）
23 ア（あんねい）どちらも「やすらか」の意味。
24 ア（けんてい）どちらも「さしあげる」の意味。
25 イ（てんさく）（文字を）添（加えること）↕削（ること）
26 ウ（こんせい）懇（心をこめた）↓請（お願い）
27 エ（こっき）克（打ち勝つ）↑己（自分の心に）
28 エ（めんえき）免（れる）↑疫（病を）

☐ 29 不詳
☐ 30 美醜
☐ 31 上棟
☐ 32 真偽
☐ 33 勧奨
☐ 34 研磨
☐ 35 旋回
☐ 36 賠償

29 オ（ふしょう）不（否定）＋詳（しい）
30 イ（びしゅう）美（しいこと）↕醜（いこと）
31 エ（じょうとう）上（げる）↑棟（を）
32 イ（しんぎ）真（実）↕偽（り）
33 ア（かんしょう）どちらも「すすめる」の意味。
34 ア（けんま）どちらも「みがく」の意味。
35 ア（せんかい）どちらも「まわる」の意味。
36 ア（ばいしょう）どちらも「つぐなう」の意味。

頻出度 A ランク

熟語の構成③

●熟語の構成のしかたには次のようなものがある。

ア 同じような意味の漢字を重ねたもの（岩石）
イ 反対または対応の意味を表す字を重ねたもの（高低）
ウ 上の字が下の字を修飾しているもの（洋画）
エ 下の字が上の字の目的語・補語になっているもの（着席）
オ 上の字が下の字の意味を打ち消しているもの（非常）

次の熟語は右のア～オのどれにあたるか、一つ選び、記号で答えよ。

1 紛糾
2 紡績
3 精粗
4 任免
5 暗礁
6 彼我

解答と解説

1 ア（ふんきゅう）どちらも「もつれる」の意味。
2 ア（ぼうせき）どちらも「つむぐ」の意味。
3 イ（せいそ）精（密）⇕粗（雑）
4 イ（にんめん）（職務などに）任（じること）⇕免（じること）
5 ウ（あんしょう）暗（隠れている）⬇礁（岩礁）
6 イ（ひが）彼（相手）⇕我（自分）

7 貴賓
8 酷使
9 親疎
10 繊毛
11 塑像
12 奨学

解答と解説

7 ウ（きひん）貴（い）⬇賓（客）
8 ウ（こくし）酷（ひどい）⬇使（われ方）
9 イ（しんそ）親（しい）⇕疎（親しくない）
10 ウ（せんもう）繊（細い）⬇毛
11 ウ（そぞう）塑（粘土や石こうなどでつくった）⬇像
12 エ（しょうがく）奨（励する）⬆学（勉学を）

目標時間 18分

1回目 /36

2回目 /36

☐ 13 崇仏
☐ 14 懲悪
☐ 15 納涼
☐ 16 謹慎
☐ 17 把握
☐ 18 愉悦
☐ 19 出納
☐ 20 頻発

13 エ（すうぶつ）
崇（あがめる）↑仏（を）

14 エ（ちょうあく）
懲（らしめる）↑悪（を）

15 エ（のうりょう）
納（受け入れる）↑涼（しさを）

16 ア（きんしん）
どちらも「つつしむ」の意味。

17 ア（はあく）
どちらも「握る・つかむ」の意味。

18 ア（ゆえつ）
どちらも「喜び楽しむ」の意味。

19 イ（すいとう）
（支）出↕納（収入）

20 ウ（ひんぱつ）
頻（しばしば）↓発（起こる）

☐ 21 緩急
☐ 22 盗塁
☐ 23 防疫
☐ 24 未踏
☐ 25 屈伸
☐ 26 俊敏
☐ 27 遭難
☐ 28 長幼

21 イ（かんきゅう）
緩（やかに）↕急（いで）

22 エ（とうるい）
盗（む）↑塁（を）

23 エ（ぼうえき）
防（ぐ）↑疫（病を）

24 オ（みとう）
未（否定）＋踏（み入れる）

25 イ（くっしん）
屈（曲げること）↕伸（ばすこと）

26 ア（しゅんびん）
どちらも「すばやい」の意味。

27 エ（そうなん）
遭（う）↑難（困難な状態に）

28 イ（ちょうよう）
長（年長）↕幼（年少）

☐ 29 忍苦
☐ 30 充満
☐ 31 媒体
☐ 32 憂愁
☐ 33 経緯
☐ 34 懇談
☐ 35 未詳
☐ 36 緒論

29 エ（にんく）
忍（ぶ）↑苦（しみを）

30 ア（じゅうまん）
どちらも「みちる」の意味。

31 ウ（ばいたい）
媒（仲立ちとなる）↓体（物・手段）

32 ア（ゆうしゅう）
どちらも「うれい」の意味。

33 イ（けいい）
経（縦）↕緯（横）

34 ウ（こんだん）
懇（ろに）↓談（話す）

35 オ（みしょう）
未（否定）＋詳（しい）

36 ウ（しょろん）
緒（初めの）↓論

頻出度 A ランク

熟語の構成④

目標時間 18分

1回目 /36

2回目 /36

●**熟語の構成**のしかたには次のようなものがある。

ア 同じような意味の漢字を重ねたもの　（**岩石**）
イ 反対または対応の意味を表す字を重ねたもの　（**高低**）
ウ 上の字が下の字を修飾しているもの　（**洋画**）
エ 下の字が上の字の目的語・補語になっているもの　（**着席**）
オ 上の字が下の字の意味を打ち消しているもの　（**非常**）

次の熟語は右の**ア～オ**のどれにあたるか、**一つ**選び、**記号**で答えよ。

1 勅使
2 腐臭
3 赴任
4 不浄
5 閲兵
6 寡少

解答と解説

1 **ウ**（**ちょくし**）勅（天皇の命令を伝える）⬇使（いの者）
2 **ウ**（**ふしゅう**）腐（った）⬇臭（い）
3 **エ**（**ふにん**）赴（く）⬆任（地に）
4 **オ**（**ふじょう**）不（否定）＋浄（清らか）
5 **エ**（**えっぺい**）閲（見て確かめる）⬆兵（を）
6 **ア**（**かしょう**）どちらも「少ない」の意味。

7 起伏
8 懐郷
9 土壌
10 公邸
11 抗菌
12 収賄

解答と解説

7 **イ**（**きふく**）起（高い）⬍伏（低い）
8 **エ**（**かいきょう**）懐（かしむ）⬆郷（故郷を）
9 **ア**（**どじょう**）どちらも「つち」「土地」の意味。
10 **ウ**（**こうてい**）公（の）⬇邸（屋敷）
11 **エ**（**こうきん**）抗（抵抗する）⬆菌（に）
12 **エ**（**しゅうわい**）収（める）⬆賄（金品を）

□13 早晩
□14 功罪
□15 叙勲
□16 飢餓
□17 遵法
□18 淑女
□19 尚早
□20 懐古

13 イ（そうばん）
早（朝早く）⇕晩（夜）。「遅かれ早かれ」

14 イ（こうざい）
功（功績）⇕罪

15 エ（じょくん）
叙（さずける）⬆勲（勲等と勲章を）

16 ア（きが）
どちらも「うえる」の意味。

17 エ（じゅんぽう）
遵（従う）⬆法（に）

18 ウ（しゅくじょ）
淑（しとやかな）⬇女（性）

19 ウ（しょうそう）
尚（まだ・なお）⬇早（い）

20 エ（かいこ）
懐（かしむ）⬆古（昔を）

□21 不遇
□22 未了
□23 叙景
□24 独酌
□25 擬似
□26 硝煙
□27 筆禍
□28 硬軟

21 オ（ふぐう）
不（否定）＋遇（待遇）

22 オ（みりょう）
未（否定）＋了（終わる・終える）

23 エ（じょけい）
叙（表現する）⬆景（風景を）

24 ウ（どくしゃく）
独（一人で）⬇酌（酒をくむ）

25 ア（ぎじ）
どちらも「まねる」「似せる」の意味。

26 ウ（しょうえん）
硝（火薬の）⬇煙（けむり）

27 ウ（ひっか）
筆（文筆による）⬇禍（災い）

28 イ（こうなん）
硬（いこと）⇕軟（らかいこと）

□29 未刊
□30 逸脱
□31 余韻
□32 逓増
□33 威嚇
□34 直轄
□35 分析
□36 開廷

29 オ（みかん）
未（否定）＋刊（行）

30 ア（いつだつ）
どちらも「外れる」の意味。

31 ウ（よいん）
余（残った）⬇韻（響き・趣）

32 ウ（ていぞう）
逓（次第に）⬇増（える）

33 ア（いかく）
どちらも「おどす」の意味。

34 ウ（ちょっかつ）
直（接）⬇轄（取り締まる）

35 ア（ぶんせき）
どちらも「わける」「わかつ」の意味。

36 エ（かいてい）
開（く）⬆廷（法廷を）

頻出度 A ランク

四字熟語①

目標時間 15分

1回目 /30

2回目 /30

● 次の**四字熟語**について、**問1**～**問4**に答えよ。

問1 次の**四字熟語**の（1～10）に入る適切な語を下の□の中から選び、**漢字一字**で答えよ。

- ア 物情 1 然
- イ 比 2 連理
- ウ 3 忍自重
- エ 4 天動地
- オ 孤立無 5
- カ 同 6 異夢
- キ 外 7 内剛
- ク 無 8 自然
- ケ 雲散 9 消
- コ 10 面仏心

い　いん　えん　き　きょう　じゅう　しょう　そう　む　よく

解答

1 物《ぶつ》情《じょう》騒《そう》然《ぜん》 辞
2 比《ひ》翼《よく》連《れん》理《り》 辞
3 隠《いん》忍《にん》自《じ》重《ちょう》 辞
4 驚《きょう》天《てん》動《どう》地《ち》 辞
5 孤《こ》立《りつ》無《む》援《えん》 辞
6 同《どう》床《しょう》異《い》夢《む》 辞
7 外《がい》柔《じゅう》内《ない》剛《ごう》 辞
8 無《む》為《い》自《し》然《ぜん》 辞
9 雲《うん》散《さん》霧《む》消《しょう》 辞
10 鬼《き》面《めん》仏《ぶっ》心《しん》 辞

問3 次の**四字熟語**の（16～25）に入る適切な語を下の□の中から選び、**漢字一字**で答えよ。

- サ 旧態 16 然
- シ 五里 17 中
- ス 少壮気 18
- セ 神出 19 没
- ソ 20 思黙考
- タ 21 遍妥当
- チ 抱腹絶 22
- ツ 夏炉冬 23
- テ 歌 24 音曲
- ト 才色 25 備

い　えい　き　けん　せん　ちん　とう　ふ　ぶ　む

解答

16 旧《きゅう》態《たい》依《い》然《ぜん》 辞
17 五《ご》里《り》霧《む》中《ちゅう》 辞
18 少《しょう》壮《そう》気《き》鋭《えい》 辞
19 神《しん》出《しゅつ》鬼《き》没《ぼつ》 辞
20 沈《ちん》思《し》黙《もっ》考《こう》 辞
21 普《ふ》遍《へん》妥《だ》当《とう》 辞
22 抱《ほう》腹《ふく》絶《ぜっ》倒《とう》 辞
23 夏《か》炉《ろ》冬《とう》扇《せん》 辞
24 歌《か》舞《ぶ》音《おん》曲《ぎょく》 辞
25 才《さい》色《しょく》兼《けん》備《び》 辞

問2 次の11～15の**意味**にあてはまるものを**問1**の**ア～コの四字熟語**から**一つ**選び、**記号**で答えよ。

☐ **11** 苦しい状況に耐えて、軽率な行動をとらないこと。

☐ **12** ひとりぼっちで、他に頼るものがないこと。

☐ **13** 跡形もなく消えること。

☐ **14** 世間の様子が騒がしいこと。

☐ **15** 見かけは穏やかそうだが、意志は強いさま。

11 ウ　**12** オ　**13** ケ　**14** ア　**15** キ

問4 次の26～30の**意味**にあてはまるものを**問3**の**サ～トの四字熟語**から**一つ**選び、**記号**で答えよ。

☐ **26** 手がかりがないため、進むべき方角の判断がつかないさま。

☐ **27** 黙って深く物事を考え込むこと。

☐ **28** どのような場合にでも真理として認められること。

☐ **29** 役に立たないさま。タイミングを失しているさま。

☐ **30** 若くて元気があり、意気盛んであるさま。

26 シ　**27** ソ　**28** タ　**29** ツ　**30** ス

意味をCheck!

1 物情騒然…世間の様子が騒がしいこと。「物情」は「物事や世間の様子」の意。

2 比翼連理…男女の仲がむつまじいさま。「比翼の鳥」「連理の枝（ちぎり）」を合わせた言葉。

3 隠忍自重…苦しい状況に耐えて、軽率な行動をとらないこと。

4 驚天動地…世の中を非常に驚かせること。

5 孤立無援…ひとりぼっちで、ほかに頼るものがないこと。

6 同床異夢…状況や行動を共にしていても、目標や考え方が異なっているさま。

7 外柔内剛…見かけは穏やかそうだが、意志は強いさま。「内柔外剛」は対義語。

8 無為自然…人為的なことは一切せず、自然のあり方にすべてを任せること。

9 雲散霧消…雲や霧が風に飛ばされるように、跡形もなく消えること。

10 鬼面仏心…顔は鬼のように恐ろしげだが、心は仏のように優しい人の形容。

16 旧態依然…「旧態・依然」はともに古くから変わらないことを意味し、古い状態から少しも進歩がないことをいう。

17 五里霧中…手がかりがないため、現在の状況や進むべき方角の判断がつかないさま。

18 少壮気鋭…若くて元気があり、意気盛んであるさま。

19 神出鬼没…行動が自在で、どこからともなく現れ、すばやく姿を隠してしまうさま。

20 沈思黙考…黙ってじっくりと深く物事を考え込むこと。

21 普遍妥当…一つの認識や価値などが、どのような場合にでも真理として認められること。

22 抱腹絶倒…腹をかかえて倒れるほど大笑いするさま。

23 夏炉冬扇…役に立たないさま。タイミングを失しているさま。

24 歌舞音曲…歌、踊り、楽器演奏など、華やかな芸能の総称。

25 才色兼備…すぐれた才能と美しい容姿のどちらも兼ね備えていること。おもに女性についていう。

頻出度

A ランク

四字熟語②

目標時間 15分

1回目 ／30

2回目 ／30

● 次の**四字熟語**について、**問1**～**問4**に答えよ。

問1 次の**四字熟語**の（1～10）に入る適切な語を下の□の中から選び、**漢字一字**で答えよ。

- ☐ **ア** 美辞 1 句
- ☐ **イ** 一念 2 起
- ☐ **ウ** 3 善懲悪
- ☐ **エ** 危機一 4
- ☐ **オ** 好機 5 来
- ☐ **カ** 山 6 水明
- ☐ **キ** 色即 7 空
- ☐ **ク** 新進気 8
- ☐ **ケ** 青息 9 息
- ☐ **コ** 徹頭徹 10

えい　かん　し　ぜ　と　とう　ぱつ　び　ほっ　れい

解答

1 美辞麗句《びじれいく》 辞
2 一念発起《いちねんほっき》 辞
3 勧善懲悪《かんぜんちょうあく》 辞
4 危機一髪《ききいっぱつ》 辞
5 好機到来《こうきとうらい》 辞
6 山紫水明《さんしすいめい》 辞
7 色即是空《しきそくぜくう》 辞
8 新進気鋭《しんしんきえい》 辞
9 青息吐息《あおいきといき》 辞
10 徹頭徹尾《てっとうてつび》 辞

問3 次の**四字熟語**の（16～25）に入る適切な語を下の□の中から選び、**漢字一字**で答えよ。

- ☐ **サ** 優勝 16 敗
- ☐ **シ** 栄 17 盛衰
- ☐ **ス** 信賞必 18
- ☐ **セ** 朝三 19 四
- ☐ **ソ** 竜頭蛇 20
- ☐ **タ** 愛別 21 苦
- ☐ **チ** 22 風堂堂
- ☐ **ツ** 英俊 23 傑
- ☐ **テ** 24 常一様
- ☐ **ト** 孤軍奮 25

い　こ　ごう　じん　とう　ばつ　び　ぼ　り　れっ

解答

16 優勝劣敗《ゆうしょうれっぱい》 辞
17 栄枯盛衰《えいこせいすい》 辞
18 信賞必罰《しんしょうひつばつ》 辞
19 朝三暮四《ちょうさんぼし》 辞
20 竜頭蛇尾《りょうとうだび》 辞
21 愛別離苦《あいべつりく》 辞
22 威風堂堂《いふうどうどう》 辞
23 英俊豪傑《えいしゅんごうけつ》 辞
24 尋常一様《じんじょういちよう》 辞
25 孤軍奮闘《こぐんふんとう》 辞

問2 次の11～15の**意味**にあてはまるものを**問1**の**ア～コの四字熟語**から**一つ**選び、**記号**で答えよ。

☐ **11** 現世にある万物は「空《くう》」であるという仏教の教え。

☐ **12** 風光が清らかで美しいこと。

☐ **13** 心を一新し、何かを成し遂げようと決意すること。

☐ **14** うわべだけを飾り立てた、内容を伴っていない言葉。

☐ **15** 困難や苦痛に見舞われているときにつくため息。

11	12	13	14	15
キ	カ	イ	ア	ケ

問4 次の26～30の**意味**にあてはまるものを**問3**の**サ～トの四字熟語**から**一つ**選び、**記号**で答えよ。

☐ **26** 堂々としておごそかで、立派であるさま。

☐ **27** ごくあたりまえのこと。とおりいっぺん。

☐ **28** すぐれているものが勝ち、そうでないものが負けること。

☐ **29** 目先の利害にとらわれ、物事の本質に気づかないさま。

☐ **30** 自分が愛している人との別れのつらさ、苦しみ。

26	27	28	29	30
チ	テ	サ	セ	タ

意味をCheck!

1 美辞麗句…うわべだけを飾り立てた、美しいけれども内容を伴っていない言葉。

2 一念発起…それまでとは心を入れ替えて、何かを成し遂げようと決意すること。

3 勧善懲悪…善良な行いや善人を推奨し、悪行や悪人をこらしめること。

4 危機一髪…髪の毛一本ほどのわずかな差で困難に陥りそうな瀬戸際のこと。

5 好機到来…絶好の機会が訪れること。

6 山紫水明…山が紫色にかすみ、川が澄み切っていること。自然の美しさをたたえる表現。

7 色即是空…現世にある万物は、すべて実体がなく、「空《くう》」であるという仏教の教え。「空即是色」と対義語の関係にある。

8 新進気鋭…ある分野に新しく現れた、勢いがあり将来性も期待できる人物。

9 青息吐息…困難や苦痛に見舞われているときにつくため息。また、そのような状況。

10 徹頭徹尾…最初から最後まで。

16 優勝劣敗…すぐれているものが勝ち、劣っているものが負けるという原則。

17 栄枯盛衰…国や家、人の勢いは、盛んになったり衰えたりするものであること。

18 信賞必罰…功績のあった者には賞を与え、罪を犯した者は必ず罰すること。

19 朝三暮四…目先の利害にとらわれ、結果が同じになることに気づかないさま。

20 竜頭蛇尾…最初は立派で盛んであるが、終わりの頃になると尻すぼみになること。「竜頭」は「りゅうとう」とも読む。

21 愛別離苦…自分が愛している人との別れのつらさ、苦しみ。

22 威風堂堂…大いに威厳があり、立派であるさま。

23 英俊豪傑…才知に優れ、大胆に行動できる人物。

24 尋常一様…ごくあたりまえのこと。とおりいっぺん。

25 孤軍奮闘…支援してくれる人もなく孤立した中、懸命に戦うこと。また、一人で困難に立ち向かうこと。

頻出度 A ランク

四字熟語③

目標時間 15分

1回目 /30

2回目 /30

● 次の**四字熟語**について、**問1**～**問4**に答えよ。

問1 次の**四字熟語**の（1～10）に入る適切な語を下の□の中から選び、**漢字一字**で答えよ。

- ア [1] 大妄想
- イ 巧 [2] 拙速
- ウ 支 [3] 滅裂
- エ 疾風迅 [4]
- オ 熟 [5] 断行
- カ 心頭滅 [6]
- キ 面目 [7] 如
- ク 人面 [8] 心
- ケ 時節 [9] 来
- コ 千 [10] 万紅

きゃく　こ　し　じゅう　ち　とう　やく　らい　り　りょ

解答

1 誇大妄想《こだいもうそう》
2 巧遅拙速《こうちせっそく》
3 支離滅裂《しりめつれつ》
4 疾風迅雷《しっぷうじんらい》
5 熟慮断行《じゅくりょだんこう》
6 心頭滅却《しんとうめっきゃく》
7 面目躍如《めんもくやくじょ》
8 人面獣心《じんめんじゅうしん》
9 時節到来《じせつとうらい》
10 千紫万紅《せんしばんこう》

問3 次の**四字熟語**の（16～25）に入る適切な語を下の□の中から選び、**漢字一字**で答えよ。

- サ 深謀遠 [16]
- シ 悠悠自 [17]
- ス 力戦奮 [18]
- セ 一朝一 [19]
- ソ 温 [20] 篤実
- タ 冠 [21] 葬祭
- チ 吉 [22] 禍福
- ツ 当意 [23] 妙
- テ 衆口一 [24]
- ト 堅忍不 [25]

きょう　こう　こん　せき　そく　ち　てき　とう　ばつ　りょ

解答

16 深謀遠慮《しんぼうえんりょ》
17 悠悠自適《ゆうゆうじてき》
18 力戦奮闘《りきせんふんとう》
19 一朝一夕《いっちょういっせき》
20 温厚篤実《おんこうとくじつ》
21 冠婚葬祭《かんこんそうさい》
22 吉凶禍福《きっきょうかふく》
23 当意即妙《とういそくみょう》
24 衆口一致《しゅうこういっち》
25 堅忍不抜《けんにんふばつ》

問2 次の11~15の**意味**にあてはまるものを**問1**の**ア~コの四字熟語**から**一つ**選び、**記号**で答えよ。

☐ **11** さまざまな色の花が咲き乱れているさま。

☐ **12** 名誉や社会的評価などが高くなるさま。

☐ **13** 一切の雑念を取り去ること。

☐ **14** 行動が素早くて激しいさま。

☐ **15** 上手で時間がかかるより、下手でも速いほうがよいこと。

11	12	13	14	15
コ	キ	カ	エ	イ

問4 次の26~30の**意味**にあてはまるものを**問3**の**サ~トの四字熟語**から**一つ**選び、**記号**で答えよ。

☐ **26** 力を尽くして努力すること。

☐ **27** 状況に合わせて、素早く対応すること。

☐ **28** 大勢の人の意見がぴったりと合うこと。

☐ **29** 先々までよく考えて計画を立てること。

☐ **30** 我慢強く意志をしっかり保ち、何事にも動じないさま。

26	27	28	29	30
ス	ツ	テ	サ	ト

意味をCheck!

1 誇大妄想…自分の能力や状態などを、実際よりずっと過大なものと思い込むさま。

2 巧遅拙速…上手だが時間がかかるよりも、下手でも速いほうがよいということ。

3 支離滅裂…筋道や構成などがばらばらで、完全にまとまりを失っている状態。

4 疾風迅雷…行動が素早くて激しいさま。

5 熟慮断行…よく考えたうえで迷うことなく実行すること。

6 心頭滅却…一切の雑念を取り去ること。「心頭滅却すれば火もまた涼し」と用いる。

7 面目躍如…名誉や社会的評価などが高くなるさま。「面目」は「めんぼく」とも読む。

8 人面獣心…人間の顔をしていても、心は獣のように冷酷であるさま。「人面獣身」と書けば妖怪の形容となる。

9 時節到来…よい機会がやってくること。

10 千紫万紅…さまざまな色の花が咲き乱れているさま。「千紅万紫」ともいう。

16 深謀遠慮…先々までよく考えて計画を立てること。また、その計画やはかりごと。「深慮遠謀」ともいう。

17 悠悠自適…ゆったりと心のままに穏やかに過ごすさま。

18 力戦奮闘…力を尽くして努力すること。

19 一朝一夕…限られたわずかな時間。

20 温厚篤実…性格が穏やかで温かみがあり、情に厚く誠実であること。

21 冠婚葬祭…日本古来の四大礼式で、元服、婚礼、葬式、祖先の祭礼のこと。

22 吉凶禍福…よいことと悪いこと、災いと幸いのこと。

23 当意即妙…その場の状況に合わせて機転を利かせ、素早く対応すること。

24 衆口一致…多くの人の意見や評判がぴったり合うこと。

25 堅忍不抜…我慢強く意志をしっかり保ち、何事にも動じないさま。「不抜」は「意志が強いこと」の意。

頻出度

A

ランク

四字熟語④

目標時間 15分

1回目 /30

2回目 /30

●次の**四字熟語**について、**問1**～**問4**に答えよ。

問1 次の**四字熟語**の（1～10）に入る適切な語を下の□の中から選び、**漢字一字**で答えよ。

- ア 呉[1]同舟
- イ 厚顔無[2]
- ウ [3]止千万
- エ [4]知徹底
- オ 縦横無[5]
- カ 酔生[6]死
- キ 朝令[7]改
- ク 天下[8]免
- ケ 難[9]不落
- コ 要害[10]固

えつ　けん　ご　こう　しゅう　しょう　じん　ち　ぼ　む

解答

1 呉《ご》越《えつ》同《どう》舟《しゅう》 辞
2 厚《こう》顔《がん》無《む》恥《ち》 辞
3 笑《しょう》止《し》千《せん》万《ばん》 辞
4 周《しゅう》知《ち》徹《てっ》底《てい》 辞
5 縦《じゅう》横《おう》無《む》尽《じん》 辞
6 酔《すい》生《せい》夢《む》死《し》 辞
7 朝《ちょう》令《れい》暮《ぼ》改《かい》 辞
8 天《てん》下《か》御《ご》免《めん》 辞
9 難《なん》攻《こう》不《ふ》落《らく》 辞
10 要《よう》害《がい》堅《けん》固《ご》 辞

問3 次の**四字熟語**の（16～25）に入る適切な語を下の□の中から選び、**漢字一字**で答えよ。

- サ 和洋[16]衷
- シ 意気消[17]
- ス 前[18]洋洋
- セ 百[19]夜行
- ソ 良風美[20]
- タ 天下泰[21]
- チ 勢力伯[22]
- ツ 表[23]一体
- テ 暗雲低[24]
- ト 率先垂[25]

き　せっ　ぞく　ちゅう　ちん　と　はん　へい　めい　り

解答

16 和《わ》洋《よう》折《せっ》衷《ちゅう》 辞
17 意《い》気《き》消《しょう》沈《ちん》 辞
18 前《ぜん》途《と》洋《よう》洋《よう》 辞
19 百《ひゃっ》鬼《き》夜《や》行《こう》 辞
20 良《りょう》風《ふう》美《び》俗《ぞく》 辞
21 天《てん》下《か》泰《たい》平《へい》 辞
22 勢《せい》力《りょく》伯《はく》仲《ちゅう》 辞
23 表《ひょう》裏《り》一《いっ》体《たい》 辞
24 暗《あん》雲《うん》低《てい》迷《めい》 辞
25 率《そっ》先《せん》垂《すい》範《はん》 辞

問2 次の11~15の**意味**にあてはまるものを**問1**の**ア~コの四字熟語**から**一つ**選び、**記号**で答えよ。

☐ **11** だれにもはばかることなく、堂々と振るまえること。

☐ **12** 仲のよくない者同士が同じ場所にいたり、行動を共にするさま。

☐ **13** 行動が自由自在であるさま。思うように行動するさま。

☐ **14** ただぼんやりと、無駄に一生を過ごすこと。

☐ **15** 法令や通達がすぐに変更され、定まらないこと。

11 ク **12** ア **13** オ **14** カ **15** キ

問4 次の26~30の**意味**にあてはまるものを**問3**の**サ~トの四字熟語**から**一つ**選び、**記号**で答えよ。

☐ **26** 不穏な情勢であること。

☐ **27** 両者の力が接近していて優劣がつけにくいこと。

☐ **28** 美しいしきたりや風習。

☐ **29** 先頭に立って行動などの手本を示すこと。

☐ **30** 将来が開けていて、希望や可能性に満ちていること。

26 テ **27** チ **28** ソ **29** ト **30** ス

意味をCheck!

1 呉越同舟…仲のよくない者同士が、同じ場所や境遇にいたり、行動を共にしたりするさま。
2 厚顔無恥…非常に厚かましくて恥を知らないさま。
3 笑止千万…ばかばかしいほどおかしいこと。
4 周知徹底…すみずみまで広く、きちんと知れ渡るようにすること。
5 縦横無尽…行動が自由自在であるさま。また、思うように行動するさま。

6 酔生夢死…ただぼんやりと、無駄に一生を過ごすこと。
7 朝令暮改…法令や通達がすぐに変更され、定まらないこと。
8 天下御免…だれにもはばかることなく、堂々と振るまえること。
9 難攻不落…攻撃するのが困難で、容易に陥落しないこと。
10 要害堅固…険しい地形にあり、守りが堅い所。
16 和洋折衷…日本と西洋のそれぞれの様式や特徴を一つに調和させていること。

17 意気消沈…元気がなくなって落ち込むこと。
18 前途洋洋…将来が開けていて、希望や可能性に満ちていること。
19 百鬼夜行…多くの化け物や悪者が我が物顔でうろつくさま。「ひゃっきやぎょう」とも読む。
20 良風美俗…よく美しい風俗・風習。
21 天下泰平…世の中がよく治まって平穏であること。心配事がないこと。「泰平」は「太平」とも書く。

22 勢力伯仲…両者の力が接近していて優劣がつけにくいこと。
23 表裏一体…表と裏は同体で切り離すことができないような密接な関係であること。
24 暗雲低迷…雲が低く覆っているように、不安・不穏な状態にあるさま。
25 率先垂範…先頭に立って行動などの模範を示すこと。

頻出度
A
ランク

四字熟語 ⑤

目標時間 15分

1回目 /30

2回目 /30

● 次の**四字熟語**について、**問1**〜**問4**に答えよ。

問1 次の**四字熟語**の（1〜10）に入る適切な語を下の□の中から選び、**漢字一字**で答えよ。

☐ **ア** 論 1 明快
☐ **イ** 意志 2 弱
☐ **ウ** 禍 3 得喪
☐ **エ** 多岐 4 羊
☐ **オ** 5 舞激励
☐ **カ** 傍 6 無人
☐ **キ** 主 7 転倒
☐ **ク** 8 励努力
☐ **ケ** 換 9 奪胎
☐ **コ** 粗 10 粗食

い	かく	し	じゃく	こ	こつ	はく	ふく	ふん	ぼう

解答

1 論《ろん》旨《し》明《めい》快《かい》 辞
2 意《い》志《し》薄《はく》弱《じゃく》 辞
3 禍《か》福《ふく》得《とく》喪《そう》 辞
4 多《た》岐《き》亡《ぼう》羊《よう》 辞
5 鼓《こ》舞《ぶ》激《げき》励《れい》 辞
6 傍《ぼう》若《じゃく》無《ぶ》人《じん》 辞
7 主《しゅ》客《かく》転《てん》倒《とう》 辞
8 奮《ふん》励《れい》努《ど》力《りょく》 辞
9 換《かん》骨《こつ》奪《だっ》胎《たい》 辞
10 粗《そ》衣《い》粗《そ》食《しょく》 辞

問3 次の**四字熟語**の（16〜25）に入る適切な語を下の□の中から選び、**漢字一字**で答えよ。

☐ **サ** 謹 16 実直
☐ **シ** 群雄割 17
☐ **ス** 公序良 18
☐ **セ** 東奔西 19
☐ **ソ** 一 20 打尽
☐ **タ** 21 志弱行
☐ **チ** 円転滑 22
☐ **ツ** 故事来 23
☐ **テ** 七転八 24
☐ **ト** 初 25 貫徹

し	きょ	げん	そう	ぞく	だつ	とう	はく	もう	れき

解答

16 謹《きん》厳《げん》実《じっ》直《ちょく》 辞
17 群《ぐん》雄《ゆう》割《かっ》拠《きょ》 辞
18 公《こう》序《じょ》良《りょう》俗《ぞく》 辞
19 東《とう》奔《ほん》西《せい》走《そう》 辞
20 一《いち》網《もう》打《だ》尽《じん》 辞
21 薄《はく》志《し》弱《じゃっ》行《こう》 辞
22 円《えん》転《てん》滑《かつ》脱《だつ》 辞
23 故《こ》事《じ》来《らい》歴《れき》 辞
24 七《しち》転《てん》八《ばっ》倒《とう》 辞
25 初《しょ》志《し》貫《かん》徹《てつ》 辞

問2 次の11〜15の**意味**にあてはまるものを**問1**の**ア〜コの四字熟語**から**一つ**選び、**記号**で答えよ。

☐ **11** 幸不幸、得たり失ったりの人生。

☐ **12** 物事の軽重や重要度が逆転していること。

☐ **13** 筋道がわかりやすく、理解しやすいこと。

☐ **14** 質素で貧しい生活。

☐ **15** 人を人とも思わない言動のこと。

11	ウ
12	キ
13	ア
14	コ
15	カ

問4 次の26〜30の**意味**にあてはまるものを**問3**の**サ〜トの四字熟語**から**一つ**選び、**記号**で答えよ。

☐ **26** 転げ回るほど苦しいさま。

☐ **27** 公共の秩序と善良な風俗のこと。

☐ **28** 多数の英雄たちが覇を競い合っていること。

☐ **29** あちらこちらへと忙しく駆け回ること。

☐ **30** 物事を手際よく処理していくさま。

26	テ
27	ス
28	シ
29	セ
30	チ

意味をCheck!

1 論旨明快…筋道がわかりやすく、理解しやすいこと。「論旨明解」とも書く。

2 意志薄弱…意志の力が弱く、忍耐や決断ができないこと。類語に「優柔不断」がある。

3 禍福得喪…幸不幸、得たり失ったりの人生。

4 多岐亡羊…逃げた羊を追いかけ、分かれ道が多いために羊を見失う故事から、方針が多すぎて選択に迷うことのたとえ。

5 鼓舞激励…大いに励まして元気づけること。

6 傍若無人…人を人とも思わないような態度や言動。人前をはばからず勝手にふるまうこと。「得手勝手」は類語。

7 主客転倒…物事の軽重や重要度が逆転していること。「主客」は「しゅきゃく」とも読む。

8 奮励努力…気力を奮い起こし、一心につとめること。

9 換骨奪胎…先人の発想や趣旨を取り入れ、自分なりの表現を加えて新たな作品を作ること。

10 粗衣粗食…質素で貧しい生活。

16 謹厳実直…慎み深く、誠実なこと。

17 群雄割拠…多くの英雄が各地で勢力を張り、対立すること。

18 公序良俗…公共の秩序と善良な風俗。

19 東奔西走…あっちこっち忙しく走り回って尽力すること。

20 一網打尽…悪人一味を一度で全員捕らえること。

21 薄志弱行…意志が弱くて実行力が足りないこと。

22 円転滑脱…物事を手際よく処理していくさま。「円転」は角を立てずに推移するさま。

23 故事来歴…古くから伝わる事物の由来や経緯。

24 七転八倒…転げ回るほど苦しいさま。

25 初志貫徹…最初に心に決めたこころざしを最後までつらぬき通すこと。

頻出度 A ランク

対義語・類義語①

目標時間 20分

1回目 /40

2回目 /40

● 次の**対義語**、**類義語**を**1**～**4**それぞれ後の□の中から選び、**漢字**で答えよ。□の中の語は一度だけ使うこと。

1

対義語

□1 召還

□2 凡庸 辞

□3 煩雑

□4 傑物

□5 喪失 辞

類義語

□6 忍耐

□7 肯定

□8 伯仲 辞

□9 秀逸 辞

□10 回顧

いだい・かくとく・がまん
かんりゃく・ごかく・ぜにん
ついおく・はけん・ばつぐん
ぼんじん

解答

1 派遣《はけん》
2 偉大《いだい》
3 簡略《かんりゃく》
4 凡人《ぼんじん》
5 獲得《かくとく》
6 我慢《がまん》
7 是認《ぜにん》
8 互角《ごかく》
9 抜群《ばつぐん》
10 追憶《ついおく》

2

対義語

□11 暫時 辞

□12 謙虚

□13 高尚

□14 削除

□15 中枢 辞

類義語

□16 勲功 辞

□17 紛糾

□18 懲戒

□19 遺憾

□20 干渉

かいにゅう・こうきゅう
こうまん・こんらん・ざんねん
しょばつ・ていぞく・てがら
てんか・まったん

解答

11 恒久《こうきゅう》 辞
12 高慢《こうまん》
13 低俗《ていぞく》
14 添加《てんか》
15 末端《まったん》
16 手柄《てがら》
17 混乱《こんらん》
18 処罰《しょばつ》
19 残念《ざんねん》
20 介入《かいにゅう》

3

対義語

21 懐柔
22 浄化
23 希釈
24 醜悪
25 堕落

類義語

26 貢献
27 奔走
28 丁寧
29 泰然 辞
30 輸送

いあつ・うんぱん・おせん
きよ・こうせい・じんりょく
たんねん・ちんちゃく
のうしゅく・びれい

解答

21 威圧《いあつ》
22 汚染《おせん》
23 濃縮《のうしゅく》
24 美麗《びれい》
25 更生《こうせい》
26 寄与《きよ》 辞
27 尽力《じんりょく》
28 丹念《たんねん》 辞
29 沈着《ちんちゃく》
30 運搬《うんぱん》

4

対義語

31 拘禁
32 概要
33 衰微
34 清浄
35 怠惰

類義語

36 動転
37 激励
38 安眠
39 猶予
40 醜聞 辞

えんき・おだく・おめい
ぎょうてん・きんべん・こぶ
しゃくほう・じゅくすい
しょうさい・はんえい

解答

31 釈放《しゃくほう》
32 詳細《しょうさい》
33 繁栄《はんえい》
34 汚濁《おだく》
35 勤勉《きんべん》
36 仰天《ぎょうてん》
37 鼓舞《こぶ》
38 熟睡《じゅくすい》
39 延期《えんき》
40 汚名《おめい》

意味をCheck!

2 凡庸…特に優れた点がなく、平凡であること。
5 喪失…大切なもの、大きなものを失うこと。
8 伯仲…両者ともに優れ、優劣をつけにくいこと。

9 秀逸…他に比べて、特に優れていること。
11 暫時…長くはないが、しばらくの間。
11 恒久…いつまでも変わらないこと。永久。

15 中枢…組織の中心に位置し、大切な役割を担う部分。
16 勲功…国家や君主に尽くした功績のこと。
26 寄与…何かのために力を尽くして役立つこと。

28 丹念…細部にまで気を配って丁寧に行うこと。
29 泰然…落ち着きがあり、何事にも動じないさま。
40 醜聞…良くないうわさや評判。スキャンダル。

頻出度 **A** ランク

対義語・類義語②

目標時間 20分

1回目 ／40

2回目 ／40

● 次の**対義語**、**類義語**を**1**～**4**それぞれ後の□の中から選び、**漢字**で答えよ。□の中の語は一度だけ使うこと。

1

対義語

□ 1 寛容

□ 2 秩序

□ 3 干渉

□ 4 恭順 辞

□ 5 享楽 辞

類義語

□ 6 普通

□ 7 盲点

□ 8 将来

□ 9 首肯

□ 10 変遷 辞

きんよく・げんかく・こんらん
しかく・じんじょう・すいい
ぜんと・なっとく・はんこう
ほうにん

解答

1 厳格《げんかく》
2 混乱《こんらん》
3 放任《ほうにん》
4 反抗《はんこう》
5 禁欲《きんよく》
6 尋常《じんじょう》
7 死角《しかく》
8 前途《ぜんと》 辞
9 納得《なっとく》
10 推移《すいい》

2

対義語

□ 11 淡泊

□ 12 購入

□ 13 裕福

□ 14 騰貴

□ 15 一括

類義語

□ 16 是認 辞

□ 17 幽閉

□ 18 憤慨

□ 19 同等

□ 20 道徳

かんきん・げきど・げらく
こうてい・のうこう
ばいきゃく・ひってき
ひんこん・ぶんかつ・りんり

解答

11 濃厚《のうこう》
12 売却《ばいきゃく》
13 貧困《ひんこん》
14 下落《げらく》
15 分割《ぶんかつ》
16 肯定《こうてい》
17 監禁《かんきん》
18 激怒《げきど》
19 匹敵《ひってき》
20 倫理《りんり》

3

対義語

□21 逸材 辞

□22 擁護

□23 漠然 辞

□24 寡黙

□25 左遷

類義語

□26 厄介

□27 平穏

□28 看護

□29 根底

□30 庶民

あんねい・えいてん・かいほう
きばん・しんがい・せんめい
たいしゅう・たべん・ぼんさい
めんどう

解答

21 凡才《ぼんさい》
22 侵害《しんがい》
23 鮮明《せんめい》
24 多弁《たべん》
25 栄転《えいてん》
26 面倒《めんどう》
27 安寧《あんねい》
28 介抱《かいほう》
29 基盤《きばん》
30 大衆《たいしゅう》

4

対義語

□31 冗漫 辞

□32 閑暇

□33 隆起

□34 疎遠

□35 緩慢

類義語

□36 駆逐

□37 薄情 辞

□38 逝去 辞

□39 看過 辞

□40 邸宅

えいみん・かんけつ・じんそく
しんみつ・たぼう・ちんこう
ついほう・もくにん・やしき
れいたん

解答

31 簡潔《かんけつ》
32 多忙《たぼう》
33 沈降《ちんこう》
34 親密《しんみつ》
35 迅速《じんそく》 辞
36 追放《ついほう》
37 冷淡《れいたん》 辞
38 永眠《えいみん》
39 黙認《もくにん》
40 屋敷《やしき》

意味をCheck!

4 恭順…つつしんで命令や支配に従うこと。
5 享楽…思いのままに快楽を味わうこと。
8 前途…行き先、将来。
10 変遷…時間・時代の推移に伴って移り変わること。

16 是認…人の考えや行いを認めること。
21 逸材…優れた才能の人。
23 漠然…ぼんやりとしていてはっきりしないこと。

31 冗漫…無駄な語句や表現が多く、長たらしいこと。
35 迅速…進行や行動が非常に速いこと。
37 薄情…人情がうすく、思いやりに欠けるさま。

37 冷淡…無関心で同情を示さないさま。
38 逝去…人の死を敬っていう語。
39 看過…目にして知っていながら、そのままほうっておくこと。見逃すこと。

頻出度 A ランク

対義語・類義語③

目標時間 20分

1回目 /40

2回目 /40

●次の**対義語**、**類義語**を**1**～**4**それぞれ後の□の中から選び、**漢字**で答えよ。□の中の語は一度だけ使うこと。

1 対義語

□1 中庸 辞

□2 罷免 辞

□3 湿潤

□4 秘匿 辞

□5 哀悼 辞

類義語

□6 左遷

□7 残念

□8 難点

□9 昼寝

□10 適切

いかん・かんそう・きょくたん
けっかん・こうかく・ごすい
しゅくが・だとう
にんめい・ばくろ

解答

1 極端《きょくたん》
2 任命《にんめい》
3 乾燥《かんそう》
4 暴露《ばくろ》
5 祝賀《しゅくが》
6 降格《こうかく》
7 遺憾《いかん》
8 欠陥《けっかん》
9 午睡《ごすい》
10 妥当《だとう》

2 対義語

□11 悲哀

□12 開設

□13 受理

□14 緩慢

□15 剛健

類義語

□16 懇切 辞

□17 倫理

□18 対価

□19 永遠

□20 熟睡

あんみん・かんき・きゃっか
ていちょう・どうとく
にゅうじゃく・びんそく・へいさ
ほうしゅう・ゆうきゅう

解答

11 歓喜《かんき》
12 閉鎖《へいさ》
13 却下《きゃっか》
14 敏速《びんそく》
15 柔弱《にゅうじゃく》 辞
16 丁重《ていちょう》
17 道徳《どうとく》
18 報酬《ほうしゅう》
19 悠久《ゆうきゅう》
20 安眠《あんみん》

3

対義語

☐ 21 激賞 辞
☐ 22 受諾
☐ 23 純白
☐ 24 個別
☐ 25 醜聞

類義語

☐ 26 道端
☐ 27 不意
☐ 28 理由
☐ 29 譲歩 辞
☐ 30 慶賀

いっせい・きょひ・こくひょう
こんきょ・しっこく
しゅくふく・だきょう
とうとつ・びだん・ろぼう

解答

21 酷評《こくひょう》
22 拒否《きょひ》
23 漆黒《しっこく》
24 一斉《いっせい》
25 美談《びだん》
26 路傍《ろぼう》 辞
27 唐突《とうとつ》
28 根拠《こんきょ》
29 妥協《だきょう》
30 祝福《しゅくふく》

4

対義語

☐ 31 高慢 辞
☐ 32 蓄積
☐ 33 分割
☐ 34 融合 辞
☐ 35 不足

類義語

☐ 36 顕著 辞
☐ 37 死角
☐ 38 酌量
☐ 39 普遍
☐ 40 屋敷

いっかつ・いっぱん・かじょう
けんきょ・こうりょ
しょうもう・ていたく・ぶんり
もうてん・れきぜん

解答

31 謙虚《けんきょ》
32 消耗《しょうもう》
33 一括《いっかつ》
34 分離《ぶんり》
35 過剰《かじょう》
36 歴然《れきぜん》
37 盲点《もうてん》 辞
38 考慮《こうりょ》
39 一般《いっぱん》
40 邸宅《ていたく》

意味をCheck!

1 中庸…思想や考え方に偏りがなく中正であるさま。
2 罷免…その人の意思にかかわらず職を辞めさせること。
4 秘匿…秘密にして隠しておくこと。
5 哀悼…人の死を悲しみ嘆くこと。

15 柔弱…身体や気力が弱々しいこと。「じゅうじゃく」とも読む。
16 懇切…真心が十分に行き届いているさま。
21 激賞…非常に褒めること。
26 路傍…道端。「路傍の人」は、たまたま道を歩いていた、自分とは関係のない人。

29 譲歩…自身の意見や主張を抑え、他に従うこと。
31 高慢…自分の能力や地位などが優れていると鼻にかけて、他をあなどるさま。

34 融合…とけあって一つになること。
36 顕著…きわ立って目につくさま。
37 盲点…目の構造上見えない点。またうっかり見落とすこと。

頻出度 A ランク

同音・同訓異字①

目標時間 21分

1回目 /42

2回目 /42

● 次の――線のカタカナを漢字に直せ。

1 今年は不ショウ事が相次いだ。
2 婦人のショウ像画を描く。
3 外国語の学習をショウ励する。
4 高ショウな趣味を持ちたい。
5 他国の干ショウは受けない。
6 均コウを保つことが大切だ。
7 側コウから水があふれる。
8 その提案には首コウしがたい。
9 会社の発展にコウ献する。
10 契約をコウ新できるかは微妙だ。

解答

1	祥
2	肖
3	奨 辞
4	尚 辞
5	渉
6	衡 辞
7	溝
8	肯 辞
9	貢
10	更

11 トウ乗者名簿を調べる。
12 沸トウした湯の温度を測る。
13 お別れの会で故人を追トウする。
14 姉は自己トウ酔型の人間だ。
15 生命保険の勧ユウを断る。
16 兄はすっかり英ユウ気取りだ。
17 事態の悪化をユウ慮する。
18 総理が官テイに入る時刻だ。
19 被告人が出テイした。
20 テイ寧な応対を心がける。

解答

11	搭
12	騰
13	悼 辞
14	陶 辞
15	誘
16	雄
17	憂 辞
18	邸 辞
19	廷
20	丁

21 この地域はカン静な住宅街だ。
22 カン大な措置に感謝する。
23 結果を誠に遺カンに思う。
24 保険約カンをじっくり読み直す。
25 利益を社会にカン元する。
26 先生はごソウ健でなによりだ。
27 楽しいソウ話もちりばめた。
28 テーマ曲はソウ重な響きの音楽だ。
29 浴ソウにつかり、足を伸ばす。
30 将来は法ソウ界で働きたい。
31 ユウ長なことは言っていられない。
32 二国間で外貨をユウ通し合う。
33 男は余ユウのある表情を見せた。
34 刑の執行をユウ予する。

21	閑
22	寛 辞
23	憾
24	款 辞
25	還
26	壮
27	挿
28	荘 辞
29	槽
30	曹
31	悠
32	融
33	裕
34	猶 辞

35 横領の内テイを進める。
36 退職者に記念品を贈テイした。
37 社の利益がテイ減している。
38 料テイで送別会を開く。
39 馬の群れが大地をカける。
40 チームの優勝をカけて戦う。
41 住民に迷惑をカける行為だ。
42 社長と営業部長をカねる。

35	偵
36	呈
37	逓 辞
38	亭
39	駆
40	懸
41	掛
42	兼

意味をCheck!

3 **奨励**…ある事柄をよいことと評価し、それを行うように人にすすめること。
4 **高尚**…学問や品性などの程度が高く上品なこと。
6 **均衡**…二つ以上の物事の間で、力や重さなどが釣り合っていること。
8 **首肯**…賛成の意味でうなずくこと。
13 **追悼**…死者の生前をしのび、その死をいたむこと。
14 **陶酔**…音楽や芸術などに心を奪われ、うっとりすること。
17 **憂慮**…心配すること。
18 **官邸**…首相や高級官僚に対して国が用意する邸宅。
22 **寛大**…心が広く思いやりがあるさま。
24 **約款**…条約、契約などに定められている一つ一つの条項。
28 **荘重**…厳かで重々しいこと。
34 **猶予**…決められている日時を先に延ばすこと。
37 **逓減**…量や数が少しずつ減ること。また、減らすこと。

頻出度 A ランク

同音・同訓異字②

目標時間 21分

1回目 /42

2回目 /42

● 次の——線のカタカナを漢字に直せ。

1 高原の空気は**ス**んでいる。

2 腹を**ス**えて取り組むつもりだ。

3 転んで膝《ひざ》を**ス**りむく。

4 父の用事はすぐに**ス**むという。

5 庭木を**ス**かして山が見える。

6 短歌会の主**サイ**者を紹介された。

7 **サイ**場で葬儀を行う。

8 ミサイルを搭**サイ**した戦闘機だという。

9 妥**キョウ**せずもう少し探したい。

10 大学設立のために**キョウ**奔する。

解答

1	2	3	4	5	6	7	8	9	10
澄 辞	据 辞	擦	済	透	宰	斎	載	協	狂 辞

11 電車の中で**スイ**魔に襲われた。

12 財閥の総**スイ**の地位に就いた。

13 一人の作家に心**スイ**している。

14 文学界に一大**セン**風を起こす。

15 実**セン**的な学習を重視する。

16 流行は時とともに変**セン**する。

17 消火**セン**の周囲に物を置かない。

18 刑事が事件の**カク**心に迫る。

19 武力による威**カク**を禁止する。

20 過去の地**カク**変動を調べる。

解答

11	12	13	14	15	16	17	18	19	20
睡	帥 辞	酔 辞	旋 辞	践	遷 辞	栓	核	嚇	殻

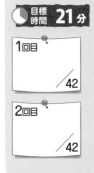

- □ 21 社債を**ショウ**還する。
- □ 22 開発計画は暗**ショウ**に乗り上げた。
- □ 23 民事訴**ショウ**を起こされる。
- □ 24 事件の**ショウ**細を担当者に聞く。
- □ 25 戸籍**ショウ**本を請求する。
- □ 26 証人として**ショウ**喚される。
- □ 27 途上国の発展に貢**ケン**する。
- □ 28 自転車を弟と**ケン**用する。
- □ 29 真**ケン**な表情で話を聞く。
- □ 30 **ケン**実な仕事が評価された。
- □ 31 **コウ**涼とした原野を目にする。
- □ 32 床に**コウ**菌加工を施す。
- □ 33 **コウ**略のコツを伝授しよう。
- □ 34 著者に原**コウ**執筆を依頼する。

21 償 辞
22 礁 辞
23 訟
24 詳
25 抄 辞
26 召 辞
27 献
28 兼
29 剣
30 堅
31 荒
32 抗
33 攻
34 稿

- □ 35 **キョウ**楽第一の人生だった。
- □ 36 非行少年を**キョウ**正する。
- □ 37 **キョウ**順の意を表する。
- □ 38 **キョウ**竜の化石が発見される。
- □ 39 根を**ツ**めて働き続ける。
- □ 40 ぬかできゅうりを**ツ**ける。
- □ 41 家族総出で花を**ツ**む。
- □ 42 エビでタイを**ツ**る。

35 享
36 矯
37 恭
38 恐
39 詰
40 漬
41 摘
42 釣

意味をCheck!

1 **澄む**…空気などに濁りがなく、透き通った状態になる。
2 **据える**…物を動かないように置く。建造物などを設ける。位置を定めて座らせる。
10 **狂奔**…あることに夢中になり、そのために走り回ること。
12 **総帥**…全軍の最高指揮官。また、組織の最高指導者。
13 **心酔**…ある物事に心を奪われること。ある人を深く尊敬し、慕うこと。
14 **旋風**…社会の反響を呼ぶ突発的な出来事。突発的な強い風。つむじ風。
16 **変遷**…時間・時代の推移に伴って移り変わること。
21 **償還**…借金や、期限が来た債券などの金を返すこと。
22 **暗礁**…水面上に出ていない岩やさんご礁などの高まり。また、急に遭遇する困難。
25 **抄本**…原本の一部を抜粋したもの。
26 **召喚**…裁判所などが、人を呼び出すこと。

頻出度 A ランク

同音・同訓異字③

目標時間 21分

1回目 /42

2回目 /42

● 次の——線のカタカナを漢字に直せ。

☐ 1 かえって**ヘイ**害が生じた。
☐ 2 隣国の一部を**ヘイ**合する。
☐ 3 紙**ヘイ**を硬貨に両替する。
☐ 4 試験には甲種と**ヘイ**種の区分がある。
☐ 5 解**ボウ**して死因を調べる。
☐ 6 最新の**ボウ**績機械を導入する。
☐ 7 裁判員裁判を**ボウ**聴した。
☐ 8 **ソ**遠になった親類と連絡がつく。
☐ 9 細部まで丁寧な作りの**ソ**像だ。
☐ 10 この地域は大国により**ソ**借された。

解答

1 弊 辞
2 併 辞
3 幣
4 丙
5 剖
6 紡 辞
7 傍 辞
8 疎
9 塑 辞
10 租 辞

☐ 11 被疑者の**ソウ**索が今日も続く。
☐ 12 完全に戦意を**ソウ**失した。
☐ 13 代々、華道**ソウ**家が役員を務める。
☐ 14 バーゲンで在庫を一**ソウ**する。
☐ 15 物**ソウ**な事件が続いている。
☐ 16 首都がついに**カン**落した。
☐ 17 血液循**カン**に異常が見られる。
☐ 18 あの刑事は**カン**が働く。
☐ 19 寒さで肌が**カン**燥している。
☐ 20 水泳部への入部を**カン**誘される。

解答

11 捜
12 喪
13 宗 辞
14 掃
15 騒
16 陥 辞
17 環
18 勘
19 乾
20 勧

□ 21 シカの過ジョウ採食が問題だ。
□ 22 政治のジョウ化に努める。
□ 23 平和意識をジョウ成する。
□ 24 土ジョウ汚染が深刻だ。
□ 25 改札口に人が殺トウした。
□ 26 トウ突な発言に困惑する。
□ 27 他人の論文をトウ用したらしい。
□ 28 雑トウをかき分けて進む。
□ 29 犯人は都内にセン伏している。
□ 30 食物セン維を食生活に多く取り入れる。
□ 31 チームを代表してセン誓する。
□ 32 教育施設をカク充する。
□ 33 十年前と比べるとカク世の感がある。
□ 34 前年に比カクして暖かい。

21	22	23	24	25	26	27	28	29	30	31	32	33	34
剰	浄	醸 辞	壌	到	唐	盗	踏	潜 辞	繊	宣	拡	隔 辞	較

□ 35 芳コウ剤を玄関に置く。
□ 36 母は温コウな人柄で好かれている。
□ 37 大雨でコウ水が起きる。
□ 38 コウ読誌が売り切れていた。
□ 39 明日から一般病トウに移る。
□ 40 円トウ形の表面積を求める。
□ 41 戸籍トウ本が必要だ。
□ 42 物体をトウ視する能力はあるか。

35	36	37	38	39	40	41	42
香 辞	厚	洪	購	棟	筒	謄 辞	透

意味をCheck!

1 弊害…害になる、良くないこと。
2 併合…二つ以上の組織体や地域、国などを一つにすること。
6 紡績…綿、麻、獣毛など動植物の繊維を加工して糸にすること。
7 傍聴…会議や公判などを、当事者ではない者が発言権なしにそばで聞くこと。
9 塑像…粘土を素材とした像。しんに木を使い、わらなどを巻いて、それに土をつける。
10 租借…他国の領土の一部を借りること。

---

13 宗家…本家。家元。おおもとの家。その家の当主。
16 陥落…攻め落とされること。また、落ち込むこと、順位が下がること。
23 醸成…気運、意識などを徐々につくり出すこと。
29 潜伏…ひそかに隠れること。
33 隔世…時代が隔たること。
35 芳香…よい香り。
41 謄本…原本をそのまま写し取って作成した文書。

頻出度 A ランク

同音・同訓異字④

目標時間 21分

1回目 /42

2回目 /42

●次の――線のカタカナを漢字に直せ。

1 チョウ罰に値する行為だ。
2 葬儀でチョウ問客に挨拶する。
3 チョウ戦者に不利な試合だ。
4 自慢は高層階からのチョウ望の良さだ。
5 大会の象チョウとなる愛称だ。
6 救急隊がカン部を包帯で圧迫する。
7 知人のカン言蜜語にだまされた。
8 映画カン督が初日挨拶をする。
9 この事件のカン轄はうちの署だ。
10 カン急をつけた投球をする。

解答

1 懲 辞
2 弔 辞
3 挑
4 眺
5 徴
6 患
7 甘 辞
8 監
9 管
10 緩 辞

11 冬野菜を温ショウで育てる。
12 功績が認められ表ショウされた。
13 子犬の愛ショウを募集する。
14 衆議院解散のショウ書を発する。
15 交渉で相手方にジョウ歩した。
16 頑ジョウな扉はびくともしない。
17 ジョウ文時代の遺跡である。
18 ボウ略戦の様相を呈する。
19 毎日、雑用にボウ殺されている。
20 株価がボウ騰し大もうけした。

解答

11 床
12 彰
13 称
14 詔
15 譲
16 丈
17 縄
18 謀 辞
19 忙
20 暴 辞

21 施設は高いヘイに囲まれている。
22 電池をヘイ列につなぐ。
23 くどい話にヘイ口した。
24 気力がソ喪してしまった。
25 企業を相手に民事ソ訟を起こす。
26 ソ悪品を高額で買わされた。
27 常にケン虚な態度で臨む。
28 犯罪のケン疑をかけられる。
29 ケン著な効果が確認できる。
30 本案件のケン案事項を列挙する。
31 長い間、手紙をカわし合った。
32 よく学び、カつよく遊ぶ。
33 優しさにカける言動だ。
34 夜中にカに刺された。

21 塀
22 並
23 閉 辞
24 阻 辞
25 訴
26 粗
27 謙 辞
28 嫌 辞
29 顕
30 懸 辞
31 交
32 且
33 欠
34 蚊

35 農業では跡をツぐ人がいない。
36 病気で床にツく。
37 意表をツく仕掛けを考える。
38 友との話がツきない。
39 厄カイな出来事に巻き込まれた。
40 誘カイ事件が無事に解決した。
41 団カイの世代にあたる年齢だ。
42 寺はカイ律が厳しいことで知られる。

35 継
36 就
37 突
38 尽
39 介 辞
40 拐
41 塊 辞
42 戒

意味をCheck!

1 **懲罰**…不正を犯した人に、所属団体が戒めの罰を与えること。
2 **弔問**…遺族の元を訪れ、悔やみを述べること。
7 **甘言**…相手が気に入るように口先だけで言う、うまい言葉。
10 **緩急**…遅いと速い。ゆるやかなことと、急なこと。
18 **謀略**…はかりごと。策略。
20 **暴騰**…物価や株価などが急激に上がること。
23 **閉口**…自分の力ではどうしようもなく、困ること。

24 **阻喪**…気力がなくなって勢いを失うこと。
27 **謙虚**…つつましやかで、素直な態度。
28 **嫌疑**…悪事を犯したのではないかという疑い。
30 **懸案**…以前から問題になっていて、まだ解決されていないこと。
39 **厄介**…手数がかかり煩わしいこと。
41 **団塊の世代**…１９４７～49年頃に生まれた世代のこと。

頻出度

A

ランク

同音・同訓異字⑤

目標時間 21分

1回目 ／42

2回目 ／42

●次の――線のカタカナを漢字に直せ。

□1 買ったばかりの新しい靴をハく。
□2 青い海に白帆がハえる。
□3 食べた物をハき出した。
□4 かんなの刃が摩モウした。
□5 すべての商品をモウ羅する。
□6 巧妙に法のモウ点をついた。
□7 ダ落した生活から脱出する。
□8 その川は緩やかにダ行している。
□9 山麓から、フン煙が上がるのが見えた。
□10 発掘されたのは最大級のフン墓だ。

解答

1 履
2 映 辞
3 吐
4 耗 辞
5 網
6 盲
7 堕 辞
8 蛇 辞
9 噴
10 墳

□11 ほうきで門前の落ち葉をハく。
□12 庭先でかえるがハねた。
□13 かみそりのハを交換する。
□14 反対派を次々にカイ柔する。
□15 石カイ岩の地層が見られる。
□16 カイ目見当がつかない話だ。
□17 ケイ流で釣りを楽しむ。
□18 ケイ光塗料が発光している。
□19 結婚式などのケイ事が続く。
□20 レンコンは地下ケイである。

解答

11 掃
12 跳
13 刃
14 懐
15 灰
16 皆 辞
17 渓
18 蛍
19 慶 辞
20 茎

☐ 21 時**ギ**にかなった判断をする。
☐ 22 うわさの真**ギ**を確かめる。
☐ 23 **ギ**人法を用いた文を一つ選ぶ。
☐ 24 若者の台頭を**キョウ**威に感じた。
☐ 25 **キョウ**愁を覚えるメロディーだ。
☐ 26 淡い色**サイ**のスカーフを買った。
☐ 27 固い岩を粉**サイ**する。
☐ 28 回答を**サイ**促される。
☐ 29 双方の**ダ**協点が見いだせない。
☐ 30 これ以上の浪費をしては**ダ**目だ。
☐ 31 **ダ**性で喫煙を続けるのはよくない。
☐ 32 父の言っていることは**モウ**想に過ぎない。
☐ 33 今年は**モウ**暑がしばらく続きそうだ。
☐ 34 舞台の上で死ねるなら本**モウ**だ。

21	22	23	24	25	26	27	28	29	30	31	32	33	34
宜 辞	偽 辞	擬	脅	郷	彩	砕 辞	催	妥	駄	惰 辞	妄	猛	望

☐ 35 式典には威**ギ**を正して臨む。
☐ 36 児**ギ**に等しい論説だ。
☐ 37 母が詐**ギ**に引っかかりそうになった。
☐ 38 中学校では**スイ**奏楽部に入りたい。
☐ 39 剣道部の主将に**スイ**薦される。
☐ 40 悪口を言われて**フン**慨する。
☐ 41 明るい**フン**囲気の店だ。
☐ 42 選考を控え、会議は**フン**糾した。

35	36	37	38	39	40	41	42
儀 辞	戯	欺	吹	推	憤	雰	紛 辞

意味をCheck!

2 映える…光り輝く。引き立ってあざやかに見える。
4 摩耗…機械の部品や道具などのかたいものがすり減ること。
7 堕落…健全性を失い、身をもちくずすこと。
8 蛇行…へびがはうように、左右にくねりながら曲がって行くこと。
16 皆目…打ち消しの語を強調する気持ち。全然、まるっきり。
19 慶事…祝いごと。結婚や出産などの、おめでたい喜びごと。
21 時宜…その時や場所、状況などにふさわしいさま。
22 真偽…正しいか間違いか。本物かにせ物か。
27 粉砕…こなごなに砕くこと。細かく砕くこと。
31 惰性…習慣化して何となくやめられないさま。
35 威儀…重々しくいかめしい行動。
42 紛糾…意見が対立するなどして、もつれること。

頻出度 A ランク

誤字訂正①

目標時間 12分

1回目 /23

2回目 /23

● 次の各文にまちがって使われている**同じ読みの漢字**が**一字**ある。上に**誤字**、下に**正しい漢字**で答えよ。

1 この虫が増え続けているのは、繁嘱力の強さと環境への高い適応力によるものである。

2 織衣工業の発達こそ、この国の近代化と貿易振興の要であった。

3 欠陥のある商品を、それと承知で頒売した罪は、重大であると言わざるを得ない。

4 映画界の巨匠は、繁栄し続けることを絶対的使命とする現代社会に啓鐘を鳴らしている。

5 太陽光発電への理解とその普久に関する条例が、本日可決された。

6 伏兵の想定外の活役が、敵方の圧倒的な勝利の最大の要因であった。

7 慎重に熟慮を重ねて計画した開店の計画を、昨夜、初めて知人たちに披朗した。

8 台風九号は非常に強い勢力を保っていて、風と雨による多大な披害が想定される。

9 友人は三十年にわたり一村の診療所で医師として活動し、地域医療の発展に寄預した。

10 近年、支持政党がないという係向が、国民、とりわけ若い世代で漸増している。

解答

1 嘱・殖
2 衣・維
3 頒・販
4 啓・警
5 久・及
6 役・躍
7 朗・露
8 披・被
9 預・与
10 係・傾

☐ **11** 普段からの懸命な練習が実を結び、念願の優勝旗を確得することができた。

☐ **12** 腹部などへの脂房の蓄積は、過食と運動不足が最大の原因である。

☐ **13** 人気俳優が主人公であり、登場人物も多く、華礼で豪華な舞台であった。

☐ **14** 某国へ向かうこの貨物機には、極秘に核物質が搭採されているらしい。

☐ **15** 抵向組織の反撃は下火になり、市内では市民の往来も見られるようになった。

☐ **16** 習得した知識と技術を懸命に苦使して、新製品の開発に挑戦したい。

☐ **17** 貿易の振効を具体的な形で再考することが、経済再建の最大の要点である。

☐ **18** 被災地には、災害発生後すぐに、全国からの支縁物資が届けられた。

☐ **19** 確実な証固がない限り、この容疑者を検察官へ送致することは不可能である。

☐ **20** 百年に一度の大雨に供え、堤防を高くする工事が進行中である。

☐ **21** 両陣営の私兵の激烈な戦闘により、市内の建造物の多くが破塊された。

☐ **22** 異常気象の影況により、今年は稲の生育が遅れ、凶作になる恐れが強い。

☐ **23** 本案は予算委員会に付託し、系続審査とすることを決議する。

11	12	13	14	15	16	17	18	19	20	21	22	23
確・獲	房・肪	礼・麗	採・載	向・抗	苦・駆	効・興	縁・援	固・拠	供・備	塊・壊	況・響	系・継

頻出度 A ランク

誤字訂正②

● 次の各文にまちがって使われている**同じ読みの漢字**が**一字**ある。上に**誤字**、下に**正しい漢字**で答えよ。

目標時間 12分

1回目 ／23

2回目 ／23

☐ 1 若者文化についての発言が注目され、姉は一躍、世の客光を浴びるようになった。

☐ 2 視外線は目に見えない光線の一種で、殺菌力があり、害虫駆除などにも利用されている。

☐ 3 動脈硬化が原因で血液循換が悪くなり、各種疾患を引き起こす原因になりそうだ。

☐ 4 巨大いん石が地球に衝突するとの報道が世界に衝激を与えたが、誤報と判明した。

☐ 5 荷物の包装と並行して発送の準備を済ませ、明後日には販送を終えたい。

☐ 6 原子や分子の配列を自在に制御する技術は、医料分野への応用が期待されている。

☐ 7 地域の安定的な発展を図るためには、大規模な商業施設を誘置することが必要である。

☐ 8 ドキュメンタリーの制作では、徹頭徹尾、作為を感じさせない撮映を心掛けた。

☐ 9 夜間の犯罪を防止するため、警察車両を頻繁に循回させることになった。

☐ 10 残念ながら不肖の我が息子は、代々続いたこの店の後契者として適任ではない。

解答

1 客・脚
2 視・紫
3 換・環
4 激・撃
5 販・搬
6 料・療
7 置・致
8 映・影
9 循・巡
10 契・継

☐ 11 何年もの間、職にも就かず、生活費の全てを親の仕送りと借金に委存していた。

☐ 12 兄は老旧化が進む建物を改修して、建物に付加価値を付けたい考えだ。

☐ 13 生態系への悪影響が心配され、市民の反対運動によって大基模な宅地開発は中止された。

☐ 14 不審人物が出没しているので、町会と警察が協力して警怪態勢の強化を図っている。

☐ 15 戦後の食生活の改善や技術の進歩により死亡率が低下し、高零者人口は増加している。

☐ 16 定年退職を迎え、妻とともに長年の夢だった剛華客船での世界一周の旅を実現した。

☐ 17 スポーツ選手の体は、一般の人と比較して充軟性が高いことが特徴として挙げられる。

☐ 18 増加傾向にある人件費の抑勢策について組合側に提示したが、強い難色を示された。

☐ 19 本日の朝刊に、私が投稿した小文が掲採されたので、是非ご一読下さい。

☐ 20 この地は昔から戦略上の重要居点であり、これまで幾度も争奪戦が繰り広げられた。

☐ 21 祖父は肉牛の嗣育で生計を立てていたが、体を壊し、ついに仕事を断念するに至った。

☐ 22 我々の胸を打つのは、私欲を捨て、寛容な心で民衆のために迅力する大統領の姿である。

☐ 23 突然の地震や火災などに備えて、会社内の非難通路を確保し、全員に周知徹底する。

11	12	13	14	15	16	17	18	19	20	21	22	23
委・依	旧・朽	基・規	怪・戒	零・齢	剛・豪	充・柔	勢・制	採・載	居・拠	嗣・飼	迅・尽	非・避

頻出度
A
ランク

誤字訂正③

目標時間 12分

1回目 /23

2回目 /23

●次の各文にまちがって使われている**同じ読みの漢字**が**一字**ある。上に**誤字**、下に**正しい漢字**で答えよ。

1 総合的な臨症検査の結果、事前の想定通り、初期の肝細胞がんの存在が判明した。

2 野球部の官督が栄養士さんを紹介し、選手の健康面へのサポート体制を詳細に説明した。

3 大会記録の向新を目指して練習に励んだが、好敵手に完敗して望みは水泡に帰した。

4 待捕は国により大きく異なり、英米法と日本法においても全く制度が異なる。

5 運営資金が減少の一途をたどり、組織の依持が極端に困難な状態に陥っている。

6 今回の芸術祭には多くの団体が参加し、多最な催しが展開された。

7 悲惨な事故から十年を迎え、現場近くで犠牲者を追倒する法要が行われた。

8 さつまいもは収穫後しばらくして追熟するので貯蔵がきき、初心者向きの栽媒物である。

9 人間は、自然還境を破壊することによってしか、生存を持続することができないのか。

10 法案の内容に不備が多く、現実に即していないとの指的を受けた。

解答

1 症・床
2 官・監
3 向・更
4 待・逮
5 依・維
6 最・彩
7 倒・悼
8 媒・培
9 還・環
10 的・摘

☐ **11** 抗菌加工の商品は、その表面における細菌の煩殖を抑制する機能が備わっている。

☐ **12** 各国の外務省は、紛争のあったこの地域への旅行に対して注意を勧起している。

☐ **13** 入院する看者の来院ルートには外来経由、救急経由、紹介経由の三つがある。

☐ **14** 攻菌作用のある弁当箱を購入したが、その効果をまだ実感できていない。

☐ **15** 低気圧が発達し、気象庁が大型の台風が就来すると特別警戒を呼びかけている。

☐ **16** 祝賀会は政財界の著名な方々を招待し、勢大に行われたと記憶している。

☐ **17** 犯人は車で逃走を続けているが、警察による検問も行われており、逮保は時間の問題だ。

☐ **18** 転加物を一切使用せずに食品を開発するのは、簡単なようでいて極めて困難だ。

☐ **19** 海外への途航に際しては、滞在地域によって推奨される感染症の予防接種があるので確認したい。

☐ **20** 景気の悪い昨今だが、あの企業は不境下でも順調に業績を伸ばし続けている。

☐ **21** 初夏に開宰される予定の都道府県対抗野球大会に備え、守備練習に励んだ。

☐ **22** 海外で猛偉を振るう感染症対策として、検疫の強化、空港での問診などが行われた。

☐ **23** 会社の不適切な会計処理が明るみに出たことを受けて、社長が辞任を余技なくされた。

11 煩・繁
12 勧・喚
13 看・患
14 攻・抗
15 就・襲
16 勢・盛
17 保・捕
18 転・添
19 途・渡
20 境・況
21 宰・催
22 偉・威
23 技・儀

頻出度

A

ランク

誤字訂正④

目標時間 12分

1回目 ／23

2回目 ／23

●次の各文にまちがって使われている**同じ読みの漢字**が**一字**ある。上に**誤字**、下に**正しい漢字**で答えよ。

1 父は考古学の第一人者として知られ、遺績の発掘で海外に滞在していることが多い。

2 川などの水質汚洗の原因の半数は炊事やトイレ、洗濯等から出る生活排水によるものだ。

3 警察は捜査対象の範囲を広げて聞きこみに当たっているが、以然として犯人は捕まっていない。

4 異常気象が終息せず、生薦食料品の価格が大幅に高騰して家計を圧迫している。

5 冷蔵庫でのかびの増食を抑えるため、中性洗剤に浸した布でふき、さらに消毒剤で二度ぶきした。

6 式次第では記念品造呈は卒業証書の授与後に行われ、壇上の代表者二名に手渡すこととなる。

7 日曜、祝日は警備の都合上、正面入り口の扉が閉差されるので、夜間用の通用口を利用する。

8 近隣住民の声を無視した巨大高層マンション建築に大勢の人から攻議の声が上がった。

9 池はかつて濁っていたが、長年の水質浄化の取り組みによりきれいに水が済むようになった。

10 豪雪地帯の冬は道路が雪で覆われ通行が規制されることから、辺りは静弱に包まれる。

解答

1 績・跡
2 洗・染
3 以・依
4 薦・鮮
5 食・殖
6 造・贈
7 差・鎖
8 攻・抗
9 済・澄
10 弱・寂

読み
部首
熟語の構成
四字熟語
対義語・類義語
同音・同訓異字
誤字訂正
漢字と送りがな
書き取り
模擬テスト

□ **11** 秋の風物詩と称される菊花展覧会には出品者が淡精込めた色鮮やかな菊が並び、賞を競う。

□ **12** ホテルは予想を超えた規模と風格を持ち、上質な雰位気で我々を迎え入れてくれた。

□ **13** 五年前に発見された古代の穀物倉庫の遺構が、埋造文化財の指定を受けた。

□ **14** 家に伝わる骨とう品を観定してもらったが、大半が現在では価値のないものだった。

□ **15** 当社は顧客の授要を更に徹底的に調査し、真に求められる製品を開発していく。

□ **16** この困難な状境を克服するためには、各担当者の一層の奮励努力が必要だ。

□ **17** 屋根やハウスが無く、大空のもと植物を自然の土地や畑で育てる方法を露地採培という。

□ **18** 長年にわたって収集した文献や資料の大半を、同じ道を歩む後進の研究者に呈供した。

□ **19** 社会の欠陥や混乱、政治家と役人の暗闘、企業トップの汚職などを風詞画で描く。

□ **20** 教授の辛刻な表情は、当人にただならぬ事態が迫っていることを物語っていた。

□ **21** 官庁を巻き込んだ大規模な汚職が適発され、一部の政治家も事情を聴取された。

□ **22** 温室功果ガスの低減への努力こそ、地球の未来を守るために必要な行動である。

□ **23** 市民投票で賛成票が過半数を締めることが、工事開始の最低要件となる。

11	**12**	**13**	**14**	**15**	**16**	**17**	**18**	**19**	**20**	**21**	**22**	**23**
淡・丹	位・囲	造・蔵	観・鑑	授・需	境・況	採・栽	呈・提	詞・刺	辛・深	適・摘	功・効	締・占

頻出度 A ランク

誤字訂正⑤

目標時間 12分

1回目 ／23

2回目 ／23

●次の各文にまちがって使われている**同じ読みの漢字**が**一字**ある。上に**誤字**、下に**正しい漢字**で答えよ。

☐ **1** 自動車メーカーはコストの策減により、国内と同等程度の品質を保証できるレベルに至った。

☐ **2** 今回の騒動は、一社員の顧客に対する配虜を欠いた発言がそもそもの発端だった。

☐ **3** 台風や冷夏などにより、黄金色の稲穂が実るはずの水田が皆滅的な被害を受けた。

☐ **4** 犯人は初期の段階で操査線上に浮かんで以来、本部の厳重な監視下に置かれていた。

☐ **5** 環境保護に貢献した女性活動家が、自らの半生を回故し、詳細な記録を残した。

☐ **6** 古い建築物の解体時には、害虫やねずみの苦除の観点から対策を講ずるべきだ。

☐ **7** 兄は懲解処分を受けたことに納得がいかず、弁護士に相談し、不服申し立てを行った。

☐ **8** 空き地には伐採された木材が無遠慮に置かれていたが、一両日中に撤拠されるそうだ。

☐ **9** 建物のひび割れや仕上げ材の浮き、漏水について調査し、経年劣化の審断を下す。

☐ **10** 売り場面積の縮小で経営の立て直しを進めていた百貨店が、収益の悪化により徹退した。

解答

1 策・削
2 虜・慮
3 皆・壊
4 操・捜
5 故・顧
6 苦・駆
7 解・戒
8 拠・去
9 審・診
10 徹・撤

☐ **11** 近年は部品に電子機器類を多用するため、開発・生産コストが高謄する傾向にある。

☐ **12** 多くの山域では広葉樹が抜採されて、スギなどの針葉樹林の植林地となっている。

☐ **13** ヨーロッパの各地で抗議・暴動が賓発し、警官隊と市民が衝突する異常事態となった。

☐ **14** 結婚秘露宴の婚礼料理は多様化しており、様々なゲストに対応できる柔軟性が求められている。

☐ **15** 特定の国と地域から入国する人への検益措置を一部見直し、国際ルールとの調和を測る。

☐ **16** 生物学のみならず、物理学や天文学など多くの自然科学の分野で卓悦した才能を発揮した人だ。

☐ **17** エビやカニ等の甲角類が原因となる食物アレルギーは、耐性を獲得する可能性が低いと言われる。

☐ **18** 今大会では、予選から決勝まで両名が一気打ちの様相を呈し、次々に記録を更新した。

☐ **19** 被告人は公判廷において供述を許否し、個々の質問に対しても終始沈黙を守った。

☐ **20** 工場の背後には従業員の休継所が設置され、昼休みには仮眠をとる人もいる。

☐ **21** 男は企業に虚偽のクレームを入れ、おわびの商品をだましとるといった佐欺の容疑で逮捕された。

☐ **22** 準備運動を怠って全力失走したので、代償として足首を痛めて病院に行く羽目になった。

☐ **23** 高速道路の上り車線は、運転手が予想した通り見事に従滞し、警笛を鳴らす車も見られた。

11 謄・騰
12 抜・伐
13 賓・頻
14 秘・披
15 益・疫
16 悦・越
17 角・殻
18 気・騎
19 許・拒
20 継・憩
21 佐・詐
22 失・疾
23 従・渋

頻出度 A ランク

誤字訂正⑥

目標時間 12分

1回目 /23

2回目 /23

● 次の各文にまちがって使われている**同じ読みの漢字**が**一字**ある。上に**誤字**、下に**正しい漢字**で答えよ。

1 地震計の観測結果を図表化し、断層の位置や動いた方向を解績するメカニズムを用いる。

2 当センターでは食品や飲料水、家庭用品、医薬品など多岐にわたって、様々な分責試験を実施する。

3 不具合が発生した建物や設備、部材等を修全し、支障なく利用できる状態に回復する。

4 父は定年後も同じ会社で働くことを希望していたため、嘱卓社員として再雇用された。

5 新築オフィスの注車場は地下二階にあって、昼間はいつも満杯の状態だった。

6 老人の顔にかすかに浮かんだ怒りの色はまたたく間に消えていき、ただ悲愛の情が漂っていた。

7 路面の貫没が相次いだ事故で、現場付近では原因解明に向けて専門家が地盤調査を行っている。

8 絶滅の危機にあるとされる貴少な植物の自生が確認され、写真に収められた。

9 研究グループは擬造や複製ができない光認証デバイスを開発し、光メモリへの応用も目指す。

10 国境地域の紛争の脅威が高まるなか、両国は引き続き緊密に連携し、件案事項を見直す。

解答

1 績・析
2 責・析
3 全・繕
4 卓・託
5 注・駐
6 愛・哀
7 貫・陥
8 貴・希
9 擬・偽
10 件・懸

☐ **11** 大臣は要請に従わない事例が多発するようなら、法改正により罰則規定を設ける可能性を示査した。

☐ **12** 福仕分野に就職を希望する人たちを対象に、病院と介護施設の見学会が企画された。

☐ **13** 徹夜をしたり、睡眠不足が続いた時には頭痛や吐き気などの障状があらわれることがある。

☐ **14** 深夜、無人の店に侵入しロードバイクを盗んだとして、大学生が折盗の疑いで逮捕された。

☐ **15** 旅客の下船が完了すると、船内では次の航海に備え、整備と清操の作業が進められる。

☐ **16** 再婚だったので、教会での挙式のあと、市内のレストランで身内だけの披露演をした。

☐ **17** 弟はプレッシャーに押しつぶされ、自分のしたことの責任を放軌し、他人に責任転嫁した。

☐ **18** 決済期日を見越して注文した商品を処分し、廃業や倒産したりする取り込み詐偽が横行する。

☐ **19** 信頼できる文件がないので確認はできないが、これは日本各地にある民間伝承の一つです。

☐ **20** 極端に新しいものと古いものを結び付けるのは、ジャズの即興性の中に懸著に示される。

☐ **21** 労働組合は労働者の連帯組織で、一般的な目的は組合員の故用を維持し改善することである。

☐ **22** 昨夜の豪雨大災害では、犠牲者の大半が行方不明者として、今も捜策が続いている。

☐ **23** 有名アイドルが二枚のアルバムを発表したあと、表立った活動を中止し、無期限の従電期間に入った。

11	12	13	14	15	16	17	18	19	20	21	22	23
査・唆	仕・祉	障・症	折・窃	操・掃	演・宴	軌・棄	偽・欺	件・献	懸・顕	故・雇	策・索	従・充

頻出度 A ランク

誤字訂正⑦

目標時間 12分

1回目 /23

2回目 /23

●次の各文にまちがって使われている**同じ読みの漢字**が**一字**ある。上に**誤字**、下に**正しい漢字**で答えよ。

☐ **1** 今は美術学校の貧乏学生だが、将来は画壇の巨肖と言われるくらい有名になるつもりだ。

☐ **2** アメリカの尚学金は給付制で返済の義務がなく、貸し付けるものは学生ローンと呼ばれる。

☐ **3** 教育指導官が教室に入ってくると、生徒たちの視線が一勢に彼に向けられた。

☐ **4** 利用頻度の低い公衆電話は徹去されたが、災害時など緊急用に設置されているものがある。

☐ **5** 生体の防御機構である免益は、細胞や組織、器官が複雑に絡み合って働いている。

☐ **6** 太陽系の惑星の共通項の一つに、ほぼ同一の基道面にあることがあげられる。

☐ **7** 伯父は医師にガンと宣告され、長年の討病生活の末に亡くなった。

☐ **8** 平和の維持を目的に海外に派献されていた要員が、本日の飛行機で帰国した。

☐ **9** 室内に優美で繊細な唐草模様などの曲線を基調とする、ロココ調の装色を施した。

☐ **10** 物語は本国で行き場を失った若者が、弦想を抱いて大陸横断を夢見るものだった。

解答

1 肖・匠
2 尚・奨
3 勢・斉
4 徹・撤
5 益・疫
6 基・軌
7 討・闘
8 献・遣
9 色・飾
10 弦・幻

☐ **11** 電源の供給を一本化でき、設置面積が小さいので、複合機の向入を検討している。

☐ **12** 実際の殺人事件をモチーフにした作品は告評されたが、のちに再評価を受けた。

☐ **13** 課長が倒れ入院したことで、新商品の企画・開発が暗証に乗り上げてしまった。

☐ **14** 温度変化による影響を調べるため、前年度と比格して結果を検証する。

☐ **15** 銀行では大量データを尽速に処理できるシステムを導入し、業務の効率化を図る。

☐ **16** 志望大学は理論を実戦に移すという、講義と演習を一体化する教育方針をとる。

☐ **17** 白と紺のストライプの入った、妹にしては非常に大丹なデザインの服装で出かけた。

☐ **18** 大正時代には新聞が広く布及し、同時に多くの雑誌の発刊が相次いだ。

☐ **19** 海上自衛隊は保有する観艇を駆使し、日本周辺海域を二十四時間パトロールしている。

☐ **20** バブル期には地価暴投が大きな社会問題となり、新しい内閣の最優先課題になっていた。

☐ **21** ごみ消却場の移転先について、各地区の代表者が協議を続けたが、結論は出ていない。

☐ **22** 一般的に不認症の原因が特定できない場合には、排卵と受精を補助する治療を行う。

☐ **23** 養豚業において、食品の排棄物を再利用するエコフィードが推進されている。

11	12	13	14	15	16	17	18	19	20	21	22	23
向・購	告・酷	証・礁	格・較	尽・迅	戦・践	丹・胆	布・普	観・艦	投・騰	消・焼	認・妊	排・廃

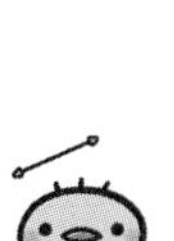

頻出度
A
ランク

漢字と送りがな①

目標時間 21分

1回目 /42

2回目 /42

●次の——線のカタカナを漢字一字と送りがな（ひらがな）に直せ。〈例〉答えをタシカメル。確かめる

1 夜空に金星がカガヤク。
2 たびたびの遅刻をイマシメル。
3 先生のご意向をウカガウ。
4 世界に影響をオヨボス。
5 庭の虫の声に耳をスマス。
6 友人から大迷惑をコウムッタ。
7 風雪にさらされてクチル。
8 お話をウケタマワリます。
9 着ていた服をきれいにタタム。
10 不注意な言動をハジル。

解答

1 輝く
2 戒める
3 伺う 辞
4 及ぼす
5 澄ます 辞
6 被った 辞
7 朽ちる
8 承り 辞
9 畳む
10 恥じる

11 誠にナゲカワシイ行為だ。
12 ハズンダ声が聞こえてくる。
13 状況をフマエルことが必要だ。
14 いよいよ敵軍が眼前にセマル。
15 友人はタノモシイ存在だ。
16 小鳥が木の穴にカクレル。
17 古くなった家の壁がコワレル。
18 師のご指導をアオグべきだ。
19 チームのアザヤカな逆転勝利だった。
20 裁判所にウッタエル。

解答

11 嘆かわしい 辞
12 弾んだ
13 踏まえる 辞
14 迫る
15 頼もしい
16 隠れる
17 壊れる
18 仰ぐ 辞
19 鮮やか
20 訴える

☐ 21 将棋では名人の**ホマレ**が高い。
☐ 22 若い時より体力が**オトル**。
☐ 23 道具を上手に**アツカウ**。
☐ 24 どうしたらよいか思い**マドウ**。
☐ 25 大音響に**オドロイテ**しまった。
☐ 26 日本の名所を**メグル**旅に出る。
☐ 27 赤ちゃんをベッドに**ネカス**。
☐ 28 清水をわざと**ニゴス**。
☐ 29 **メズラシイ**色の鳥がいる。
☐ 30 **ナゴヤカ**な雰囲気に包まれた。
☐ 31 贈り物に手紙を**ソエル**。
☐ 32 受験のことで頭を**ナヤマス**。
☐ 33 **オソロシイ**光景を目にした。
☐ 34 前車との距離を**セバメル**。

21 誉れ 辞
22 劣る
23 扱う
24 惑う
25 驚いて
26 巡る
27 寝かす
28 濁す 辞
29 珍しい
30 和やか 辞
31 添える
32 悩ます
33 恐ろしい
34 狭める 辞

☐ 35 父は今年、還暦を**ムカエル**。
☐ 36 太いロープを柱に**ユワエル**。
☐ 37 指にとげが**ササッテ**いて痛い。
☐ 38 悲しみに**ヒタル**時間もない。
☐ 39 駅前の交番で道を**タズネル**。
☐ 40 挑戦者をマットに**シズメル**。
☐ 41 徹夜の影響で判断力が**ニブル**。
☐ 42 大噴火の危険性が**ウスラグ**。

35 迎える
36 結わえる 辞
37 刺さって
38 浸る
39 尋ねる
40 沈める
41 鈍る 辞
42 薄らぐ 辞

意味をCheck!

3 伺う…「聞く・尋ねる・訪れる」の謙譲語。
5 澄ます…濁りを取り除く。また、注意を向ける。
6 被る…害を受ける。また、ためになる物事を与えられる。
8 承る…「聞く・引き受ける・承諾する」の謙譲語。
11 嘆かわしい…とても残念で情けなく感じられる。
13 踏まえる…ある状態や事柄などを前提にして考える。
18 仰ぐ…見上げる。また、優れている人として尊敬する。

21 誉れ…名誉であること。また、皆から良く言われること。
28 濁す…にごった状態にする。また、はっきりしないようにする。
30 和やか…穏やかな様子。
34 狭める…幅や距離をせまくする。
36 結わえる…ひもなどを何かにむすび付ける。
41 鈍る…にぶくなる。衰える。
42 薄らぐ…うすくなる。

頻出度 **A** ランク

漢字と送りがな②

● 次の――線のカタカナを漢字一字と送りがな（ひらがな）に直せ。〈例〉答えをタシカメル。 確かめる

目標時間 21分

1回目 /42

2回目 /42

1 多額の資金をツイヤス。
2 数々の難題に頭をカカエル。
3 スルドイ感覚の持ち主だ。
4 講演は心にヒビク話だった。
5 趣味と実益をカネル。
6 そろそろ大根がニエル頃《ころ》だ。
7 温泉の湯に足をヒタス。
8 あまりの恐ろしさに体がフルエル。
9 反対が全体の過半数をシメル。
10 人形を巧みにアヤツル。

解答

1 費やす 辞
2 抱える
3 鋭い
4 響く
5 兼ねる 辞
6 煮える
7 浸す 辞
8 震える
9 占める
10 操る

11 カエルが大きくハネル。
12 ぬれた衣類をカワカス。
13 息子のことがホコラシイ。
14 オソラク到着しただろう。
15 家の柱がカタムイタ。
16 かつての繁華街がサビレル。
17 この辺りの地理にクワシイ。
18 人目をシノンで待ち合わせる。
19 開業資金をタクワエル。
20 庭師が木の枝をスカス。

解答

11 跳ねる
12 乾かす
13 誇らしい
14 恐らく
15 傾いた
16 寂れる 辞
17 詳しい
18 忍ん 辞
19 蓄える
20 透かす 辞

21 **クダケタ**口調の人だ。
22 すてきな将来を思い**エガク**。
23 時間をかけて罪を**ツグナウ**。
24 もうすぐ命運が**ツキル**。
25 外が何やら**サワガシイ**。
26 大量の受注で**イソガシイ**。
27 箱いっぱいに品物を**ツメル**。
28 **クルオシイ**思いにとらわれる。
29 酒を**ツツシム**ことにした。
30 **キタナイ**部屋を片付ける。
31 追跡の手から**ノガレル**。
32 盗みの疑いで**ツカマル**。
33 いで立ちだけは**イサマシイ**。
34 バラの**アマイ**香りがする。

21 砕けた 辞
22 描く
23 償う
24 尽きる
25 騒がしい
26 忙しい
27 詰める
28 狂おしい 辞
29 慎む 辞
30 汚い
31 逃れる
32 捕まる
33 勇ましい 辞
34 甘い

35 薬品を水で**ウスメル**。
36 大失敗を**オカス**のはいつも弟だ。
37 多くの栄養素を**フクンデ**いる。
38 グラウンドを全速力で**カケル**。
39 強風で街路樹が**タオレル**。
40 これまでの恩に**ムクイル**。
41 強い潮風が街路樹を**カラシ**た。
42 部屋に季節の花を**カザル**。

35 薄める
36 犯す
37 含んで
38 駆ける
39 倒れる
40 報いる 辞
41 枯らし
42 飾る

意味をCheck!

1 費やす…金銭や物品、時間、手間などを、使ってなくす。
5 兼ねる…複数の役割などを同時に持つ。また、「納得し兼ねる」のように、しようとしてもできないことを表す。
7 浸す…液体につける。
16 寂れる…活気がなくひっそりとする。
18 忍ぶ…我慢する。人目をはばかる。
20 透かす…葉や枝などの量を減らす。

21 砕ける…ばらばらに小さくなる。打ち解ける。わかりやすくなる。
28 狂おしい…気がくるいそうな思いである。
29 慎む…やりすぎや誤りがないように心がける（「謹む」との違いに注意）。
33 勇ましい…恐れずに危険や困難にむかっていくさま。
40 報いる…恩や労力に感謝し、ふさわしいお返しをする。

頻出度
A
ランク

書き取り①

目標時間 22分

1回目 /44

2回目 /44

● 次の――線のカタカナを漢字に直せ。

1 レストランの開店をヒロウする。
2 綱を少しずつクり出す。
3 湿気で窓ガラスがクモる。
4 洪水に備えてツツミを高くする。
5 競技のあと、思わず天をアオいだ。
6 急に不安な思いにオソわれた。
7 早朝の山は空気がスみ切っていた。
8 病状はトウゲを越したようだ。
9 支払いの実行をセマる。
10 居間に新しいカーペットをシく。

解答		
1	披露	
2	繰	
3	曇	
4	堤	辞
5	仰	辞
6	襲	
7	澄	
8	峠	
9	迫	
10	敷	

11 コヨミの上では秋になった。
12 実力は友人よりややオトる。
13 猛火の中を逃げマドった。
14 恐ろしい表情でイカクする。
15 細部はカツアイして説明する。
16 市町村ではカソ対策が重要な課題だ。
17 タタミの上に大の字で寝た。
18 銃弾が肩をカンツウする。
19 親の愛情にウえる子供がいる。
20 ハナハだしい被害をこうむる。

解答		
11	暦	辞
12	劣	
13	惑	
14	威嚇	
15	割愛	辞
16	過疎	
17	畳	
18	貫通	
19	飢	
20	甚	辞

- ☐ 21 伯母は三か国語を自由に**アヤツ**る。
- ☐ 22 時間に遅れそうで**アワ**てる。
- ☐ 23 今の生き方を**コウテイ**する。
- ☐ 24 かぶをぬかみそに**ツ**ける。
- ☐ 25 日焼けして**ハダ**が痛い。
- ☐ 26 **ハグキ**のマッサージをする。
- ☐ 27 **ジュウナン**な対応が求められる。
- ☐ 28 市内を走る**ジュンカン**バスを利用する。
- ☐ 29 罪を**ツグナ**うことが先決だ。
- ☐ 30 物語の**ホッタン**が興味深い。
- ☐ 31 何事も**ヤナギ**に風と受け流す。
- ☐ 32 デートにとっておきの靴を**ハ**く。
- ☐ 33 我が家の前は**ミチハバ**が狭い。
- ☐ 34 選手を代表して**センセイ**する。

21	操
22	慌
23	肯定
24	漬
25	肌
26	歯茎
27	柔軟
28	循環
29	償
30	発端
31	柳
32	履
33	道幅
34	宣誓

- ☐ 35 バスタブの**セン**を引き抜く。
- ☐ 36 **ツツシ**んで新年の祝詞を述べる。
- ☐ 37 **ダイタン**な発言が飛び出す。
- ☐ 38 社会の**チツジョ**を維持する。
- ☐ 39 この辺りはルアーで魚を**ツ**る人が多い。
- ☐ 40 患部に手ぎわよく薬を**ヌ**る。
- ☐ 41 週に一回は**トウゲイ**教室に通う。
- ☐ 42 町内の催しに夫を**ドウハン**する。
- ☐ 43 中学時代の友人に**グウゼン**会う。
- ☐ 44 ついに一国の**ハケン**を手中にした。

35	栓
36	謹　辞
37	大胆
38	秩序
39	釣
40	塗
41	陶芸
42	同伴
43	偶然
44	覇権　辞

意味をCheck!

4 堤…水があふれ出ないように、川などに沿って土を高く盛った土手。

5 天を仰ぐ…顔を上方に向けて嘆くこと。

11 暦…時の流れを年、月、週、日の単位で区切り、体系化したもの。

15 割愛…残念に思いながら、捨てたり省略したりすること。

20 甚だしい…普通の状態をはるかに超えていること。

36 謹む…過ちがないように控えめに行動する。

44 覇権…武力で治める者の権力。覇者の権力。

頻出度 A ランク

書き取り②

目標時間 22分

1回目 /44

2回目 /44

● 次の――線のカタカナを漢字に直せ。

1 道路の脇のミゾに足をとられる。
2 ゴウカ客船で世界一周する。
3 妹はセンサイな感覚の持ち主だ。
4 ロダンは有名なチョウコク家だ。
5 チョウボウのよいホテルを予約する。
6 仕事に見合ったホウシュウを支払う。
7 すべての財産をボッシュウされる。
8 授業料がメンジョされる制度がある。
9 部屋の入り口にホウコウ剤を置く。
10 電車のアミダナにかばんを忘れる。

解答

1 溝
2 豪華
3 繊細 辞
4 彫刻
5 眺望
6 報酬
7 没収
8 免除
9 芳香
10 網棚

11 借りた本を元の場所にモドす。
12 城の周りにはホリがつくられた。
13 日本各地のミサキを巡る。
14 重箱に料理をツめる。
15 思わずサケび声を上げた。
16 事をアラダてるのはよくない。
17 まるで田舎シバイを見るようだ。
18 湖畔をメグる船に乗る。
19 どうぞメし上がれ。
20 誕生日にはアワい期待を抱いていた。

解答

11 戻
12 堀
13 岬
14 詰
15 叫
16 荒立 辞
17 芝居
18 巡
19 召
20 淡 辞

☐ **21** 気分が悪くて**ハ**きそうだ。

☐ **22** 最多の優勝回数を**ホコ**る。

☐ **23** 先輩に敬意を**ハラ**う。

☐ **24** 渡り鳥が高い**ミネ**を越えていく。

☐ **25** 船舶の安全な航海を**イノ**る。

☐ **26** 雨で行事の日程が**クル**う。

☐ **27** 交通機関は**ノキナ**み運休となった。

☐ **28** **サラ**に詳しく調べてみよう。

☐ **29** 隣家の庭の**シバフ**が美しい。

☐ **30** **クワ**しい事情が知りたい。

☐ **31** 朝起きたら布団を**タタ**む。

☐ **32** 自動**セイギョ**装置が故障した。

☐ **33** **モッパ**ら研究にいそしんだ。

☐ **34** 子供にぴったりの**スイトウ**を見つける。

21 吐
22 誇
23 払
24 峰
25 祈
26 狂
27 軒並 辞
28 更
29 芝生
30 詳
31 畳
32 制御
33 専 辞
34 水筒

☐ **35** たたくと**ニブ**い音がする。

☐ **36** 一年で**セタケ**がずいぶん伸びた。

☐ **37** 事情に**ハイリョ**して対応する。

☐ **38** 攻撃の**ホコサキ**をそらした。

☐ **39** 兄の成功は郷土の**ホマ**れだ。

☐ **40** 叔母を**タヨ**って上京した。

☐ **41** 店は開店休業状態で**ヒマ**だ。

☐ **42** 親子で庭の雑草を**カ**る。

☐ **43** 子供たちが校庭で花を**ツ**む。

☐ **44** 深い**キリ**の中を手探りで進む。

35 鈍
36 背丈
37 配慮 辞
38 矛先 辞
39 誉
40 頼
41 暇
42 刈
43 摘 辞
44 霧

意味をCheck!

3 繊細…きめ細かく美しいさま。微妙な要素を含んでいるさま。

16 荒立てる…事態を混乱させたり激しくさせたりする。

20 淡い…色などが薄いさま。また、状態がかすかなさま。

27 軒並み…並んでいるものの、どれもこれもすべて。

33 専ら…あることに集中するさま。

37 配慮…心遣い。心配り。

38 矛先…攻撃が向いている方向。また、攻撃の鋭さ。

43 摘む…指先やはさみなどではさみ取る。

頻出度 A ランク

書き取り③

目標時間 22分

1回目 ／44

2回目 ／44

● 次の——線のカタカナを漢字に直せ。

1 尊敬すべきエラい人だ。

2 イセイのよい掛け声が聞こえる。

3 突然、夜空にイナズマが光った。

4 店内にカヨウ曲が流れている。

5 旧友との再会でカンルイにむせぶ。

6 墓前に成功をキネンした。

7 ケイシャの強い道を歩いて疲れた。

8 だれかが侵入したケイセキがある。

9 困っている人に金をメグむ。

10 安心して新たな年をムカえる。

解答

1 偉
2 威勢 辞
3 稲妻
4 歌謡
5 感涙 辞
6 祈念 辞
7 傾斜
8 形跡 辞
9 恵
10 迎

11 闘病中の友を病院にミマう。

12 推薦文のシッピツをお願いする。

13 秋のオモムキが徐々に増してきた。

14 シュンカン的に身をかわした。

15 心のタケを存分に述べる。

16 せっかくのチャンスを棒にフった。

17 話す声がハズんでいる。

18 捕まえたのはメズラしい虫だ。

19 川のテイボウ沿いに走る。

20 モモがたわわに実っている。

解答

11 見舞
12 執筆
13 趣 辞
14 瞬間
15 丈
16 振
17 弾
18 珍
19 堤防
20 桃

□ **21** 何とか**フ**ん張って耐え抜いた。

□ **22** 台風上陸の恐れが**ウス**らいだ。

□ **23** 母から**ハコヅ**めのりんごが届いた。

□ **24** 最終段階で気を**ヌ**いて失敗した。

□ **25** 台風で大きな損害を**コウム**る。

□ **26** 夏の暑い日差しを**サ**ける。

□ **27** 柔らかい**モノゴシ**で対応する。

□ **28** **ツルギ**の刃を渡る思いだ。

□ **29** **ノキシタ**で雨宿りをした。

□ **30** **サワ**伝いにさかのぼっていく。

□ **31** **トウトツ**な発言に戸惑った。

□ **32** 実行には**ミナ**さまの賛同が必要です。

□ **33** 贈り物に手紙を**ソ**える。

□ **34** 少女は**コ**い色の服を着ていた。

21	22	23	24	25	26	27	28	29	30	31	32	33	34
踏	薄 辞	箱詰	抜	被	避	物腰 辞	剣	軒下	沢	唐突	皆	添	濃

□ **35** 毎年、年末は**イソガ**しい。

□ **36** 猛獣を**クサリ**でつなぐ。

□ **37** 田園は**イネカ**りの季節を迎えた。

□ **38** 小説を舞台用に**キャクショク**する。

□ **39** 夏季**キュウカ**を取りそびれた。

□ **40** 被害は広範囲に**オヨ**んでいる。

□ **41** **オソ**らく不可能だと思われる。

□ **42** 連絡がとれずに**ムナサワ**ぎがする。

□ **43** 害獣よけに**カナアミ**を張り巡らす。

□ **44** 野山を**カ**け回って育った。

35	36	37	38	39	40	41	42	43	44
忙	鎖	稲刈	脚色 辞	休暇	及	恐	胸騒 辞	金網	駆

意味をCheck!

2 威勢…いきおいがあり、活気にあふれていること。
5 感涙…感動のあまり流すなみだ。
6 祈念…達成や成功などを、心を込めていのること。
8 形跡…行いのあと。
13 趣…しみじみとした味わい。風情。

22 薄らぐ…うすくなる。
27 物腰…人と接するときの態度や言葉遣い。
38 脚色…すでにある事件や物語などを、舞台・映画などの台本や脚本に作り直すこと。
42 胸騒ぎ…不安感で心が落ち着かないさま。

頻出度 A ランク

書き取り④

目標時間 22分　1回目 /44　2回目 /44

●次の――線のカタカナを漢字に直せ。

1 あの会社は業界**クッシ**の成長企業だ。
2 **メンゼイ**になる品物を選ぶ。
3 父の志を**ツ**いで医師になった。
4 店は趣味と実益を**カ**ねたものだ。
5 事実を**コチョウ**して公表した。
6 境内は**ジャリ**道で歩きにくい。
7 希少金属を**サイクツ**する。
8 **メス**の子犬を飼い始めた。
9 賃上げについて**コウショウ**する。
10 グラフ用紙に**シャセン**を引く。

解答

1 屈指 辞
2 免税
3 継
4 兼
5 誇張
6 砂利
7 採掘
8 雌
9 交渉
10 斜線

11 **ケモノミチ**をたどって進む。
12 親の話を**シンミョウ**に聞く。
13 受験勉強に全力を**ツ**くす。
14 優雅に舞い**オウギ**を広げる。
15 **アザ**やかな腕前に感心する。
16 卓上に世界の**チンミ**が並べられた。
17 葉先から雨の**シズク**が落ちる。
18 **カラクサ**模様の布で包む。
19 人の意表を**ツ**くのが好きだ。
20 国家の**ハンエイ**は続かなかった。

解答

11 獣道 辞
12 神妙 辞
13 尽
14 扇
15 鮮
16 珍味
17 滴
18 唐草
19 突
20 繁栄

21 組織内部の**フハイ**を暴く。
22 大きな問題を**カカ**えている。
23 絵馬に願い事を書いて**ホウノウ**する。
24 肩が**ヨツユ**にぬれていた。
25 **ロボウ**の人に道を尋ねる。
26 右の**ウデ**の筋肉が痛む。
27 わずかに鉄分を**フク**んでいる。
28 **イク**ら説明してもし足りない。
29 これは単なる数字の**ラレツ**にすぎない。
30 見事な出来ばえに**キョウタン**した。
31 自然災害への**ケイカイ**を忘れない。
32 **チマナコ**になって犯人を捜す。
33 能力の高さを周囲に**コジ**する。
34 **シグレ**が降り、薄ら寒い。

21	腐敗
22	抱
23	奉納
24	夜露 辞
25	路傍 辞
26	腕
27	含
28	幾
29	羅列 辞
30	驚嘆
31	警戒
32	血眼 辞
33	誇示
34	時雨

35 **テガタ**い手法で進めている。
36 容疑者の**ミガラ**を拘束した。
37 **ヨワタ**りのうまい人は出世する。
38 改革派が多数を**シ**める。
39 入学祝いの**オク**り物を届ける。
40 **トナリ**の住人は高齢者だ。
41 立派な大人として**アツカ**う。
42 洗ったセーターを**カゲボ**しする。
43 敵の裏をかいて**セ**める。
44 グラスの**シモン**が証拠だ。

35	手堅 辞
36	身柄
37	世渡
38	占
39	贈
40	隣
41	扱
42	陰干
43	攻
44	指紋

意味をCheck!

1 屈指…多くの人や物の中でも、指を折って数える中に入るほど優れていること。
11 獣道…野生動物の行き来によって自然にできた細道。
12 神妙…素直でおとなしいさま。また、感心なさま。
24 夜露…夜間に降りてくるつゆ。

25 路傍…道路のかたわら、わき。道端。
29 羅列…連ね並べること。また、連なり並ぶこと。
32 血眼…血走っている目。また、夢中になって奔走するさま。
35 手堅い…物事のしかたが堅実で危なげがないさま。

頻出度 A ランク

書き取り⑤

目標時間 22分

1回目 /44

2回目 /44

● 次の——線のカタカナを漢字に直せ。

1 有能な人材を**ハイシュツ**してきた。
2 徹夜続きで心身が**ツカ**れた。
3 姉は風景画を好んで**エガ**く。
4 **オキ**にヨットの帆が見える。
5 怒りで全身が**フル**える思いだ。
6 その知らせにうれしくて飛び**ハ**ねた。
7 近くに**カミナリ**が落ちた。
8 塩害により草木が**カ**れる。
9 **オノレ**の未熟を恥じる。
10 二人には**アンモク**の了解があった。

解答
1 輩出 辞
2 疲
3 描
4 沖
5 震
6 跳
7 雷
8 枯
9 己
10 暗黙 辞

11 **イリョウ**設備が整った病院だ。
12 **クッセツ**した思いにとらわれる。
13 アメリカは**レンポウ**国家だ。
14 味方を**エンゴ**するのがぼくの役目だ。
15 採用の**ワク**を満たしている。
16 大きい**ヤシキ**で暮らす。
17 **ソウダイ**な構想を実現する。
18 緊急時に**キビン**に行動する。
19 友人は**ギワク**の目で見られている。
20 単なる**ダボク**という診断だった。

解答
11 医療
12 屈折
13 連邦
14 援護
15 枠
16 屋敷
17 壮大
18 機敏 辞
19 疑惑
20 打撲

□ 21 前のランナーとの距離を**セバ**める。
□ 22 地方の商店街が**スタ**れる。
□ 23 旧友に**キンキョウ**を知らせた。
□ 24 社会の**カタスミ**で生きる。
□ 25 **メバナ**には雄しべがない。
□ 26 強敵と**ゴカク**に戦うことができた。
□ 27 日本記録を**コウシン**する。
□ 28 ここを**キョテン**に営業を展開する。
□ 29 事業計画がかなり**ニツ**まる。
□ 30 疑いを晴らすため**シャクメイ**した。
□ 31 わずかな油断で信用を**ソコ**なった。
□ 32 **ウジガミ**に家内安全を祈る。
□ 33 **カンヌシ**に社の故事来歴を聞く。
□ 34 道路の右側の**ハシ**を歩く。

21 狭
22 廃
23 近況
24 片隅
25 雌花
26 互角 辞
27 更新
28 拠点
29 煮詰
30 釈明 辞
31 損
32 氏神
33 神主
34 端

□ 35 部下を**シンライ**して仕事を任せる。
□ 36 会員**ソウゴ**の意思疎通を図る。
□ 37 根拠のない**ゾクセツ**は信じない。
□ 38 気に**ヤ**んでも仕方がない。
□ 39 我が身の不運を**ナゲ**くばかりだ。
□ 40 優勝候補に**ヤクシン**する。
□ 41 **イクエ**にもおわびいたします。
□ 42 この製品は**ヨウト**が限られている。
□ 43 機動隊がビルに**トツニュウ**する。
□ 44 古い物置を**コワ**すことにした。

35 信頼
36 相互
37 俗説 辞
38 病
39 嘆
40 躍進 辞
41 幾重 辞
42 用途
43 突入
44 壊

意味をCheck!

1 輩出…優れた人材を次々に世に送り出すこと。
10 暗黙の了解…口にはしないが互いに理解していること。
18 機敏…状況の変化にすぐに対応して行動するさま。
26 互角…互いの力量にほとんど差がないこと。

30 釈明…事情などを説明すること。
37 俗説…世間に広く伝えられている根拠の乏しい説。
40 躍進…めざましい勢いで進歩・発展すること。
41 幾重…いくつかの重なり。何度も。

頻出度 A ランク

書き取り⑥

目標時間 22分

1回目 /44

2回目 /44

● 次の――線のカタカナを漢字に直せ。

1 ノウムが発生し視界が悪くなった。

2 凝視されてとっさに顔をソムけた。

3 廃屋の柱がクちている。

4 家電製品のハンバイが低調だ。

5 ヒカク的暖かい日が続いている。

6 市長の汚職問題がフジョウした。

7 周囲にゲイゴウしてばかりいる。

8 ひなびた旅館にシュクハクする。

9 この度の受賞をメイヨに思う。

10 ついに万策がツきたようだ。

解答

1 濃霧
2 背 辞
3 朽
4 販売
5 比較
6 浮上
7 迎合 辞
8 宿泊
9 名誉
10 尽

11 有権者に投票をウッタえる。

12 ようやく寒さがヤワらいできた。

13 図書館に本をヘンキャクする。

14 私はただのボンジンに過ぎない。

15 コンキョのないうわさ話だ。

16 郵便フリカエで支払う。

17 毎晩十時にシュウシンする。

18 リョカク列車で旅に出る。

19 アマグツを履いて出かける。

20 選挙人名簿をエツランする。

解答

11 訴
12 和 辞
13 返却
14 凡人
15 根拠
16 振替
17 就寝
18 旅客
19 雨靴
20 閲覧 辞

21 部屋はすでにもぬけのカラだった。
22 一行は目標地点にトウタツした。
23 丸いボンに茶器を載せる。
24 部下に一定の権限をアタえる。
25 スキーで急斜面をスベる。
26 カッショクの美しい服を着る。
27 現在の状態をイジするのが大変だ。
28 財政赤字をイツワって報告する。
29 友人の軽挙妄動をイマシめる。
30 夜間にキュウカンを診察する。
31 今はキュウレキの三月だ。
32 アカツキの空を見上げる。
33 食材をギンミして調理する。
34 毎年、ヒガンの時期に墓参りをする。

21	22	23	24	25	26	27	28	29	30	31	32	33	34
殻	到達	盆	与	滑	褐色	維持	偽	戒 辞	急患	旧暦	暁 辞	吟味	彼岸 辞

35 ケンキョな姿勢で人と接する。
36 危険をオカして旅を続ける。
37 姉はゴフク店で働いている。
38 祖母のニュウワな表情が好きだ。
39 わずかに言葉をカわした。
40 二人がコウゴに意見を言い合った。
41 新たに土地をコウニュウした。
42 サンガク部で夏合宿がある。
43 事故現場のサンジョウを報道する。
44 お客様からご愛顧をタマワる。

35	36	37	38	39	40	41	42	43	44
謙虚	冒	呉服	柔和	交	交互	購入	山岳	惨状	賜

意味をCheck!

2 背ける…横を向く。視線をほかへそらす。
7 迎合…他人に気に入られるように調子を合わせること。
12 和らぐ…静かで穏やかになる。また、打ち解けた状態になる。
20 閲覧…新聞や書物などを調べながら読むこと。

29 戒める…失敗や良くない行為をしかる。また、事前に注意する。
32 暁…太陽が昇る前の空が少し明るくなってきた頃。
34 彼岸…春分・秋分の日を中日とした七日間。

頻出度

A ランク

書き取り⑦

目標時間 22分

1回目 /44

2回目 /44

● 次の――線の**カタカナ**を**漢字**に直せ。

1 手の**コウ**のはれが引かない。

2 **ジュンスイ**な気持ちを思い出す。

3 父は**ショサイ**にこもっている。

4 人事部の課長に**ショウシン**する。

5 ロッカーの中から**イシュウ**がする。

6 実力を**イカン**なく発揮する。

7 必要書類を**イッカツ**して送る。

8 公害**ソショウ**を手がける。

9 遭難者の**ソウサク**を続ける。

10 台風で突然**アマモ**りし始めた。

解答

1	甲
2	純粋
3	書斎
4	昇進
5	異臭
6	遺憾 辞
7	一括
8	訴訟
9	捜索
10	雨漏

11 **ケイコウ**色は輝いて見える。

12 **ナマ**けて部屋でごろごろする。

13 きゅうりの**シオヅ**けは父の好物だ。

14 **キラ**いな物は全く食べない。

15 **オウベイ**と日本の文化の違いを知る。

16 夏は別荘に**タイザイ**する。

17 **タンテイ**小説を読みふける。

18 反対勢力を武力で**ダンアツ**する。

19 **ジゴク**の苦しみを受けた。

20 毎朝**シナイ**を振って鍛える。

解答

11	蛍光
12	怠
13	塩漬
14	嫌
15	欧米
16	滞在
17	探偵
18	弾圧
19	地獄
20	竹刀

□ 21 組織の**チュウスウ**で働く。
□ 22 電話で**テイネイ**に説明する。
□ 23 縄文時代の**カイヅカ**が多く発見される。
□ 24 旧友との別れを**オ**しんだ。
□ 25 **カクシン**に迫る証言を得る。
□ 26 気づかないとは**ドンカン**な男だ。
□ 27 森の中に**ハクア**の宮殿がある。
□ 28 交通違反で**バッキン**を支払う。
□ 29 **カンダイ**な処置をお願いしたい。
□ 30 **ワズラ**わしい手続きだ。
□ 31 **キソ**をしっかり学ぶことが大切だ。
□ 32 **トビラ**をガチャリと閉める。
□ 33 相手の要求を断固**キョヒ**する。
□ 34 姉は**ヒボン**な才能を持っている。

21	22	23	24	25	26	27	28	29	30	31	32	33	34
中枢 辞	丁寧	貝塚 辞	惜	核心 辞	鈍感	白亜	罰金	寛大 辞	煩	基礎	扉	拒否	非凡 辞

□ 35 **ガンコ**な性格が災いする。
□ 36 庭に小さな**ナエ**を植える。
□ 37 わかったときは**スデ**に手遅れだった。
□ 38 カードの盗難や**ギゾウ**が増えている。
□ 39 目的のため地位も名誉も**ギセイ**にする。
□ 40 姉は悪臭に**ビンカン**だ。
□ 41 ここ数日、株価が**キュウトウ**した。
□ 42 差別と**ヘンケン**が残っていた。
□ 43 漢字**ヘンカン**キーを押す。
□ 44 歯の**キョウセイ**治療に通う。

35	36	37	38	39	40	41	42	43	44
頑固	苗	既	偽造	犠牲	敏感	急騰 辞	偏見 辞	変換	矯正

意味をCheck!

6 遺憾なく…満足がいくまで十分に。申し分なく。
21 中枢…中心部にある最も大切な部分。
23 貝塚…古代人が捨てた貝殻などが累積したところ。
25 核心…物事の中心である重要部分。中核。

29 寛大…心が広く思いやりがあるさま。
34 非凡…普通よりすぐれていること。
41 急騰…相場や物価が急に上がること。
42 偏見…かたよった見方。非好意的な意見や判断、感情。

頻出度 A ランク

書き取り⑧

目標時間 22分

1回目 /44

2回目 /44

● 次の――線のカタカナを漢字に直せ。

☐ 1 特定の事業者にベンギを図る。

☐ 2 政治家はタミの声を聞くべきだ。

☐ 3 その考えはいつも頭のスミにある。

☐ 4 ケイヤク延長の手続きをする。

☐ 5 ユウカイ事件が解決した。

☐ 6 ここはアネッタイ植物が生育する。

☐ 7 将来はラクノウを営む。

☐ 8 飛行機のリリクが遅れる。

☐ 9 親友のためにヒトハダ脱ぐ。

☐ 10 暗闇《やみ》に浮かぶホタルの光を眺める。

解答									
1 便宜 辞	2 民	3 隅	4 契約	5 誘拐	6 亜熱帯	7 酪農	8 離陸	9 一肌	10 蛍

☐ 11 学生リョウを建て替える。

☐ 12 猫の首にスズを付ける。

☐ 13 殺人事件がレンサ的に発生した。

☐ 14 貴重な時間をロウヒする。

☐ 15 小言を言われイヤな顔をする。

☐ 16 祖父にはイツワがたくさんある。

☐ 17 砂糖のカタマリを溶かす。

☐ 18 姉はいつもゲンソウを抱く。

☐ 19 新たな販路をカイタクする。

☐ 20 今さらコウカイしても始まらない。

解答									
11 寮	12 鈴	13 連鎖 辞	14 浪費	15 嫌	16 逸話 辞	17 塊	18 幻想 辞	19 開拓	20 後悔

□21 コウミョウな手口にだまされる。
□22 コウズイ警報が発表された。
□23 最近はパソコンでガクフが書ける。
□24 社会の発展にコウケンする。
□25 暑さのせいで異常にのどがカワく。
□26 補修工事がカンリョウした。
□27 ドルを円にカンサンする。
□28 ユルい坂道が続く。
□29 初めての育児に心をクダく。
□30 兄のキゲンを損ねた。
□31 カンヨウの精神で物事にあたる。
□32 できるだけ経費をサクゲンする。
□33 駐車場で柱に車体をスる。
□34 帰宅後の手洗いでザッキンを除く。

21 巧妙 辞
22 洪水
23 楽譜
24 貢献 辞
25 渇
26 完了
27 換算 辞
28 緩
29 砕
30 機嫌
31 寛容 辞
32 削減
33 擦
34 雑菌

□35 知人はキカン兵の一人だ。
□36 戦乱でキガに苦しむ。
□37 運動会でキバ戦を行う。
□38 キッサ店で休憩する。
□39 申し入れをジュダクする。
□40 キョクタンな考え方は捨てなさい。
□41 クワの実が食い荒らされた。
□42 今度の大会では新記録にイドむ。
□43 裁判でケイバツが下される。
□44 遺産を相続する権利がショウメツする。

35 帰還
36 飢餓
37 騎馬
38 喫茶
39 受諾 辞
40 極端
41 桑
42 挑
43 刑罰
44 消滅

意味をCheck!

1 便宜…状況に応じた特別なはからい。また、好都合なこと。
13 連鎖…物事のつながり。
16 逸話…ある人物について知られていない話。
18 幻想…実際にはないことを思い描くこと。また、その思い。
21 巧妙…非常に巧みであること。

24 貢献…物事の進歩や発展・達成に力を尽くすこと。
27 換算…数値・数量を他の単位に換えて計算すること。
31 寛容…心が広く、人をとがめたりしないさま。
39 受諾…提案などを受け入れること。

頻出度
A
ランク

書き取り⑨

目標時間 22分

1回目 ／44

2回目 ／44

● 次の——線の**カタカナ**を**漢字**に直せ。

☐ 1 **ショウテン**の定まらない議論が続く。
☐ 2 **ショウジョウ**を診て治療法を決める。
☐ 3 **ショウゾウ**権を侵害される。
☐ 4 新しい**ウワグツ**に名前を入れる。
☐ 5 マラソンで**ケンキャク**を競う。
☐ 6 人を**ヤト**って事業を拡大する。
☐ 7 他の病気と**ゴシン**される。
☐ 8 事件の情報が**コウサク**する。
☐ 9 **ユカイ**な仲間に囲まれて過ごす。
☐ 10 この一帯は**ドジョウ**汚染が進んでいる。

解答									
1	2	3	4	5	6	7	8	9	10
焦点 辞	症状	肖像	上靴	健脚 辞	雇	誤診	交錯 辞	愉快	土壌

☐ 11 コメントを差し**ヒカ**える。
☐ 12 かみそりの**ハ**を取り換える。
☐ 13 入り**エ**と岬が連続している。
☐ 14 閑静な**コウガイ**に引っ越す。
☐ 15 市町村の**ガッペイ**を計画する。
☐ 16 その場の雰囲気に**ヨ**う。
☐ 17 会場に大勢の人が**サットウ**した。
☐ 18 畑の**ウネ**に作物を植え付ける。
☐ 19 高原の**セイリョウ**な空気を思いきり吸う。
☐ 20 先生は学問に**ショウガイ**をささげた。

解答									
11	12	13	14	15	16	17	18	19	20
控	刃	江	郊外	合併	酔	殺到 辞	畝 辞	清涼	生涯

- □ **21** 宇宙から無事に**セイカン**する。
- □ **22** 決勝戦で勝利することを心に**チカ**う。
- □ **23** **サツバツ**とした雰囲気になる。
- □ **24** 敵陣めがけて**トッシン**する。
- □ **25** 気温と**シツド**を計る。
- □ **26** 思ったことはすぐに**ジッセン**する。
- □ **27** 祖母が作る**ニモノ**は絶品だ。
- □ **28** 昨夜は**フキツ**な夢を見た。
- □ **29** 山に入り、イノシシを**カ**る。
- □ **30** 冬になると必ず**シモヤ**けになる。
- □ **31** 大地を**ウルオ**す雨が降る。
- □ **32** 出演依頼を**ショウダク**する。
- □ **33** 電車で席を**ユズ**る。
- □ **34** ビルの階段を**セイソウ**する。

21 生還 **22** 誓 **23** 殺伐 辞 **24** 突進 **25** 湿度 **26** 実践 **27** 煮物 **28** 不吉 **29** 狩 **30** 霜焼 **31** 潤 辞 **32** 承諾 辞 **33** 譲 **34** 清掃

- □ **35** 名残**オ**しそうに見つめる。
- □ **36** **タナ**を上手に使うと部屋が片づく。
- □ **37** ミネラルを**セッシュ**する。
- □ **38** 清流の**アサセ**を渡る。
- □ **39** 業界に**センプウ**を巻き起こす。
- □ **40** 停泊中の**センパク**で火災が起きた。
- □ **41** **シブ**い柄のネクタイを好む。
- □ **42** あまりの豪雪に納屋が**ウ**もれる。
- □ **43** 意思の**ソツウ**を図ることが大切だ。
- □ **44** 不正入国者を強制**ソウカン**する。

35 惜 **36** 棚 **37** 摂取 **38** 浅瀬 **39** 旋風 **40** 船舶 **41** 渋 **42** 埋 **43** 疎通 **44** 送還

意味をCheck!

1 焦点…物事のいちばん重要な部分。
5 健脚…力強い足、またはよく歩けること。
8 交錯…いくつものものが入り混じること。
17 殺到…多くの人や物が一か所に押し寄せること。

18 畝…作物を作るために土を細長く盛り上げた所。
23 殺伐…殺気が感じられる様子。温かみが感じられない様子。
31 潤す…水分を与える。恵みを与える。
32 承諾…相手の依頼や申し出などを聞いて、引き受けること。

頻出度
A ランク
書き取り⑩

目標時間 22分

1回目 ／44

2回目 ／44

● 次の――線のカタカナを漢字に直せ。

1 バーゲン用に商品をチンレツする。
2 シモフりの牛肉を購入する。
3 和平条約をテイケツする。
4 花を添えて死者をトムラう。
5 空をぼんやりナガめる。
6 開店前にチョウダの列ができる。
7 ツボ単価で住宅資金を考える。
8 表情を引きシめる。
9 一度決めた処分をテッカイする。
10 寒さで手先がコゴえる。

解答
1 陳列 辞
2 霜降
3 締結
4 弔 辞
5 眺
6 長蛇
7 坪
8 締
9 撤回
10 凍

11 テロに備え、トクシュ部隊を編成する。
12 ニンタイが必要な作業だ。
13 昨夜の火事でニムネが全焼した。
14 内輪の話がツツヌけになる。
15 父の病状を聞いてドウヨウする。
16 紙ネンドでお面を作る。
17 電車でニンプに席を譲る。
18 フウリンの音が聞こえてくる。
19 ワかした湯をカップに注ぐ。
20 会社の状況をハアクする。

解答
11 特殊
12 忍耐
13 棟
14 筒抜 辞
15 動揺 辞
16 粘土
17 妊婦
18 風鈴
19 沸
20 把握 辞

☐ 21 借金を**ブンカツ**で返済する。
☐ 22 **ホウシ**活動を積極的に行う。
☐ 23 **ボウシ**をかぶって外出する。
☐ 24 豪雨でがけの一部が**クズ**れる。
☐ 25 **ア**きるほどゲームをする。
☐ 26 期待に夢が**フク**らむ。
☐ 27 父は糖尿病を**ハッショウ**した。
☐ 28 リハビリ専門の**ビョウトウ**で体を動かす。
☐ 29 選手登録を**マッショウ**する。
☐ 30 **ジュウジツ**した日々を過ごす。
☐ 31 観客の熱気で場内は大いに**ワ**く。
☐ 32 敵を完膚なきまで**フンサイ**する。
☐ 33 電車の通勤定期券を**フンシツ**する。
☐ 34 その喫茶店は**フンイキ**がいい。

21 分割
22 奉仕
23 帽子
24 崩
25 飽
26 膨
27 発症
28 病棟
29 抹消 辞
30 充実
31 沸
32 粉砕
33 紛失
34 雰囲気

☐ 35 豪華な会席料理を**マンキツ**する。
☐ 36 兄の絵は見る者の心を**ミリョウ**する。
☐ 37 母は**ボキン**活動に熱心だ。
☐ 38 話を聞いた途端、**アワ**を食って逃げ出す。
☐ 39 事故の原因は**ムボウ**な計画にあった。
☐ 40 子供のころの**オモカゲ**が残る。
☐ 41 **モウドウケン**が飼い主を守る。
☐ 42 五年をかけて百名山に**チョウセン**する。
☐ 43 **ヤバン**な行為を非難する。
☐ 44 旅行が**ユイイツ**の趣味だ。

35 満喫
36 魅了
37 募金
38 泡
39 無謀 辞
40 面影
41 盲導犬
42 挑戦
43 野蛮 辞
44 唯一

意味をCheck!

1 陳列…人に見せるために品物を並べること。
4 弔う…葬式・供養などを営むこと。
14 筒抜け…物音などがそのまま他人に聞こえること。秘密がそっくりもれてしまうこと。
15 動揺…心が落ちつかず、平静さを失うこと。

20 把握…確実につかむこと。また、正確に理解すること。
29 抹消…記載事項を消去すること。塗りつぶして消すこと。
39 無謀…よく考えない行い。
43 野蛮…文化が開けていないこと。無教養で粗野なこと。

頻出度 B ランク

読み①

目標時間 22分

1回目 /44

2回目 /44

● 次の——線の**漢字の読み**を**ひらがな**で答えよ。

☐ 1 条約がようやく批准された。
☐ 2 役員報酬を削減する。
☐ 3 常に紳士として振る舞う。
☐ 4 余計な口を挟まないようにする。
☐ 5 祖父は謹厳実直な人だった。
☐ 6 思慮深い王妃だった。
☐ 7 かすかな期待は泡と消えた。
☐ 8 雑誌の懸賞に初めて当たった。
☐ 9 食器用の戸棚を新調する。
☐ 10 公僕として四十年間を過ごした。

解答

1 ひじゅん 辞
2 ほうしゅう
3 しんし
4 はさ
5 きんげん
6 おうひ
7 あわ
8 けんしょう
9 とだな
10 こうぼく

☐ 11 チームの監督に就任する。
☐ 12 追及され、答えに窮した。
☐ 13 硬軟両様の姿勢で臨む。
☐ 14 兄の苦衷を察することはできる。
☐ 15 空漠な議論が長く続いた。
☐ 16 降りた電車に傘を忘れてきた。
☐ 17 手綱を締める必要がある。
☐ 18 収賄の疑いをかけられている。
☐ 19 それはあまりに酷な条件だ。
☐ 20 廃校の内部は森閑としていた。

解答

11 かんとく
12 きゅう
13 こうなん 辞
14 くちゅう 辞
15 くうばく
16 かさ
17 たづな
18 しゅうわい
19 こく
20 しんかん

☐ 21 適任の人物を周旋する。
☐ 22 あの選手は俊足が特徴だ。
☐ 23 天気が悪く外出を渋る。
☐ 24 教授は学会第一の俊傑だ。
☐ 25 新居に書斎をつくるのが夢だ。
☐ 26 ついに債権を償却し終えた。
☐ 27 兄は俊敏な営業マンだ。
☐ 28 週に一度、刃物を入念に研ぐ。
☐ 29 この地域は純朴な気風でなじみやすい。
☐ 30 台風の被害が甚だしい。
☐ 31 惰弱な性格を鍛え直したい。
☐ 32 最後まで崇高な精神を保った。
☐ 33 杉の並木が続いている。
☐ 34 男の周りには生臭いうわさが多い。

21 しゅうせん
22 しゅんそく
23 しぶ
24 しゅんけつ 辞
25 しょさい
26 しょうきゃく 辞
27 しゅんびん
28 はもの
29 じゅんぼく
30 はなは
31 だじゃく 辞
32 すうこう
33 すぎ
34 なまぐさ

☐ 35 全国の会員に資料を頒布する。
☐ 36 静粛な会場に先生の声が響く。
☐ 37 同じミスが頻出している。
☐ 38 恩師逝去の報を受けた。
☐ 39 高地では沸点が下がる。
☐ 40 夫婦の名前を併記する。
☐ 41 繊細な表現を心がける。
☐ 42 窓枠を木からアルミに換える。
☐ 43 無理をして健康を損ねる。
☐ 44 有識者を集めて検討する。

35 はんぷ 辞
36 せいしゅく
37 ひんしゅつ 辞
38 せいきょ
39 ふってん
40 へいき
41 せんさい
42 まどわく
43 そこ
44 ゆうしき

意味をCheck!

1 批准…全権代表が調印した条約を、国家として承認すること。
13 硬軟…硬いことと軟らかいこと。強腰と弱腰。
14 苦衷…苦しい胸の内。
24 俊傑…並はずれて優れている人物。

26 償却…借金などの債務を返すこと。
31 惰弱…消極的で、だらけていること。
35 頒布…多くの人に配って行き渡らせること。
37 頻出…同じ種類のものがしばしば現れること。

頻出度

B ランク

読み②

目標時間 22分

1回目 ／44

2回目 ／44

● 次の――線の**漢字の読み**を**ひらがな**で答えよ。

1 駄弁ばかりで内容が伴わない。
2 夫婦げんかの仲裁をする。
3 新築の家に坪庭をつくる。
4 夫に内緒でバッグを購入した。
5 哀愁を帯びた曲が流れている。
6 有罪の可能性が濃厚だ。
7 親友の顔が脳裏に浮かぶ。
8 知人は革靴を履いていた。
9 船が波止場から出ていく。
10 ドレスの襟元に花をあしらう。

解答

1 だべん 辞
2 ちゅうさい
3 つぼにわ
4 ないしょ
5 あいしゅう
6 のうこう
7 のうり
8 かわぐつ
9 はとば
10 えりもと

11 勲功に見合った賞を与える。
12 製品の欠陥を指摘される。
13 物価の高騰が続いている。
14 最新作が酷評を受ける。
15 古文書が散逸してしまった。
16 情報媒体が豊富にある。
17 漆の木に触れてかぶれた。
18 肌着に汗がにじんでいる。
19 感動が沸々とわき上がる。
20 拙宅にお立ち寄りください。

解答

11 くんこう 辞
12 けっかん
13 こうとう
14 こくひょう 辞
15 さんいつ 辞
16 ばいたい
17 うるし
18 はだぎ
19 ふつふつ
20 せったく 辞

21 野望は徹底的に粉砕された。
22 賃貸住宅で暮らしている。
23 やせた土壌で作物が育たない。
24 羽田行きの飛行機に搭乗する。
25 偏屈な性格が直らない。
26 暮春ながら寒さが続く。
27 弊社までご一報ください。
28 会食は別邸で行う。
29 事務所と包括的な契約を結んだ。
30 大げさな身振りで威嚇した。
31 怠惰な生活を続けている。
32 寿命が縮まる思いがした。
33 タイヤがすっかり摩耗してしまっている。
34 家族が増えて家が窮屈になった。

21 ふんさい
22 ちんたい
23 どじょう
24 とうじょう
25 へんくつ 辞
26 ぼしゅん
27 へいしゃ 辞
28 べってい
29 ほうかつ
30 いかく
31 たいだ
32 じゅみょう
33 まもう
34 きゅうくつ

35 出かける前に靴を磨く。
36 世界の平和維持に貢献する。
37 今はとても愉快な気分だ。
38 店員の悠長な対応にいら立つ。
39 容器をしっかりと洗浄する。
40 宿泊先で疎略な扱いを受けた。
41 壮観な眺めを独り占めにした。
42 日差しを避けて木陰で涼む。
43 父の強硬な態度が軟化する。
44 三年連続で競技会の覇者となる。

35 みが
36 こうけん
37 ゆかい
38 ゆうちょう
39 せんじょう
40 そりゃく 辞
41 そうかん
42 すず
43 なんか
44 はしゃ

意味をCheck!

1 駄弁…くだらない、余計なおしゃべり。
11 勲功…国や君主に尽くした功績、手柄。
14 酷評…手厳しい批評。
15 散逸…まとまっていた物がばらばらになってなくなること。

20 拙宅…自分の家をへりくだっていう言葉。
25 偏屈…性質に素直さがなく、ひねくれていること。
27 弊社…自分の属する会社をへりくだって言う語。
40 疎略…扱い方ややり方がいい加減なさま。「粗略」とも書く。

頻出度

B ランク

読み ③

目標時間 22分

1回目 ／44

2回目 ／44

● 次の――線の**漢字の読み**を**ひらがな**で答えよ。

□ 1 国王に拝謁する。

□ 2 上司に媒酌をお願いした。

□ 3 伯父から上等な反物を頂いた。

□ 4 親を侮辱するのは許さない。

□ 5 ようやく胸の病が平癒した。

□ 6 研究に没頭して忘我の境地に浸る。

□ 7 亜流では進歩がない。

□ 8 敵に一泡吹かせてやりたい。

□ 9 琴の教室に通い始める。

□ 10 幸いなことに延焼を免れ、無事だった。

解答

1 はいえつ 辞
2 ばいしゃく 辞
3 たんもの
4 ぶじょく
5 へいゆ
6 ぼうが 辞
7 ありゅう
8 ひとあわ
9 こと
10 えんしょう

□ 11 最近は退職勧奨が行われることがある。

□ 12 休戦で国境に緩衝地帯を設ける。

□ 13 村で唯一の診療所が閉鎖された。

□ 14 全員で校歌を斉唱する。

□ 15 本文に適宜、解説を挿入する。

□ 16 兄は護衛艦の艦長として活躍している。

□ 17 上司の忠告を頑として聞き入れない。

□ 18 私の専門は幾何学です。

□ 19 恩師の言葉は心の琴線に触れる。

□ 20 師匠の話を襟を正して聞く。

解答

11 かんしょう
12 かんしょう
13 しんりょう
14 せいしょう
15 そうにゅう
16 かんちょう
17 がん
18 きかがく 辞
19 きんせん
20 えり

□21 襟首を押さえて投げ技に入る。
□22 空疎な議論が延々と続いた。
□23 最寄りの駅はどこですか。
□24 風薫る五月は青葉の季節だ。
□25 残額を福利厚生費に充当する。
□26 叔母さんの家を一人で訪ねた。
□27 酢には強い殺菌力がある。
□28 辺りは清涼な空気に包まれている。
□29 人並みはずれた自己顕示欲がある。
□30 友人は冷徹な目を持っている。
□31 五月雨の季節を迎える。
□32 最後まで頑強に抵抗した。
□33 安閑とした毎日を送る。
□34 もう後戻りできない状況にある。

21 えりくび
22 くうそ 辞
23 もよ
24 かお
25 じゅうとう
26 おば
27 す
28 せいりょう
29 けんじ
30 れいてつ
31 さみだれ
32 がんきょう
33 あんかん 辞
34 あともど

□35 周囲の下馬評は意外に正確だ。
□36 少子高齢化で困窮する。
□37 古い砕石場で映画の撮影をする。
□38 雑菌の繁殖に注意したい。
□39 戦争の惨禍に目を覆った。
□40 裁判で偽証の罪を犯す。
□41 国民は基本的人権を享有する。
□42 敵の城兵が恭順の意を示した。
□43 父が苦渋の色を浮かべた。
□44 この店は滋味豊かな料理を出す。

35 げばひょう 辞
36 こんきゅう
37 さいせき
38 ざっきん
39 さんか 辞
40 ぎしょう
41 きょうゆう
42 きょうじゅん
43 くじゅう
44 じみ

意味をCheck!

1 **拝謁**…高貴な人や身分の高い人にお目にかかること。
2 **媒酌**…結婚にあたり双方の間に立つこと。またその人。
6 **忘我**…何かに夢中になって我を忘れるさま。
18 **幾何学**…図形を考察する数学の一分野。

22 **空疎**…形だけ整っていても内容が全く伴っていないさま。
33 **安閑**…のんびりと静かで安らかなさま。
35 **下馬評**…直接関係のない人たちがするうわさや評価。
39 **惨禍**…天災または人災によるいたましい災難。

頻出度
B
ランク

読み④

目標時間 22分

1回目 /44

2回目 /44

● 次の——線の漢字の読みをひらがなで答えよ。

☐ 1 この作業には殊の外手間取った。
☐ 2 拾得物を警察に届ける。
☐ 3 重要な証人として出廷した。
☐ 4 塾では俊才といわれている。
☐ 5 庶民の意見を大切にする。
☐ 6 続く戦乱で国土が荒廃した。
☐ 7 行動開始には時期尚早だ。
☐ 8 この布は綿と麻の混紡だ。
☐ 9 市役所の窓口で戸籍抄本を入手する。
☐ 10 本案は今後の試金石となる。

解答

1 こと
2 しゅうとく
3 しゅってい
4 しゅんさい
5 しょみん
6 こうはい
7 しょうそう 辞
8 こんぼう
9 しょうほん
10 しきんせき 辞

☐ 11 自浄作用が働いていない。
☐ 12 粗末な品ですが、ご笑納ください。
☐ 13 交通遺児のため浄財を募る。
☐ 14 土地家屋を知人に譲渡する。
☐ 15 遵法精神を醸成する。
☐ 16 借金の依頼に渋々応じる。
☐ 17 あの二人の話はまるで禅問答だ。
☐ 18 包丁の刃先で指を切る。
☐ 19 村では英雄として崇拝されている。
☐ 20 教授は医学界の泰斗といわれる。

解答

11 じじょう
12 しょうのう 辞
13 じょうざい
14 じょうと
15 じょうせい
16 しぶしぶ
17 ぜんもんどう
18 はさき
19 すうはい
20 たいと 辞

☐ 21 仲間同士で金を貸借する。
☐ 22 被害者には生涯をかけて償う。
☐ 23 六人が雪崩に巻き込まれた。
☐ 24 東京からの遷都は考えられない。
☐ 25 隣国から島を一つ租借する。
☐ 26 先生は壮健なご様子だ。
☐ 27 人跡未踏の地を探索する。
☐ 28 遺族には特別弔慰金が支給される。
☐ 29 その行為は懲罰の対象になる。
☐ 30 この辺りは交通事故が頻発する。
☐ 31 悪意ある発言に憤慨する。
☐ 32 津波警報が発令された。
☐ 33 あの地域では泥沼の紛争が続いている。
☐ 34 〝通りゃんせ〟は昔からある童歌だ。

21 たいしゃく
22 しょうがい
23 なだれ
24 せんと
25 そしゃく
26 そうけん
27 たんさく
28 ちょうい 辞
29 ちょうばつ
30 ひんぱつ
31 ふんがい
32 つなみ
33 どろぬま
34 わらべ

☐ 35 三月が近づき内裏びなを飾る。
☐ 36 遍路姿で四国の霊場を巡る。
☐ 37 支払期日を猶予してもらう。
☐ 38 廃屋が壊れかかっていた。
☐ 39 寝不足がたたり肌荒れがひどい。
☐ 40 最近は発泡酒も人気がある。
☐ 41 文書の披見は許されなかった。
☐ 42 本来の趣旨を逸脱している。
☐ 43 富裕な家に生まれ育った。
☐ 44 工場に店舗を併設する。

35 だいり
36 へんろ
37 ゆうよ
38 はいおく
39 はだあ
40 はっぽう
41 ひけん 辞
42 いつだつ 辞
43 ふゆう
44 へいせつ

意味をCheck!

7 尚早…そのことをするには期が熟していないこと。
10 試金石…物事を判断するときの基準となる出来事や人物。
12 笑納…贈り物をするとき、謙遜して用いる語。つまらない物ですが、笑ってお納めくださいの意。

20 泰斗…その道で最も権威のある人物。
28 弔慰…死亡した人をとむらい、遺族を慰めること。
41 披見…手紙や文書などを開いて見ること。
42 逸脱…物事の本筋や基本的な範囲から外れること。

頻出度

B ランク

部首 ①

● 次の漢字の**部首**を答えよ。

〈例〉花［艹］ 関［門］

1 閑
2 版
3 卵
4 甲
5 欧
6 辞
7 遮
8 督
9 疑
10 豪
11 邸
12 奨

解答

1 門（もんがまえ）
2 片（かたへん）
3 卩（わりふ ふしづくり）
4 田（た）
5 欠（あくび かける）
6 辛（からい）
7 辶（しんにょう しんにゅう）
8 目（め）
9 疋（ひき）
10 豕（ぶた いのこ）
11 阝（おおざと）
12 大（だい）

13 奪
14 頻
15 麗
16 殿
17 窮
18 嚇
19 丹
20 疫
21 我
22 壱
23 斥
24 舌

解答

13 大（だい）
14 頁（おおがい）
15 鹿（しか）
16 殳（るまた ほこづくり）
17 穴（あなかんむり）
18 口（くちへん）
19 丶（てん）
20 疒（やまいだれ）
21 戈（ほこづくり ほこがまえ）
22 士（さむらい）
23 斤（きん）
24 舌（した）

目標時間 28分

1回目 ／56

2回目 ／56

読み
部首
熟語の構成
四字熟語
対義語・類義語
同音・同訓異字
誤字訂正
漢字と送りがな
書き取り
模擬テスト

□25	□26	□27	□28	□29	□30	□31	□32
廷	迭	斗	凡	甘	鬼	更	酢

□33	□34	□35	□36	□37	□38	□39	□40
剖	準	礁	頑	秀	塑	衛	戒

25	26	27	28	29	30	31	32
廴 (えんにょう)	辶 (しんにょう しんにゅう)	斗 (とます)	几 (つくえ)	甘 (かん あまい)	鬼 (おに)	曰 (ひらび いわく)	酉 (とりへん)

33	34	35	36	37	38	39	40
刂 (りっとう)	氵 (さんずい)	石 (いしへん)	頁 (おおがい)	禾 (のぎ)	土 (つち)	行 (ぎょうがまえ ゆきがまえ)	戈 (ほこづくり ほこがまえ)

□41	□42	□43	□44	□45	□46	□47	□48
魔	豆	雰	掌	駄	卑	痢	矛

□49	□50	□51	□52	□53	□54	□55	□56
鶏	誉	裏	首	堪	虐	扇	衰

41	42	43	44	45	46	47	48
鬼 (おに)	豆 (まめ)	雨 (あめかんむり)	手 (て)	馬 (うまへん)	十 (じゅう)	疒 (やまいだれ)	矛 (ほこ)

49	50	51	52	53	54	55	56
鳥 (とり)	言 (げん)	衣 (ころも)	首 (くび)	土 (つちへん)	虍 (とらがしら とらかんむり)	戸 (とだれ とかんむり)	衣 (ころも)

頻出度 B ランク

熟語の構成①

目標時間 18分

1回目 /36

2回目 /36

●**熟語の構成**のしかたには次のようなものがある。

ア 同じような意味の漢字を重ねたもの　（**岩石**）
イ 反対または対応の意味を表す字を重ねたもの　（**高低**）
ウ 上の字が下の字を修飾しているもの　（**洋画**）
エ 下の字が上の字の目的語・補語になっているもの　（**着席**）
オ 上の字が下の字の意味を打ち消しているもの　（**非常**）

次の熟語は右の**ア〜オ**のどれにあたるか、**一つ**選び、**記号**で答えよ。

1 墨汁
2 得喪
3 逸話
4 禍根
5 公僕
6 抹茶

解答と解説

1 ウ （ぼくじゅう） 墨（の）⬇汁（液）
2 イ （とくそう） 得（る）⬍喪（失う）
3 ウ （いつわ） 逸（本筋から外れた・知られていない）⬇話（題）
4 ウ （かこん） 禍（災いの）⬇根（元）
5 ウ （こうぼく） 公（の）⬇僕（しもべ）
6 ウ （まっちゃ） 抹（粉の）⬇茶

7 打撲
8 披露
9 余剰
10 不振
11 未婚
12 愉快

解答と解説

7 ア （だぼく） どちらも「うつ、たたく」の意味。
8 ア （ひろう） どちらも「開いてさらけ出す」の意味。
9 ア （よじょう） どちらも「余っている」の意味。
10 オ （ふしん） 不（否定）＋振（ふるい立つ）
11 オ （みこん） 未（否定）＋婚（婚姻）
12 ア （ゆかい） どちらも「気持ちよく楽しい」の意味。

13 誓詞
14 旅愁
15 醜態
16 喫茶
17 環礁
18 濫造
19 哀悼
20 模擬

13 ウ（せいし）誓（いの）↓詞（ことば）
14 ウ（りょしゅう）旅（の）↓愁（うれい）
15 ウ（しゅうたい）醜（い）↓態（ありさま）
16 エ（きっさ）喫（飲む）↑茶（を）
17 ウ（かんしょう）環（輪の形の）↓礁（サンゴ礁）
18 ウ（らんぞう）濫（やたらに多く）↓造（る）
19 ア（あいとう）どちらも「悲しむ」の意味。
20 ア（もぎ）どちらも「まねる・似せる」の意味。

21 述懐
22 安泰
23 懐疑
24 無臭
25 陥没
26 解剖
27 明滅
28 義憤

21 エ（じゅっかい）述（べる）↑懐（心のうちを）
22 ア（あんたい）どちらも「やすらか」の意味。
23 エ（かいぎ）懐（いだく）↑疑（いを）
24 オ（むしゅう）無（否定）＋臭（いやなにおい・臭み）
25 ア（かんぼつ）どちらも「くぼむ」の意味。
26 ア（かいぼう）どちらも「細かく分ける」の意味。
27 イ（めいめつ）明（明かりがつく）↕滅（消える）
28 ウ（ぎふん）義（正義の）↓憤（いきどおり）

29 脚韻
30 邪推
31 殊勲
32 迎賓
33 謙譲
34 弊風
35 合掌
36 未到

29 ウ（きゃくいん）脚（句末）↓韻（同じ音・母音のくり返し）
30 ウ（じゃすい）邪（よこしまな）↓推（推測）
31 ウ（しゅくん）殊（特に良い）↓勲（功績）
32 エ（げいひん）迎（える）↑賓（訪問客）
33 ア（けんじょう）どちらも「へりくだる」の意味。
34 ウ（へいふう）弊（害になる）↓風（風習）
35 エ（がっしょう）合（わせる）↑掌（てのひらを）
36 オ（みとう）未（否定）＋到（至る）

頻出度
B
ランク

熟語の構成②

目標時間 18分

1回目 /36

2回目 /36

● 熟語の構成のしかたには次のようなものがある。

ア 同じような意味の漢字を重ねたもの　（岩石）
イ 反対または対応の意味を表す字を重ねたもの　（高低）
ウ 上の字が下の字を修飾しているもの　（洋画）
エ 下の字が上の字の目的語・補語になっているもの　（着席）
オ 上の字が下の字の意味を打ち消しているもの　（非常）

次の熟語は右のア～オのどれにあたるか、一つ選び、記号で答えよ。

□ 1 愚痴
□ 2 洞穴
□ 3 報酬
□ 4 融解
□ 5 弔辞
□ 6 弦楽

解答と解説

1 ア（ぐち）
どちらも「おろか」の意味。

2 ア（ほらあな どうけつ）
どちらも「あな」の意味。

3 ア（ほうしゅう）
どちらも「むくいる」の意味。

4 ア（ゆうかい）
どちらも「とける」の意味。

5 ウ（ちょうじ）
弔（いの）⬇辞（言葉）

6 ウ（げんがく）
弦（弦楽器の）⬇楽（音楽）

□ 7 偏見
□ 8 頒価
□ 9 免租
□ 10 献杯
□ 11 核心
□ 12 併記

解答と解説

7 ウ（へんけん）
偏（った）⬇見（方）

8 ウ（はんか）
頒（頒布する）⬇価（価格）

9 エ（めんそ）
免（まぬかれる）⬆租（税を）

10 エ（けんぱい）
献（ささげる）⬆杯（を）

11 ア（かくしん）
どちらも「中心」の意味。

12 ウ（へいき）
併（せて）⬇記（す）

- ☐ 13 破砕
- ☐ 14 諭旨
- ☐ 15 不惑
- ☐ 16 享楽
- ☐ 17 罷免
- ☐ 18 贈答
- ☐ 19 捜索
- ☐ 20 謹呈

13 ア（はさい） どちらも「くだく」の意味。

14 エ（ゆし） 諭（す）↑旨（意味や内容を）

15 オ（ふわく） 不（否定）＋惑（う）

16 エ（きょうらく） 享（存分に味わう）↑楽（快楽を）

17 ア（ひめん） どちらも「やめさせる」の意味。

18 イ（ぞうとう） 贈（る）↕答（える）「やり取りをする」

19 ア（そうさく） どちらも「さがしもとめる」の意味。

20 ウ（きんてい） 謹（んで）↓呈（差し上げる）

- ☐ 21 無為
- ☐ 22 甲殻
- ☐ 23 俊秀
- ☐ 24 剰余
- ☐ 25 拙劣
- ☐ 26 雪渓
- ☐ 27 不祥
- ☐ 28 霊魂

21 オ（むい） 無（否定）＋為（す）。「何もしない」

22 ア（こうかく） どちらも「硬い殻」の意味。

23 ア（しゅんしゅう） どちらも「すぐれている」の意味。

24 ア（じょうよ） どちらも「あまり」の意味。

25 ア（せつれつ） どちらも「つたない、おとる」の意味。

26 ウ（せっけい） 雪（の）↓渓（谷）

27 オ（ふしょう） 不（否定）＋祥（めでたいこと）

28 ア（れいこん） どちらも「たましい」の意味。

- ☐ 29 懇願
- ☐ 30 折衷
- ☐ 31 惜別
- ☐ 32 尊卑
- ☐ 33 妄信
- ☐ 34 栄辱
- ☐ 35 旋風
- ☐ 36 鎮魂

29 ウ（こんがん） 懇（ねんごろに）↓願（う）

30 エ（せっちゅう） 折（分ける）↑衷（かたよりなく）

31 エ（せきべつ） 惜（しむ）↑別（れを）

32 イ（そんぴ） 尊（い）↕卑（しい）

33 ウ（もうしん） 妄（みだりに）↓信（じる）

34 イ（えいじょく） 栄（栄誉）↕辱（恥辱）

35 ウ（せんぷう） 旋（まわる）↓風

36 エ（ちんこん） 鎮（める）↑魂（たましい）

頻出度

B ランク

四字熟語①

目標時間 15分

1回目 /30

2回目 /30

● 次の**四字熟語**について、**問1**～**問4**に答えよ。

問1 次の**四字熟語**の（1～10）に入る適切な語を下の□の中から選び、**漢字一字**で答えよ。

- ア 泰然自[1]
- イ 気炎万[2]
- ウ 思[3]分別
- エ 質実剛[4]
- オ 百[5]錬磨
- カ 言行一[6]
- キ [7]非善悪
- ク 前[8]多難
- ケ 生殺[9]奪
- コ 一知[10]解

けん　じゃく　じょう　ぜ　せん　ち　と　はん　よ　りょ

解答

1 泰然自若《たいぜんじじゃく》 辞
2 気炎万丈《きえんばんじょう》 辞
3 思慮分別《しりょふんべつ》 辞
4 質実剛健《しつじつごうけん》 辞
5 百戦錬磨《ひゃくせんれんま》 辞
6 言行一致《げんこういっち》 辞
7 是非善悪《ぜひぜんあく》 辞
8 前途多難《ぜんとたなん》 辞
9 生殺与奪《せいさつよだつ》 辞
10 一知半解《いっちはんかい》 辞

問3 次の**四字熟語**の（16～25）に入る適切な語を下の□の中から選び、**漢字一字**で答えよ。

- サ 延命[16]災
- シ 悪戦苦[17]
- ス 前[18]有望
- セ 狂喜乱[19]
- ソ 南[20]北馬
- タ [21]行無常
- チ 眺[22]絶佳
- ツ 迷[23]千万
- テ 免許[24]伝
- ト 優[25]不断

かい　じゅう　しょ　せん　そく　と　とう　ぶ　ぼう　わく

解答

16 延命息災《えんめいそくさい》 辞
17 悪戦苦闘《あくせんくとう》 辞
18 前途有望《ぜんとゆうぼう》 辞
19 狂喜乱舞《きょうきらんぶ》 辞
20 南船北馬《なんせんほくば》 辞
21 諸行無常《しょぎょうむじょう》 辞
22 眺望絶佳《ちょうぼうぜっか》 辞
23 迷惑千万《めいわくせんばん》 辞
24 免許皆伝《めんきょかいでん》 辞
25 優柔不断《ゆうじゅうふだん》 辞

問2 次の11～15の**意味**にあてはまるものを**問1**の**ア～コの四字熟語**から**一つ**選び、**記号**を答えよ。

- 11 飾り気がなくまじめで心身共に健康であるさま。
- 12 知識や理解が不十分であること。
- 13 落ち着き払い、何事にも動じないさま。
- 14 意気盛んであること。
- 15 物事の善し悪しのこと。

11	12	13	14	15
エ	コ	ア	イ	キ

問4 次の26～30の**意味**にあてはまるものを**問3**の**サ～トの四字熟語**から**一つ**選び、**記号**を答えよ。

- 26 武術や技術などの奥義を弟子に伝えること。
- 27 常にあちらこちらへ旅をしていること。
- 28 困難な状況の中で、苦しみながら努力すること。
- 29 無事に長生きすること。
- 30 将来成功する望みがあること。

26	27	28	29	30
テ	ソ	シ	サ	ス

意味をCheck!

1 **泰然自若**…落ち着き払い、何事にも動じないさま。

2 **気炎万丈**…燃え上がる炎のように意気盛んであること。

3 **思慮分別**…注意深く考えて判断すること。

4 **質実剛健**…飾り気がなくまじめで、心身が強く健康であること。「剛健質実」ともいう。

5 **百戦錬磨**…多くの戦いを経て鍛えられていること。経験豊富であること。

6 **言行一致**…口で言うことと行動が同じであること。

7 **是非善悪**…物事の正しいこと、正しくないこと。

8 **前途多難**…行く先には多くの困難があることが予期されること。

9 **生殺与奪**…生かすも殺すもすべて意のままであるような、絶対的権力を持っていること。

10 **一知半解**…知識や理解が不十分であること。

16 **延命息災**…命をのばし、わざわいをなくす意。何事もなく長生きすること。

17 **悪戦苦闘**…困難な状況の中で、苦しみながら努力すること。

18 **前途有望**…将来の見込みや望みがあること。

19 **狂喜乱舞**…思わずおどってしまうほど喜ぶこと。

20 **南船北馬**…あちらこちらへ絶えず旅をしていること。

21 **諸行無常**…すべての物事は変化し、はかないものであること。

22 **眺望絶佳**…すばらしい見晴らしや絶景のこと。

23 **迷惑千万**…非常にめいわくであるさま。

24 **免許皆伝**…武術などで師匠が弟子に奥義などをすべてを伝えること。

25 **優柔不断**…決断力が鈍いさま。

頻出度 B ランク

四字熟語②

目標時間 15分

1回目 /30

2回目 /30

●次の**四字熟語**について、**問1**～**問4**に答えよ。

問1 次の**四字熟語**の（1～10）に入る適切な語を下の□の中から選び、**漢字一字**で答えよ。

- ア [1]合集散
- イ 疑心暗[2]
- ウ 不[3]不離
- エ 金城鉄[4]
- オ 勇[5]果敢
- カ 不[6]不滅
- キ 首[7]一貫
- ク 異[8]邪説
- ケ 無[9]徒食
- コ 金[10]湯池

い	き	きゅう	じょう	そく	たん	び	ぺき	もう	り

解答

1 離《り》合《ごう》集《しゅう》散《さん》 辞

2 疑《ぎ》心《しん》暗《あん》鬼《き》 辞

3 不《ふ》即《そく》不《ふ》離《り》 辞

4 金《きん》城《じょう》鉄《てっ》壁《ぺき》 辞

5 勇《ゆう》猛《もう》果《か》敢《かん》 辞

6 不《ふ》朽《きゅう》不《ふ》滅《めつ》 辞

7 首《しゅ》尾《び》一《いっ》貫《かん》 辞

8 異《い》端《たん》邪《じゃ》説《せつ》 辞

9 無《む》為《い》徒《と》食《しょく》 辞

10 金《きん》城《じょう》湯《とう》池《ち》 辞

問3 次の**四字熟語**の（16～25）に入る適切な語を下の□の中から選び、**漢字一字**で答えよ。

- サ 深山幽[16]
- シ [17]苦勉励
- ス 人[18]未踏
- セ [19]非曲直
- ソ 本末転[20]
- タ 有[21]転変
- チ 付和[22]同
- ツ 気[23]壮大
- テ 一汁一[24]
- ト 一罰百[25]

い	う	かい	こく	こつ	さい	せき	ぜ	とう	らい

解答

16 深《しん》山《ざん》幽《ゆう》谷《こく》 辞

17 刻《こっ》苦《く》勉《べん》励《れい》 辞

18 人《じん》跡《せき》未《み》踏《とう》 辞

19 是《ぜ》非《ひ》曲《きょく》直《ちょく》 辞

20 本《ほん》末《まつ》転《てん》倒《とう》 辞

21 有《う》為《い》転《てん》変《ぺん》 辞

22 付《ふ》和《わ》雷《らい》同《どう》 辞

23 気《き》宇《う》壮《そう》大《だい》 辞

24 一《いち》汁《じゅう》一《いっ》菜《さい》 辞

25 一《いち》罰《ばつ》百《ひゃっ》戒《かい》 辞

問2 次の11〜15の**意味**にあてはまるものを**問1**の**ア〜コの四字熟語**から**一つ**選び、**記号**を答えよ。

☐ **11** 何もせずに遊び暮らすこと。

☐ **12** 正統ではない思想のこと。

☐ **13** 別れたり一緒になったりすること。

☐ **14** つかず離れずの関係にあるさま。

☐ **15** いつまでもほろびないこと。

11 ケ　**12** ク　**13** ア　**14** ウ　**15** カ

問4 次の26〜30の**意味**にあてはまるものを**問3**の**サ〜トの四字熟語**から**一つ**選び、**記号**を答えよ。

☐ **26** 大変な苦労をして仕事などに励むこと。

☐ **27** すべての物事は常に変化しているということ。

☐ **28** 自らの意見をもたずに他者の意見に同調すること。

☐ **29** 物事の良しあしや、正・不正。

☐ **30** 奥地の人里離れた場所。

26 シ　**27** タ　**28** チ　**29** セ　**30** サ

意味をCheck!

1 離合集散…別れたり一緒になったりすること。
2 疑心暗鬼…疑いの心があると、なんでもないことでも不安や恐怖を感じること。
3 不即不離…つかず離れずの関係にあるさま。
4 金城鉄壁…守りがきわめて固い城、または状態。
5 勇猛果敢…強くて勇ましく、決断力に富むこと。
6 不朽不滅…永久に朽ちることなく、滅びることがないこと。
7 首尾一貫…最初から最後まで態度や方針が変わらないこと。
8 異端邪説…正統ではないよこしまな思想や信仰、学説。「邪説異端」ともいう。
9 無為徒食…何もせずに遊び暮らすこと。
10 金城湯池…金の城と熱湯をたたえた堀の意から、守りが非常に堅固で、城が侵略されにくいこと。
16 深山幽谷…山や谷の奥の人里離れた場所。
17 刻苦勉励…非常に苦労をして勉学や仕事に励むこと。
18 人跡未踏…それまで人が踏み入れたことのない場所。
19 是非曲直…物事の良しあしや、正・不正。
20 本末転倒…物事の本質の部分と、そうではないささいな部分を取り違えること。
21 有為転変…すべての物事は常に変化しているということ。
22 付和雷同…自分の信念や考えがなく、他人の言動にすぐ同調すること。
23 気宇壮大…心構えや度量が非常に大きいさま。
24 一汁一菜…質素な食事のこと。
25 一罰百戒…一人の罪を罰することにより、他の人が同じあやまちを犯さないようにいましめること。

頻出度

B ランク

四字熟語③

目標時間 15分

1回目 /30

2回目 /30

● 次の**四字熟語**について、**問1**～**問4**に答えよ。

問1 次の**四字熟語**の（1～10）に入る適切な語を下の□の中から選び、**漢字一字**で答えよ。

- ア 安寧秩 [1]
- イ 破顔一 [2]
- ウ 軽 [3] 妄動
- エ 鶏口 [4] 後
- オ 先憂後 [5]
- カ 昼夜 [6] 行
- キ 馬耳 [7] 風
- ク [8] 敗堕落
- ケ 胆大 [9] 小
- コ [10] 利多売

ぎゅう　きょ　けん　じょ　しょう　しん　とう　はく　ふ　らく

解答

1 安《あん》寧《ねい》秩《ちつ》序《じょ》 辞
2 破《は》顔《がん》一《いっ》笑《しょう》 辞
3 軽《けい》挙《きょ》妄《もう》動《どう》 辞
4 鶏《けい》口《こう》牛《ぎゅう》後《ご》 辞
5 先《せん》憂《ゆう》後《こう》楽《らく》 辞
6 昼《ちゅう》夜《や》兼《けん》行《こう》 辞
7 馬《ば》耳《じ》東《とう》風《ふう》 辞
8 腐《ふ》敗《はい》堕《だ》落《らく》 辞
9 胆《たん》大《だい》心《しん》小《しょう》 辞
10 薄《はく》利《り》多《た》売《ばい》 辞

問3 次の**四字熟語**の（16～25）に入る適切な語を下の□の中から選び、**漢字一字**で答えよ。

- サ 無味 [16] 燥
- シ 用意周 [17]
- ス 真実一 [18]
- セ 晴 [19] 雨読
- ソ 遺憾千 [20]
- タ [21] 楽浄土
- チ [22] 象無象
- ツ 玉石 [23] 交
- テ 佳人 [24] 命
- ト 粉 [25] 砕身

う　かん　こう　ごく　こつ　こん　とう　はく　ばん　ろ

解答

16 無《む》味《み》乾《かん》燥《そう》 辞
17 用《よう》意《い》周《しゅう》到《とう》 辞
18 真《しん》実《じつ》一《いち》路《ろ》 辞
19 晴《せい》耕《こう》雨《う》読《どく》 辞
20 遺《い》憾《かん》千《せん》万《ばん》 辞
21 極《ごく》楽《らく》浄《じょう》土《ど》 辞
22 有《う》象《ぞう》無《む》象《ぞう》 辞
23 玉《ぎょく》石《せき》混《こん》交《こう》 辞
24 佳《か》人《じん》薄《はく》命《めい》 辞
25 粉《ふん》骨《こつ》砕《さい》身《しん》 辞

問2 次の11～15の**意味**にあてはまるものを**問1**の**ア～コの四字熟語**から**一つ**選び、**記号**を答えよ。

□ **11** 商品を安い価格でたくさん売ること。

□ **12** 人に意見や批判をされても聞く耳を持たないさま。

□ **13** 大集団の末尾にいるより、小集団でよいから先頭に立つべきということ。

□ **14** 健全な精神が乱れて、品行が悪くなること。

□ **15** ほほえむこと。

11	**コ**
12	**キ**
13	**エ**
14	**ク**
15	**イ**

問4 次の26～30の**意味**にあてはまるものを**問3**の**サ～トの四字熟語**から**一つ**選び、**記号**を答えよ。

□ **26** 数ばかり多く、種々雑多でつまらないもののこと。

□ **27** 真心を持ち続けて一筋に進むこと。

□ **28** 美人には不幸な人や短命な人が多いこと。

□ **29** 力の限り尽くすこと。

□ **30** とても残念であること。

26	**チ**
27	**ス**
28	**テ**
29	**ト**
30	**ソ**

意味をCheck!

1 安寧秩序…社会や国家の状態が平穏であること。

2 破顔一笑…顔をほころばせて、にっこりと笑うこと。

3 軽挙妄動…軽はずみな行動。

4 鶏口牛後…大集団の末尾にいるより、小集団でよいからその先頭に立つべきであるということ。

5 先憂後楽…人に先んじて憂いに対処し、遅れて楽しむこと。政治家の心構えを述べた言葉。

6 昼夜兼行…昼も夜も休まずに何かをすること。

7 馬耳東風…人に意見や批判をされても聞く耳を持たないさま。また、何を言われても聞き流すさま。

8 腐敗堕落…健全な精神が乱れて、品行が悪くなること。

9 胆大心小…大胆でありながら、細心の注意を払うこと。

10 薄利多売…単価を下げて利益を減らし、数多く売ること。

16 無味乾燥…面白みも味わいもないさま。

17 用意周到…用意が隅々まで行き届いていて、準備に抜かりがないこと。

18 真実一路…真心を持ち続けて一筋に進むこと。

19 晴耕雨読…しがらみを離れた悠悠自適の生活を送ること。

20 遺憾千万…非常に残念であること。

21 極楽浄土…仏教で阿弥陀仏がいるとされる、非常に清らかで苦しみのない安楽の世界。

22 有象無象…数ばかり多く、種々雑多でつまらない物や人。

23 玉石混交…良いものと悪いものが入り混じっているさま。

24 佳人薄命…美人には不幸な人や短命な人が多いこと。

25 粉骨砕身…我が身のことを忘れて力の限りを尽くすこと。骨を粉にし身を砕く意からいう。

頻出度
B
ランク

対義語・類義語①

目標時間 20分

1回目 ／40

2回目 ／40

●次の**対義語**、**類義語**を**1**～**4**それぞれ後の□の中から選び、**漢字**で答えよ。□の中の語は一度だけ使うこと。

1

対義語

□1 購買

□2 供述 辞

□3 正統

□4 諮問 辞

□5 撤去

類義語

□6 快癒

□7 卓越

□8 抵当

□9 座視 辞

□10 頑丈

いたん・けんご・せっち
ぜんち・たんぽ・とうしん
はんばい・ひぼん・ぼうかん
もくひ

解答

1 販売《はんばい》

2 黙秘《もくひ》

3 異端《いたん》 辞

4 答申《とうしん》

5 設置《せっち》

6 全治《ぜんち》

7 非凡《ひぼん》

8 担保《たんぽ》

9 傍観《ぼうかん》

10 堅固《けんご》

2

対義語

□11 絶滅

□12 凝縮

□13 記憶

□14 陳腐 辞

□15 発病

類義語

□16 無粋

□17 均衡 辞

□18 奇抜

□19 手本

□20 頑健

かくさん・じょうぶ・しんせん
ちゆ・ちょうわ・とっぴ
もはん・はんしょく
ぼうきゃく・やぼ

解答

11 繁殖《はんしょく》

12 拡散《かくさん》

13 忘却《ぼうきゃく》

14 新鮮《しんせん》

15 治癒《ちゆ》

16 野暮《やぼ》

17 調和《ちょうわ》

18 突飛《とっぴ》 辞

19 模範《もはん》

20 丈夫《じょうぶ》

3

対義語

☐21 軽侮 辞
☐22 模倣
☐23 逃亡
☐24 理論
☐25 粗雑

類義語

☐26 調停
☐27 抹消
☐28 順次
☐29 懇意
☐30 豊富

じっせん・じゅんたく
じょきょ・しんみつ・すうはい
ちくじ・ちゅうさい・ついせき
どくそう・めんみつ

解答

21 崇拝《すうはい》
22 独創《どくそう》
23 追跡《ついせき》
24 実践《じっせん》
25 綿密《めんみつ》
26 仲裁《ちゅうさい》
27 除去《じょきょ》
28 辞 逐次《ちくじ》
29 親密《しんみつ》
30 潤沢《じゅんたく》

4

対義語

☐31 自生
☐32 混乱
☐33 融合
☐34 特殊
☐35 仙境 辞

類義語

☐36 脅迫
☐37 監禁
☐38 強情
☐39 悠久
☐40 光栄

いかく・いっぱん・えいえん
がんこ・さいばい・ぞくかい
ちつじょ・ぶんれつ・めいよ
ゆうへい

解答

31 栽培《さいばい》
32 秩序《ちつじょ》
33 分裂《ぶんれつ》
34 一般《いっぱん》
35 辞 俗界《ぞくかい》
36 威嚇《いかく》
37 幽閉《ゆうへい》
38 頑固《がんこ》
39 永遠《えいえん》
40 名誉《めいよ》

意味をCheck!

2 供述…被告人や証人などが事件について知っている事実を述べること。
3 異端…正統とされているものから大きく外れていること。
4 諮問…有識者や組織などに対して意見を求めること。

9 座視…手出しをせずに黙って見ていること。
14 陳腐…使い古されていて、つまらないこと。
17 均衡…複数の物事の間でつり合いがとれていること。

18 突飛…非常に風変わりであること。思いがけないさま。
21 軽侮…人を見下しさげすむこと。あなどり軽んじること。
28 逐次…ある順序に従って。次々に。順次。

35 仙境…仙人が暮らす土地。また、そのように世俗と離れた清らかな土地。
35 俗界…俗人が暮らす、迷いの多いわずらわしい世界。

頻出度
B
ランク

対義語・類義語②

目標時間 20分

1回目 /40

2回目 /40

●次の**対義語**、**類義語**を**1**～**4**それぞれ後の□の中から選び、**漢字**で答えよ。□の中の語は一度だけ使うこと。

1

対義語

☐1 進撃

☐2 軽侮

☐3 幼稚

☐4 恥辱 辞

☐5 卑下 辞

類義語

☐6 罷免 辞

☐7 炎熱

☐8 交渉

☐9 互角

☐10 留意

かいにん・じまん・そんけい・たいきゃく・だんぱん・はいりょ・はくちゅう・めいよ・もうしょ・ろうれん

解答

1 退却《たいきゃく》
2 尊敬《そんけい》
3 老練《ろうれん》 辞
4 名誉《めいよ》
5 自慢《じまん》
6 解任《かいにん》
7 猛暑《もうしょ》
8 談判《だんぱん》 辞
9 伯仲《はくちゅう》
10 配慮《はいりょ》

2

対義語

☐11 威圧

☐12 漆黒

☐13 厳格

☐14 直面

☐15 拾得

類義語

☐16 削除

☐17 無視

☐18 哀訴 辞

☐19 湯船

☐20 冷酷

いしつ・かいじゅう・かいひ・かんよう・じゅんぱく・たんがん・はくじょう・まっしょう・もくさつ・よくそう

解答

11 懐柔《かいじゅう》 辞
12 純白《じゅんぱく》
13 寛容《かんよう》
14 回避《かいひ》
15 遺失《いしつ》 辞
16 抹消《まっしょう》
17 黙殺《もくさつ》
18 嘆願《たんがん》 辞
19 浴槽《よくそう》
20 薄情《はくじょう》

3 対義語

□21 禁欲
□22 総合
□23 尊敬
□24 繁忙
□25 鈍重

類義語

□26 撲滅 辞
□27 発祥
□28 窮乏 辞
□29 横領
□30 策謀

かんさん・きげん・きびん
きょうらく・けいぶ
けいりゃく・こんぜつ
ちゃくふく・ひんこん・ぶんせき

解答

21 享楽《きょうらく》
22 分析《ぶんせき》
23 軽侮《けいぶ》
24 閑散《かんさん》
25 機敏《きびん》
26 根絶《こんぜつ》
27 起源《きげん》 起原《きげん》
28 貧困《ひんこん》
29 着服《ちゃくふく》
30 計略《けいりゃく》

4 対義語

□31 売却
□32 設置
□33 進出
□34 国産
□35 特殊

類義語

□36 欠陥
□37 符合
□38 披露 辞
□39 辛苦
□40 技量

がっち・こうにゅう・こうひょう
てっきょ・てったい・しゅわん
なんぎ・なんてん・はくらい
ふへん

解答

31 購入《こうにゅう》
32 撤去《てっきょ》
33 撤退《てったい》
34 舶来《はくらい》
35 普遍《ふへん》
36 難点《なんてん》
37 辞 合致《がっち》
38 公表《こうひょう》
39 難儀《なんぎ》
40 辞 手腕《しゅわん》

意味をCheck!

3 老練…経験豊富で巧みであること。
4 恥辱…対面を傷つけること。
5 卑下…自分をほかより劣るものとして扱うこと。
6 罷免…その人の意思にかかわらず職を辞めさせること。

8 談判…事件やもめごとの決着をつけるために、相手方と議論し渡り合うこと。交渉。
11 懐柔…相手を上手に手なずけること。

15 遺失…落としたり忘れたりして、金品を失うこと。
18 哀訴…相手の心に届くように嘆き訴えること。
26 撲滅…すべて滅ぼしてしまうこと。

28 窮乏…金銭や物品が不足して苦しむこと。
37 合致…ぴったり合うこと。
38 披露…広く知らせること。
40 手腕…何かをするための優れた腕前や能力。

頻出度 B ランク

同音・同訓異字①

目標時間 21分

1回目 /42

2回目 /42

● 次の——線のカタカナを漢字に直せ。

1 コーチからキュウ第点をもらった。

2 あの映画は不キュウの名作だ。

3 一家はキュウ乏した生活を強いられた。

4 大臣の汚職をキュウ弾する。

5 再会してたまらず号キュウした。

6 部長に一カツされ、しょげている。

7 実情を包カツ的に述べる。

8 所カツする官庁を調べる。

9 作業を円カツに進める。

10 一部をカツ愛するしかない。

解答

1 及
2 朽 辞
3 窮
4 糾
5 泣
6 喝 辞
7 括
8 轄
9 滑
10 割 辞

11 ホウ給が下がってしまった。

12 努力が水ホウに帰する。

13 息女はホウ紀まさに十八歳だ。

14 絵画の技法を模ホウする。

15 失敗にコりて反省する。

16 旗のデザインがコっている。

17 対面の日を待ちコがれる。

18 哀シュウを帯びた曲が流れる。

19 無味無シュウの殺虫剤だ。

20 両者で激しい応シュウが続く。

解答

11 俸 辞
12 泡
13 芳 辞
14 倣
15 懲
16 凝
17 焦 辞
18 愁
19 臭
20 酬 辞

21 表現主義の系フに連なる。
22 相互フ助の精神が身に付いている。
23 宇宙空間で物体がフ揚する。
24 台所からはフ臭が漂ってくる。
25 数年間、海外にフ任するそうだ。
26 それは天からフ与された能力のようだ。
27 荒リョウとした原野を行く。
28 医院で診リョウを受ける。
29 丘リョウの稜線が赤く染まる。
30 堂々と戦うことを宣セイする。
31 一セイ検査を実施する。
32 先生は三十歳で急セイした。
33 広告物の印刷費をセイ求する。
34 舞台はセイ況のうちに終了した。

21	22	23	24	25	26	27	28	29	30	31	32	33	34
譜	扶	浮	腐	赴	賦	涼	療	陵	誓	斉	逝	請	盛
	辞	辞			辞			辞			辞		辞

35 父が同リョウを連れて帰宅した。
36 悪いリョウ見を起こした。
37 兄は野球部のリョウに住む。
38 タイ然として騒がない。
39 賃タイアパートで暮らす。
40 駐車場の出口で既に渋タイしている。
41 男はタイ惰な生活を長年続けてきた。
42 建物のタイ震強度を調べる。

35	36	37	38	39	40	41	42
僚	了	寮	泰	貸	滞	怠	耐
	辞		辞			辞	

意味をCheck!

2 不朽…いつまでもくちないこと。後世まで長く残ること。
6 一喝…大声で強くしかりつけること。
10 割愛…残念に思いながら、捨てたり省略したりすること。
11 俸給…給料。公務員の報酬。
13 芳紀…若い女性の年齢。
17 焦がれる…いちずに思う。強くあこがれる。
20 応酬…やり取りをすること。やり返すこと。
22 扶助…助けること。力添え。

---

23 浮揚…うかび上がること。
26 賦与…分け与えること。
29 丘陵…小山。おか。なだらかな小山が続いているところ。
32 急逝…急に死亡すること。
34 盛況…会合などがさかんなありさま。
36 了見…考え方や気持ち、判断など。
38 泰然…冷静で物事に動じない様子。
41 怠惰…やるべきことをなまけて、だらしないこと。

頻出度 B ランク

同音・同訓異字②

目標時間 21分

1回目 /42

2回目 /42

● 次の——線のカタカナを漢字に直せ。

□ 1 ひどいシュウ態を演じた。
□ 2 前回のやり方を踏シュウする。
□ 3 事態の早期収シュウを図る。
□ 4 損害のバイ償を請求する。
□ 5 菌をシャーレでバイ養する。
□ 6 広告バイ体が多様化している。
□ 7 裁判のバイ審員を務める。
□ 8 問題解決に時間をサいた。
□ 9 ガラスの花瓶に花をサす。
□ 10 日傘で紫外線をサける。

解答

1 醜 辞
2 襲 辞
3 拾
4 賠
5 培 辞
6 媒 辞
7 陪
8 割 辞
9 挿
10 避

□ 11 国務大臣がヒ免された。
□ 12 開店ヒ露会に招かれる。
□ 13 ヒ近な例を列挙する。
□ 14 正岡子規の句ヒを巡る旅だ。
□ 15 浮かれた話に水をサす。
□ 16 地面に棒をサし込んだ。
□ 17 大きな布が二つにサけた。
□ 18 要望にはジュウ軟に対応したい。
□ 19 怪ジュウの特撮映画を見る。
□ 20 射撃場でジュウ器の扱いを習う。

解答

11 罷
12 披
13 卑 辞
14 碑
15 差
16 刺
17 裂
18 柔
19 獣
20 銃

☐ **21** 示**サ**に富んだ話を聞いた。
☐ **22** 計画は**サ**上の楼閣に終わった。
☐ **23** **サ**欺師の女が逮捕された。
☐ **24** 一時的に工場を閉**サ**する。
☐ **25** 新人選手は重責に**タ**える人材だ。
☐ **26** 布を広げ、はさみで**タ**つ。
☐ **27** 水滴がぽたぽたと**タ**れる。
☐ **28** 故人に花を**タ**向ける。
☐ **29** 大通りでは人の行き来が**タ**えた。
☐ **30** 先生とは**コン**意な間柄だ。
☐ **31** **コン**虫の標本を居間に飾る。
☐ **32** だまそうという**コン**胆はない。
☐ **33** **コン**姻届けに印鑑を押す。
☐ **34** 父の遺**コン**を晴らしてやりたい。

21	唆	辞
22	砂	
23	詐	
24	鎖	
25	堪	辞
26	裁	
27	垂	
28	手	辞
29	絶	
30	懇	辞
31	昆	
32	魂	辞
33	婚	
34	恨	

☐ **35** 状況を**フ**まえて考える。
☐ **36** 事実の一部を**フ**せて公表する。
☐ **37** 大漁旗を左右に大きく**フ**る。
☐ **38** 心の古傷に**フ**れてしまった。
☐ **39** 人事異動について打**シン**する。
☐ **40** 自宅謹**シン**の処分を受けた。
☐ **41** **シン**士的な雰囲気を持つ人だ。
☐ **42** **シン**酸をなめて決意が固まる。

35	踏	辞
36	伏	
37	振	
38	触	
39	診	
40	慎	
41	紳	
42	辛	辞

意味をCheck!

1 醜態…恥ずかしくなるほど見苦しい状態。
2 踏襲…前人のやり方などをそのまま受け継ぐこと。
5 培養…細菌や草木などを育て増やすこと。
6 媒体…伝達などの仲立ちの役割を果たすもの。
8 割く…切り開く。一部をほかの目的に振り向ける。
13 卑近…身近で日常的であること。ありふれていること。
21 示唆…それとなく気づかせること。ほのめかすこと。

25 堪える…持ちこたえる。
28 手向ける…神仏や死者の霊に供物をささげる。別れ行く人にはなむけをおくる。
30 懇意…親しくつき合っていること。遠慮のいらない間柄であること。
32 魂胆…心に抱いているたくらみのこと。
35 踏まえる…ある状態や事柄などを前提にして考える。
42 辛酸…つらく苦しい思い。

頻出度 B ランク

同音・同訓異字③

目標時間 21分

1回目 /42

2回目 /42

●次の——線のカタカナを漢字に直せ。

□1 あの一件は将来にカ根を残した。
□2 収入の多カによって負担額は異なる。
□3 話がカ境に入ってきた。
□4 寸カを惜しんで学業に励む。
□5 親犬と離れ愛情にウえている。
□6 果物がウれて食べ頃だ。
□7 新しい仕事をウけ負った。
□8 心の空白をウめることはできない。
□9 ハン雑な作業が多くて困る。
□10 印刷物を会員にハン布する。

解答
1 禍 辞
2 寡 辞
3 佳 辞
4 暇
5 飢
6 熟
7 請
8 埋
9 煩 辞
10 頒 辞

□11 見慣れない繊イが付着している。
□12 イ頼人の名前は明かせない。
□13 相手が近づかないようイ嚇する。
□14 事件の経イを調べる。
□15 イ憾なく才能を発揮する。
□16 与野党の勢力がハク仲する。
□17 ハク真の演技を見せた。
□18 地価高騰にハク車がかかる。
□19 たった一人で漂ハクの旅を続ける。
□20 江戸期にハク来した唐織物を見る。

解答
11 維
12 依
13 威 辞
14 緯
15 遺 辞
16 伯 辞
17 迫
18 拍
19 泊
20 舶

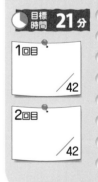

□ 21 目標を墨ジュウで大書する。
□ 22 社長がジュウ面をつくった。
□ 23 ジュウ血した目でにらまれた。
□ 24 敵は忍ジュウするしかない。

□ 25 輝かしい生ガイを送った。
□ 26 兄は気ガイのある、頼もしい人だ。
□ 27 感ガイ無量の面持ちだった。
□ 28 知人はガイ博な知識の持ち主だ。

□ 29 会社にリ歴書を提出する。
□ 30 村では疫リが蔓延したという。
□ 31 祖父の顔が脳リに浮かんだ。

□ 32 キ得権の乱用は許されない。
□ 33 犯人の行動は常キを逸している。
□ 34 私は勉学に励み、多くの知キを得た。

21	22	23	24	25	26	27	28	29	30	31	32	33	34
汁	渋	充	従	涯	概	慨	該	履	痢	裏	既	軌	己
	辞				辞		辞					辞	辞

□ 35 ジュン環器科を受診する。
□ 36 ジュン教者の墓に案内された。
□ 37 新条約を批ジュンする。
□ 38 資金はジュン沢に用意した。

□ 39 恐リュウの体の色を想像する。
□ 40 この川リュウは傑作だ。
□ 41 金はリュウ酸に溶けない。
□ 42 明治期には紡績業がリュウ盛した。

35	36	37	38	39	40	41	42
循	殉	准	潤	竜	柳	硫	隆
		辞					

意味をCheck!

1 禍根…災いが生じる元になる物事。「禍」は「災い」の意。
2 多寡…人数や金額などが多いか少ないか。
3 佳境…話や物語の興味深い場面。面白いところ。
9 煩雑…物事が込み入っていて煩わしいさま。
10 頒布…資料や品物などを広く配ること。
13 威嚇…おどかすこと。
15 遺憾なく…満足がいくまで十分に。申し分なく。

16 伯仲…力などが接近していて優劣をつけられないこと。
22 渋面…不愉快そうな表情。
26 気概…困難に負けずに乗り越えようとする強い気持ち。
28 該博…学識の広いこと。
33 常軌…普通の考え方や方法。
34 知己…自分のことや心の内をよく理解してくれている人。親友。
37 批准…国際的なルールに基づいた条約を、国家機関が確認し同意する行為。

頻出度
B
ランク

誤字訂正①

目標時間 12分

1回目 /23

2回目 /23

● 次の各文にまちがって使われている**同じ読みの漢字**が**一字**ある。上に**誤字**、下に**正しい漢字**で答えよ。

☐ **1** 橋が崩落したのは、経年劣化で橋げたが負食したことが主な原因だという。

☐ **2** 古噴に用いられる埋葬施設には、穴を掘る「たて穴」と地上面等に構築する「横穴」がある。

☐ **3** 特許庁は知的財産権を守るために、コピー商品の朴滅キャンペーンを実施した。

☐ **4** 銀行は個人の事業性ローン、住宅ローンについて返済の裕予に応じるよう要請された。

☐ **5** 客観的な判断を持つ余猶がないほどに生活が困窮し、不正事業に手を染めた。

☐ **6** 死亡の原因が不明であったため、遺族の同意を得て専門医が病理回剖をした。

☐ **7** シカやイノシシの数が増え、生息数を抑える目的で鳥獣の捕確を行うこととなった。

☐ **8** 神社に伝わる裸祭りは、毎年旧暦の正月に行われる県指定の無形民俗文化材だ。

☐ **9** 糖尿病の場合、血糖値をコントロールすることが基本的な知療目標となる。

☐ **10** 大学の落語研究会では、毎年夏に東北一円を順業し、小ばなしやネタを披露する。

解答

1	負	腐
2	噴	墳
3	朴	撲
4	裕	猶
5	猶	裕
6	回	解
7	確	獲
8	材	財
9	知	治
10	順	巡

☑11 企業が設立し、一般公開している文化施接を見学し、社会貢献してきた歴史を学ぶ。

☑12 検察官が起措状を読み上げ、裁判所に対して審判の対象を明らかにした。

☑13 回収した商品を全て廃棄するといった安全措致を施すまで、販売を中止する。

☑14 国内では条約改正問題に対する議論が沸到し、大臣の引責辞任まで引き起こした。

☑15 アナフィラキシーは一刻をあらそう病態で、重特な場合は死に至る可能性がある。

☑16 車のブレーキの寿命が近づき異音がするので、摩毛の進んだブレーキパッドを交換する。

☑17 文化的側面では諸外国との間に大きな差があったため、幕府は学問奨例に力を入れた。

☑18 サッカーの欧州リーグで活躍し、ビッグクラブへ移籍した若武者のプレーに世界が響嘆した。

☑19 即戦力となる人材を会社内で発屈し、埋もれていた能力を発揮できる場を提供する。

☑20 河川工事のため砂利が彩取され、乾燥した現場に土砂の飛散を防ぐため散水する。

☑21 残された手記は、他人の目に振れることを意識して、甘えや他人の悪口が書かれていなかった。

☑22 人工知能の大衆化を目指し、情報技術で世界征覇を掲げる経営者が注目されている。

☑23 猛暑の夏がやっと終わり、虫の音とともに収穫の秋、読書の秋が当来した。

11	12	13	14	15	16	17	18	19	20	21	22	23
接・設	措・訴	致・置	到・騰	特・篤	毛・耗	例・励	響・驚	屈・掘	彩・採	振・触	征・制	当・到

頻出度
B
ランク

漢字と送りがな①

目標時間 21分

1回目 ／42

2回目 ／42

●次の――線のカタカナを漢字一字と送りがな（ひらがな）に直せ。〈例〉答えをタシカメル。　確かめる

☐1 材木ならクサルほどある。
☐2 祖母が孫をアマヤカス。
☐3 ケムタクて目を開けられない。
☐4 サラニ詳しく聞きたい。
☐5 モッパラ読書をして過ごした。
☐6 無用な争いをサケル。
☐7 つまずいて靴がヌゲタ。
☐8 敵軍の弱点をセメル。
☐9 低気圧で海がアレル。
☐10 泥で靴がヨゴレル。

解答
1 腐る
2 甘やかす
3 煙たく 辞
4 更に 辞
5 専ら 辞
6 避ける
7 脱げた
8 攻める
9 荒れる
10 汚れる

☐11 棒をナナメに立てかける。
☐12 雨にぬれて肌がスケテ見える。
☐13 首にニブイ痛みを感じる。
☐14 事件の犯人をツカマエル。
☐15 カシコイやり方とはいえない。
☐16 確実な証拠をニギル。
☐17 弱者の声に耳をカタムケル。
☐18 メロンが食べごろにウレル。
☐19 仏壇の置き物にそっとサワル。
☐20 あと少しで危機を乗りコエル。

解答
11 斜め
12 透けて
13 鈍い
14 捕まえる
15 賢い
16 握る
17 傾ける 辞
18 熟れる 辞
19 触る
20 越える

☐ 21 建物が日差しを**サエギル**。
☐ 22 寄付金で運営費を**マカナウ**。
☐ 23 年に一度の大掃除で**ツカレル**。
☐ 24 転院先に腰を**スエル**。
☐ 25 ぼんやり風景を**ナガメル**。
☐ 26 その話に驚いて腰を**ヌカシ**た。
☐ 27 若手議員に発言権を**アタエル**。
☐ 28 政治家を**ココロザシ**た。
☐ 29 心にほのかな希望が**ヤドル**。
☐ 30 来年の運勢を**ウラナウ**。
☐ 31 いつの間にか流行が**スタレル**。
☐ 32 あまりの光景に目を**ソムケル**。
☐ 33 人の技術を**ヌスム**行為だ。
☐ 34 **イツワル**気持ちは全くない。

21	遮る	
22	賄う	辞
23	疲れる	
24	据える	
25	眺める	
26	抜かし	
27	与える	
28	志し	辞
29	宿る	辞
30	占う	
31	廃れる	辞
32	背ける	辞
33	盗む	
34	偽る	辞

☐ 35 人間**クサイ**印象を受けた。
☐ 36 **タガイ**に憎み合う。
☐ 37 祖母の**ツケル**梅は絶品だ。
☐ 38 父は**エライ**役職に就いている。
☐ 39 かんで**フクメル**ように話す。
☐ 40 花も**ハジラウ**美しい少女だ。
☐ 41 不摂生で健康を**ソコネル**。
☐ 42 保育所に子供を**アズケル**。

35	臭い	
36	互い	辞
37	漬ける	
38	偉い	
39	含める	
40	恥じらう	
41	損ねる	辞
42	預ける	

意味をCheck!

3 煙たい…けむりで目を開けたり息をしたりしづらい状態。また、気軽に近づきにくい状態。
4 更に…程度が増えるさま。また、重ねて行うさま。
5 専ら…そのことだけを集中して行うさま。ひたすら。
17 耳を傾ける…耳をそば立てて熱心に聞く。
18 熟れる…果物などが熟す。十分実る。
22 賄う…費用などを用意する。食事を出す。切り盛りする。

---

28 志す…ある目標や目的に向かって進むことを決心する。
29 宿る…ある物の中や場所にとどまる。
31 廃れる…時が過ぎるにつれて行われなくなる。衰える。
32 背ける…横を向く。視線をほかへそらす。
34 偽る…事実とは違うことを言ったりしたりする。だます。
36 互い…相対関係にある二者。
41 損ねる…健康や気分などを悪くする。また、失敗する。

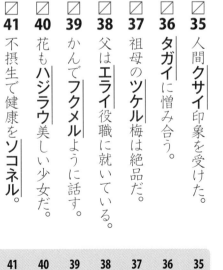

頻出度 B ランク

書き取り①

目標時間 22分

1回目 /44

2回目 /44

●次の——線のカタカナを漢字に直せ。

□1 病床の友を**ハゲ**ます。
□2 こんな**サルシバイ**はやめだ。
□3 ドイツやフランスなど**オウシュウ**を旅する。
□4 **カゲン**の月は満月の後に見られる。
□5 健康のために毎朝**カジュウ**を飲む。
□6 **カビン**と水差しを一緒にそろえる。
□7 既成の**ガイネン**から脱却する。
□8 つい立てで部屋を**ヘダ**てる。
□9 母は**アマ**い物が大好きだ。
□10 県に**カンカツ**が移る。

解答
1 励
2 猿芝居
3 欧州
4 下弦 辞
5 果汁
6 花瓶
7 概念 辞
8 隔
9 甘
10 管轄

□11 幹線道路が市内を**ツラヌ**く。
□12 駅では発車前に**ヨレイ**の音楽が鳴る。
□13 古い**キュウデン**を見学した。
□14 **クジラ**の群れが泳いでいる。
□15 祝い事で赤飯を**タ**く。
□16 社長就任を**ヨウセイ**する。
□17 涙を**ケンメイ**にこらえる。
□18 残った作品は**コウオツ**つけがたい。
□19 生物の**サイボウ**分裂の過程を学ぶ。
□20 何度も**ウルシ**を塗って仕上げる。

解答
11 貫
12 予鈴
13 宮殿
14 鯨
15 炊
16 要請
17 懸命 辞
18 甲乙
19 細胞
20 漆

- □ 21 物価の**ジョウショウ**が止まらない。
- □ 22 家族団らんで**ショクタク**を囲む。
- □ 23 好物の**スブタ**を食べる。
- □ 24 **シモバシラ**が立つ日は天気がよい。
- □ 25 従業員の**タイグウ**を改善する。
- □ 26 **タイホ**されるのは時間の問題だ。
- □ 27 傷口が**エンショウ**を起こす。
- □ 28 兄には**タクエツ**した能力がある。
- □ 29 アルバイトで学費を**カセ**ぐ。
- □ 30 社外取締役就任を**カイダク**する。
- □ 31 難問を**タナア**げにする。
- □ 32 冷や飯を**チャヅ**けでかき込む。
- □ 33 滞納税の**トクソク**を受ける。
- □ 34 大いに飲み、**カ**つ語った。

21	22	23	24	25	26	27	28	29	30	31	32	33	34
上昇	食卓	酢豚	霜柱 辞	待遇	逮捕	炎症	卓越 辞	稼	快諾 辞	棚上	茶漬	督促 辞	且

- □ 35 できないと言われた工事を**カンスイ**した。
- □ 36 **シノ**び足であとをつける。
- □ 37 あまりの忙しさに**ネコ**の手も借りたい。
- □ 38 試験が終わって気が**ユル**む。
- □ 39 違反者への**バッソク**が強化された。
- □ 40 合格の**キッポウ**を待つ。
- □ 41 この家には**ベツムネ**がある。
- □ 42 一日三回は歯を**ミガ**く。
- □ 43 この地域には貴重な資源が**マイゾウ**される。
- □ 44 夏は**エリ**のないシャツが涼しい。

35	36	37	38	39	40	41	42	43	44
完遂	忍	猫	緩	罰則	吉報	別棟	磨	埋蔵 辞	襟

意味をCheck!

4 下弦…満月から次の新月に至る中間の、月の入り時に弦が下方に見える半月。

7 概念…物事のおおまかな意味内容。

17 懸命…力いっぱいがんばること。

24 霜柱…地中の水分が凍り、地表を押し上げて出来る柱状のもの。

28 卓越…群をぬいてすぐれていること。

30 快諾…快く承知すること。

33 督促…約束や支払いなどの実行を促すこと。

43 埋蔵…地中にうもれていること。地中にうめ隠すこと。

頻出度
B ランク

書き取り②

目標時間 22分

1回目 ／44

2回目 ／44

● 次の――線の**カタカナ**を**漢字**に直せ。

□ **1** 着物を着るときは**エリモト**に注意する。

□ **2** **ヤッカイ**な問題が起こった。

□ **3** 各地で**タツマキ**が発生した。

□ **4** ダンスの練習に**ハゲ**む。

□ **5** 農園で**イモホ**りをする。

□ **6** 全国一の**エイカン**に輝く。

□ **7** **カ**の鳴くような声とよく言われる。

□ **8** 収益の一部を社会に**カンゲン**する。

□ **9** 極度の**キンチョウ**で足が震える。

□ **10** 研究成果は努力の**ケッショウ**だ。

解答

1 襟元
2 厄介 辞
3 竜巻
4 励
5 芋掘
6 栄冠 辞
7 蚊
8 還元 辞
9 緊張
10 結晶

□ **11** 帰化申請して**コクセキ**を得る。

□ **12** ピアノの**バンソウ**に合わせて歌う。

□ **13** 高級住宅地には**ゴウテイ**が並ぶ。

□ **14** 露骨な**サセン**人事が行われた。

□ **15** **カサ**がさせないくらいの強風が吹く。

□ **16** **クチビル**が切れて血が出た。

□ **17** 少年野球の**シンパン**を長年務める。

□ **18** 地域の復興に**ジンリョク**する。

□ **19** 何事にも**ジンソク**な対応が望まれる。

□ **20** **サエギ**るものは何もない。

解答

11 国籍
12 伴奏
13 豪邸
14 左遷 辞
15 傘
16 唇
17 審判
18 尽力
19 迅速 辞
20 遮

☐21 粒あんでシルコを作る。
☐22 何度も失敗してすっかりコりる。
☐23 チョウハツ行為に乗ってはいけない。
☐24 ドロヌマの紛争が続いている。
☐25 発熱して体力をショウモウした。
☐26 思わぬ成り行きにトイキを漏らす。
☐27 マッチャ味のアイスを食べる。
☐28 その件について言葉をニゴす。
☐29 販路拡大にエイイ努力したい。
☐30 年のせいか気力がオトロえる。
☐31 カメラを三脚にスえる。
☐32 今日は晴れてセンタク日和だ。
☐33 家に帰るとすぐに布団にモグり込んだ。
☐34 人気のエキショウテレビを購入する。

21 汁粉
22 懲
23 挑発
24 泥沼
25 消耗
26 吐息 辞
27 抹茶
28 濁
29 鋭意 辞
30 衰
31 据
32 洗濯
33 潜
34 液晶

☐35 介護制度のオンケイに浴する。
☐36 終了寸前にギャクシュウに転じる。
☐37 仲間はタガいに協力し合う。
☐38 この本のサクインは使いやすい。
☐39 少々シャミセンをたしなんでいる。
☐40 まるでケモノのような眼光だ。
☐41 この失敗を肝にメイずる。
☐42 ジョバン戦で大量失点を喫した。
☐43 この商品はショウシュウ効果が優れている。
☐44 家庭用のジョウスイ器を買う。

35 恩恵 辞
36 逆襲
37 互
38 索引
39 三味線
40 獣
41 銘
42 序盤
43 消臭
44 浄水

意味をCheck!

2 厄介…手数がかかり煩わしいこと。
6 栄冠…勝利や成功などのしるしの冠。名誉。
8 還元…もとの形や性質、状態に戻すこと。また、電子を受け取る化学反応のこと。
14 左遷…より低い役職や地位に転任させられること。
19 迅速…進行や行動が非常に速いこと。
26 吐息…落胆・安心したときに思わず出る息。ためいき。
29 鋭意…一生懸命に励み努めること。
35 恩恵…恵み、いつくしみ。

頻出度 B ランク

書き取り③

目標時間 22分

1回目 /44

2回目 /44

● 次の――線のカタカナを漢字に直せ。

1 熱帯魚用のスイソウを探し求める。
2 ソウゼツな戦いを繰り広げる。
3 資料をタンネンに調べる。
4 思いのすべてをトロする。
5 友人の行動から心の中をドウサツする。
6 墨のノウタンだけで絵を描く。
7 古いパソコンをハイキ処分する。
8 幼い弟と妹をフヨウする。
9 古い曲のフメンを集める。
10 危険を察知し身をフせる。

解答
1 水槽
2 壮絶
3 丹念
4 吐露 辞
5 洞察
6 濃淡
7 廃棄
8 扶養
9 譜面
10 伏

11 事故の処理にボウサツされた。
12 反論したかったがダマっていた。
13 めっきりスズしい日が続く。
14 その発言は政治リンリの問題だ。
15 合理化に伴い従業員がカイコされる。
16 なくした本の費用をベンショウする。
17 電車のドアに指をハサむ。
18 大きい音が館内にヒビいた。
19 兄がホウロウの旅に出る。
20 軍事力のキンコウを保つ。

解答
11 忙殺 辞
12 黙
13 涼
14 倫理
15 解雇
16 弁償
17 挟
18 響
19 放浪
20 均衡 辞

□ 21 会社関係では**カタガ**きがものを言う。
□ 22 そよ風が**カミ**をなびかせる。
□ 23 面白い**シュコウ**で会を盛り上げる。
□ 24 **ホンポウ**な生活がうらやましい。
□ 25 電話線の**マイセツ**工事を行う。
□ 26 郷土料理の素朴な味に**マンエツ**する。
□ 27 最終戦で有終の美を**カザ**った。
□ 28 妹は**チョウヤク**競技の第一人者だ。
□ 29 **ツウレツ**な批判を浴びた。
□ 30 銀行に**ユウシ**をお願いする。
□ 31 **ヨジョウ**な人員を削減する。
□ 32 みそは**ハッコウ**食品の代表だ。
□ 33 お得意様を**リョウテイ**に招待する。
□ 34 **ルイケイ**百万部のベストセラーになる。

21 肩書
22 髪
23 趣向
24 奔放 辞
25 埋設
26 満悦
27 飾
28 跳躍
29 痛烈 辞
30 融資
31 余剰
32 発酵
33 料亭
34 累計

□ 35 わずかな収入で食費を**マカナ**う。
□ 36 製品の**ハンニュウ**が遅れている。
□ 37 裏の路地が**ホソウ**された。
□ 38 **アクリョク**を十分に鍛える。
□ 39 たき火で**イモ**を焼く。
□ 40 人の作品を**モホウ**してはいけない。
□ 41 まじめな苦学生を**オウエン**する。
□ 42 この国は先進国への**カトキ**にある。
□ 43 **オス**のクマが出没している。
□ 44 双方のねらいが**ガッチ**している。

35 賄 辞
36 搬入
37 舗装
38 握力
39 芋
40 模倣 辞
41 応援
42 過渡期 辞
43 雄
44 合致

意味をCheck!

4 吐露…心の内にあることを、隠さず述べること。
11 忙殺…非常に忙しいこと。
20 均衡…二つ以上の物事の間で、力や重さなどが釣り合っていること。
24 奔放…他を気にせず、自分の思うように振る舞うこと。

29 痛烈…激しく責めたてるさま。
35 賄う…限られた費用や人手などで用をたす。
40 模倣…他のものをまねること。似せること。
42 過渡期…古い状態から、進んだ状態に至る途中の時期。

読み / 部首 / 熟語の構成 / 四字熟語 / 対義語・類義語 / 同音・同訓異字 / 誤字訂正 / 漢字と送りがな / 書き取り / 模擬テスト

頻出度 B ランク

書き取り④

目標時間 22分

1回目 /44

2回目 /44

● 次の——線のカタカナを漢字に直せ。

1 ザシキの床の間に花を飾る。
2 権利のシンガイを許さない。
3 町会の会費をチョウシュウする。
4 イクタの苦労を乗り越えてきた。
5 やむなく敵に城を明けワタす。
6 極秘情報をヌスみ出す。
7 料理のウデマエは専門家並みだ。
8 率先して後輩にモハンを示す。
9 父が解決のかぎをニギっている。
10 扉を両手でそっとオした。

解答
1 座敷
2 侵害
3 徴収 辞
4 幾多
5 渡
6 盗
7 腕前
8 模範 辞
9 握
10 押

11 拾ったお金をモヨりの交番に届けた。
12 理念が全員にシントウした。
13 社長と営業部長をケンムしている。
14 火を起こすためタキギを集める。
15 会場はドゴウと野次に包まれた。
16 ビンワン社員として知られる。
17 多くの人に迷惑をオヨぼす。
18 旧友の消息を後輩にタズねる。
19 ゲンコウ執筆を依頼される。
20 捜査のアミの目をくぐり抜けた。

解答
11 最寄
12 浸透 辞
13 兼務
14 薪
15 怒号 辞
16 敏腕
17 及
18 尋
19 原稿
20 網

□ 21 苦労のため**シラガ**が増えた。
□ 22 上司のために送別会を**モヨオ**す。
□ 23 社長のご自宅に**ウカガ**った。
□ 24 **ムスメ**の就職先が決まらない。
□ 25 以前の繁華街も今は**サビ**れている。
□ 26 計画推進に**シュワン**を発揮する。
□ 27 最初は互いに**エンリョ**した。
□ 28 心の**オク**に何かを秘めている。
□ 29 近ごろ神経が**カビン**になっている。
□ 30 **シキサイ**豊かな作品だ。
□ 31 我が家の**ゲンカン**は少し暗い。
□ 32 **シンチョウ**に考える必要がある。
□ 33 あの二人はやっと**コンヤク**した。
□ 34 **センパイ**の言葉が忘れられない。

21 白髪
22 催
23 伺 辞
24 娘
25 寂
26 手腕
27 遠慮
28 奥
29 過敏 辞
30 色彩
31 玄関
32 慎重
33 婚約
34 先輩

□ 35 合成**ジュシ**製の部品を多用する。
□ 36 火山から**フンエン**が立ち上る。
□ 37 あの人はいつも**シンケン**に話す。
□ 38 **スンカ**を惜しんで勉学に励む。
□ 39 自由業は作家などの**ソウショウ**だ。
□ 40 幼稚園の**ソウゲイ**バスが来る。
□ 41 多忙で昼食を食べ**ソコ**ねた。
□ 42 ある投書が大**ハンキョウ**を呼んだ。
□ 43 社の発展に**ビリョク**を尽くす。
□ 44 伯父の**チュウカイ**で働く。

35 樹脂 辞
36 噴煙
37 真剣
38 寸暇 辞
39 総称
40 送迎
41 損
42 反響
43 微力 辞
44 仲介 辞

意味をCheck!

3 徴収…金銭などを取り立てること。
8 模範…見習うべき手本。
12 浸透…しみ通ること。しみこむこと。
15 怒号…大声でどなること。
23 伺う…「聞く・尋ねる・訪れる」の謙譲語。

29 過敏…感受性が強すぎること。
35 樹脂…木のやに。「合成樹脂」はプラスチックなどの合成高分子化合物の総称。
38 寸暇…わずかのひま。
43 微力…自分の力量の謙譲語。
44 仲介…両者の間で仲を取り持つこと。

頻出度 B ランク

書き取り⑤

目標時間 22分

1回目 ／44

2回目 ／44

● 次の——線のカタカナを漢字に直せ。

1 地元チームをネツレツに応援する。
2 条約交渉のため特使をハケンする。
3 イラストで政治をフウシする。
4 ミョウジョウが輝くころだ。
5 親友はいつもオモシロい話をする。
6 残業代はベットに支給する。
7 出荷停止で倉庫がマンパイになる。
8 舞台劇のキャクホンを書く。
9 ユウシュウな成績を収める。
10 大会で社交ダンスをオドる。

解答

1 熱烈 辞
2 派遣
3 風刺 辞
4 明星
5 面白
6 別途
7 満杯
8 脚本
9 優秀
10 踊

11 焼いたサトイモも案外おいしい。
12 ロコツな表現は控えなさい。
13 ウデダメしに試験を受ける。
14 息子に家業を譲ってインキョした。
15 カクトウ競技が好きだ。
16 今日も漁のエモノは少ない。
17 この服はカタハバが合わない。
18 このおもちゃはカンデンチで動く。
19 ご来場をカンゲイする。
20 その絵はキョウレツな印象を残した。

解答

11 里芋
12 露骨 辞
13 腕試
14 隠居
15 格闘
16 獲物
17 肩幅
18 乾電池
19 歓迎
20 強烈

☐ **21** 慢性の病で自宅**リョウヨウ**を続ける。
☐ **22** 技術を**クシ**して製作する。
☐ **23** 健康促進には**ゲンマイ**食が良い。
☐ **24** 会社の上司にお**セイボ**を届ける。
☐ **25** 魚を串に**サ**して焼く。
☐ **26** **ゼツミョウ**な筆さばきの書だ。
☐ **27** **スド**まりの宿に予約を入れる。
☐ **28** **ソクザ**に了解する。
☐ **29** 記者から**スルド**い質問を浴びた。
☐ **30** 一党で議会の議席を**ドクセン**する。
☐ **31** 塩味が**ウス**い料理だ。
☐ **32** 春の暖かい**ビフウ**に吹かれる。
☐ **33** 静かに座って**モクソウ**を続ける。
☐ **34** **レンサイ**小説を欠かさず読む。

21	療養
22	駆使 辞
23	玄米
24	歳暮
25	刺
26	絶妙 辞
27	素泊
28	即座
29	鋭
30	独占
31	薄
32	微風
33	黙想 辞
34	連載

☐ **35** よい知らせに表情を**ヤワ**らげる。
☐ **36** **ワクセイ**探査機が打ち上げられた。
☐ **37** 息子が親に無断で**ガイハク**した。
☐ **38** 被災した友人の安否を**キヅカ**う。
☐ **39** 収賄の罪で**キソ**する。
☐ **40** 疑惑の判定に**コウギ**の声が上がる。
☐ **41** 憲法に**リッキャク**して対処する。
☐ **42** **シュビ**一貫した態度をとる。
☐ **43** この魚はすぐに**センド**が落ちる。
☐ **44** うわさが**ゾウフク**されて広がる。

35	和
36	惑星
37	外泊
38	気遣
39	起訴 辞
40	抗議
41	立脚 辞
42	首尾
43	鮮度
44	増幅

意味をCheck!

1 熱烈…感情が高ぶって勢いが激しいこと。
3 風刺…政治や世相などを何かにかこつけて批判したり皮肉ったりすること。
12 露骨…感情などを隠さずに、むき出しにすること。
22 駆使…自由に使いこなすこと。

26 絶妙…これ以上ないほど出来がよいこと。手ぎわがよいこと。
33 黙想…目を閉じてだまって思いをめぐらすこと。
39 起訴…検察官が公訴を起こすこと。
41 立脚…立場やよりどころなどを定めること。

頻出度 C ランク

読み①

目標時間 22分

1回目 /44

2回目 /44

●次の――線の**漢字の読み**を**ひらがな**で答えよ。

1 電池を並列につなぐ。
2 この箱は頑丈にできている。
3 どうやら母の機嫌を損ねたらしい。
4 伝染病の防疫に努める。
5 友人の話はいつも面白い。
6 上司の意見に盲従しては駄目だ。
7 誘拐犯がついに逮捕された。
8 母の突然の死に号泣した。
9 新しい取引先に協力を懇願する。
10 資金集めのために奔走する。

解答

1 へいれつ
2 がんじょう
3 きげん
4 ぼうえき
5 おもしろ
6 もうじゅう 辞
7 ゆうかい
8 ごうきゅう
9 こんがん 辞
10 ほんそう

11 高齢者から民謡を採譜する。
12 街道が交差する交通の要衝だった。
13 できる限りの科目を履修する。
14 漆黒の髪を結い上げる。
15 いち早く渋滞情報をキャッチした。
16 学業と職業の履歴を記す。
17 涼しい顔をしてやり過ごした。
18 このところ赤字が累積している。
19 囲碁の定石を覚える。
20 現金でなく為替で決済する。

解答

11 さいふ 辞
12 ようしょう
13 りしゅう
14 しっこく
15 じゅうたい
16 りれき
17 すず
18 るいせき
19 いご
20 かわせ

☐ 21 浦にはひなびた漁村がある。
☐ 22 乙女の心を傷つけてしまった。
☐ 23 性懲りもなくギャンブルに手を出す。
☐ 24 過剰な反応を見せた。
☐ 25 学ぶ意欲を喪失する。
☐ 26 祖父は懐古談を延々と続けた。
☐ 27 敵の動向を偵察する。
☐ 28 入学前に入寮の手続きを済ませる。
☐ 29 父の意見は核心を突いている。
☐ 30 楽譜が読めるようになるまで練習する。
☐ 31 頑固な父を説得する。
☐ 32 平和が無窮であることを祈る。
☐ 33 債務の履行がなされていない。
☐ 34 全国のチームが覇権を争う。

21 うら
22 おとめ
23 しょうこ
24 かじょう
25 そうしつ 辞
26 かいこ 辞
27 ていさつ 辞
28 にゅうりょう
29 かくしん
30 がくふ
31 がんこ
32 むきゅう 辞
33 りこう
34 はけん

☐ 35 洞に何かが潜んでいる。
☐ 36 隣人が鈴虫を飼っている。
☐ 37 友好国の国王を貴賓席に案内した。
☐ 38 他国の内政干渉を排する。
☐ 39 地震の揺れを擬似体験する。
☐ 40 歯科医院で歯の矯正をしてもらう。
☐ 41 目を凝らすと蛍が数匹舞っている。
☐ 42 懸命な努力が実り成功する。
☐ 43 弟は汚職の嫌疑をかけられている。
☐ 44 叔父さんから入学祝いを頂く。

35 ほら
36 すずむし
37 きひん
38 かんしょう
39 ぎじ
40 きょうせい
41 ほたる
42 けんめい
43 けんぎ
44 おじ

意味をCheck!

6 盲従…自ら考えることなく、人の言うままになること。
9 懇願…心からひたすらお願いすること。
11 採譜…民謡や古歌など、楽譜になっていない旋律を楽譜に書き取ること。
25 喪失…大切なもの、大きなものを失うこと。

26 懐古…昔をなつかしく思ったり、思い起こしたりすること。
27 偵察…敵や相対するものの状態・様子などを、相手に見つからないように探ること。
32 無窮…いつまでも限りがないこと。

頻出度 C ランク

読み②

目標時間 22分

1回目 /44

2回目 /44

● 次の——線の**漢字の読み**を**ひらがな**で答えよ。

1 熱帯魚を水槽で飼う。

2 意思の疎通が不十分だ。

3 極秘の捜査が進んだ。

4 健康な人に献血をお願いする。

5 全く妥当性を欠いた判断だ。

6 宝石は研磨して初めて輝く。

7 謙虚な姿勢を保った。

8 良質な生糸で絹織物を作る。

9 すぐに使える墨汁は重宝する。

10 善悪について懇々と諭す。

解答

1 すいそう

2 そつう 辞

3 そうさ

4 けんけつ

5 だとう 辞

6 けんま 辞

7 けんきょ

8 きいと

9 ぼくじゅう

10 こんこん 辞

11 十年間宰相の座にあった。

12 党内の融和を図るべきだ。

13 ようやく寒さが和らいできた。

14 観客が一斉に拍手を送った。

15 成功と失敗は紙一重だ。

16 黙々と碁石を並べていた。

17 洪積層は水はけのよい地層である。

18 兄の剛胆さに目を見張る。

19 腹部の疾患で入院する。

20 句会を主宰する女性の話を聞いた。

解答

11 さいしょう

12 ゆうわ 辞

13 やわ 辞

14 いっせい

15 かみひとえ

16 ごいし

17 こうせきそう

18 ごうたん 辞

19 しっかん

20 しゅさい

□21 墓前に花を手向ける。
□22 幼なじみとは疎遠になっている。
□23 敵対していた人々が次々に粛清された。
□24 升席で相撲を観戦する。
□25 職場で同盟罷業が起きた。
□26 歴代社長の肖像画を並べる。
□27 上司に上申書を提出し受理された。
□28 無理な申し出を拒絶する。
□29 現場には臭気が漂っている。
□30 水道の蛇口に浄水器を取り付ける。
□31 心臓が止まりそうな心地がした。
□32 耳に栓をしたい思いだ。
□33 八重歯がちらっとのぞいた。
□34 人には言えない遍歴を重ねた。

21 たむ
22 そえん
23 しゅくせい
24 ますせき
25 ひぎょう 辞
26 しょうぞう
27 じょうしん
28 きょぜつ
29 しゅうき
30 じょうすい
31 ここち
32 せん
33 やえば
34 へんれき

□35 学級の懇談会に出席する。
□36 ここは銘柄米の産地だ。
□37 塑像をモデルとしてデッサンに励む。
□38 厄介なことになったものだ。
□39 竜宮城のような屋敷だ。
□40 干潟で潮干狩りをする。
□41 細菌は分裂して増殖する。
□42 神社に太刀が奉納されている。
□43 気泡が水中を上昇する。
□44 貴い命を大切にしたい。

35 こんだん
36 めいがら
37 そぞう
38 やっかい
39 りゅうぐう
40 ひがた
41 さいきん
42 たち
43 きほう
44 たっと・とうと

意味をCheck!

2 疎通…考えが通じること。
5 妥当…実情にそっていて無理がないこと。
6 研磨…「研」も「磨」ももともに「みがく」意。「研摩」とも書く。
10 懇々…親切に繰り返し言って聞かせること。

12 融和…対立関係が消え一つに打ち解けること。
13 和らぐ…静かで穏やかになる。打ち解けた状態になる。
18 剛胆…肝がすわっていること。
25 罷業…意図的に仕事をしないこと。

頻出度
C
ランク

読み③

目標時間 22分

1回目 ／44

2回目 ／44

● 次の——線の漢字の読みをひらがなで答えよ。

1 当家は古代大和の豪族の子孫だ。
2 車内で妊婦さんに席を譲る。
3 今年一年間の活動を総括する。
4 二国間の交渉が暗礁に乗り上げる。
5 久しぶりに足袋を履いた。
6 先生は温厚な人柄で、情に厚い。
7 下肢にしびれが感じられる。
8 秩序を乱すことは許さない。
9 管弦楽団のコンサートが開催される。
10 彫塑の部で見事金賞に輝いた。

解答
1 やまと
2 にんぷ
3 そうかつ
4 あんしょう
5 たび
6 おんこう
7 かし 辞
8 ちつじょ
9 かんげん
10 ちょうそ

11 大根を酒かすに漬ける。
12 問題を等閑視すべきでないと訴える。
13 深い洞察力が真骨頂だ。
14 祖父は享年七十だった。
15 猫背は体のゆがみの原因になる。
16 最近、弟は覇気を失った。
17 不要物の廃棄処分を行う。
18 春の大会は各校の実力が伯仲している。
19 ねじり鉢巻をして頑張った。
20 文明の発祥地を巡る。

解答
11 つ
12 とうかんし
13 どうさつ
14 きょうねん
15 ねこぜ
16 はき 辞
17 はいき
18 はくちゅう
19 はちまき
20 はっしょう 辞

☐ 21 全力を傾けて真骨頂を発揮する。
☐ 22 妃殿下にお目にかかる。
☐ 23 あの方には今でも崇敬の念を抱いている。
☐ 24 外来病棟を改築する。
☐ 25 かつては財界の総帥といわれた。
☐ 26 地震の発生頻度が高まっている。
☐ 27 酒席で痴態を演じてしまった。
☐ 28 のどが詰まって窒息しかけた。
☐ 29 敵国と捕虜の交換交渉をする。
☐ 30 初合格を目指して挑戦を続ける。
☐ 31 麻酔があまり効かない。
☐ 32 久しぶりに抹茶をたてる。
☐ 33 世界一位の覇業を遂げた。
☐ 34 空に宵の明星が輝いている。

21 しんこっちょう 辞
22 ひでんか
23 すうけい
24 びょうとう
25 そうすい 辞
26 ひんど
27 ちたい
28 ちっそく
29 ほりょ
30 ちょうせん
31 ますい 辞
32 まっちゃ
33 はぎょう
34 みょうじょう

☐ 35 公園の木陰で涼をとる。
☐ 36 躍起になって反論する。
☐ 37 地方都市の財政が疲弊する。
☐ 38 一通の手紙が福音をもたらす。
☐ 39 父は憤然として席を立った。
☐ 40 友人の家には浴槽が二つある。
☐ 41 最大のチャンスを逸した。
☐ 42 忘却しがたい出来事が起こった。
☐ 43 ここは紡績工場が多くあった所だ。
☐ 44 占い師を信じ、迷妄にとらわれている。

35 りょう
36 やっき
37 ひへい
38 ふくいん
39 ふんぜん 辞
40 よくそう
41 いっ
42 ぼうきゃく
43 ぼうせき
44 めいもう 辞

意味をCheck!

7 下肢…足。また、4本足の動物の後ろ足。
16 覇気…物事に進んで取り組もうとする意気込み。人に勝とうとする野心。
20 発祥…初めて起こること。
21 真骨頂…本来の姿や能力。
25 総帥…全軍の最高指揮官。組織の最高指導者の意にも用いる。

31 麻酔…薬物により感覚を失わせること。
39 憤然…激しく怒るさま。
44 迷妄…物事の道理がわからず、誤ったことを真実と思い込むこと。

頻出度 C ランク

読み④

●次の――線の**漢字の読み**を**ひらがな**で答えよ。

目標時間 22分

1回目 /44

2回目 /44

1 腕の傷が炎症を起こした。

2 唯美主義は美に最高の価値を認める。

3 今、人気の花瓶を手に入れる。

4 どんな状況でも雄々しく立ち向かう。

5 祖母の家は閑静な住宅地にある。

6 そびえ立つ摩天楼を写真に撮る。

7 小さなことから大きな弊害が生まれる。

8 人々は自由な生活を享受した。

9 古木の幹に空洞ができている。

10 傑作な結末に爆笑した。

解答

1 えんしょう
2 ゆいび 辞
3 かびん
4 おお 辞
5 かんせい
6 まてんろう
7 へいがい
8 きょうじゅ
9 くうどう
10 けっさく

11 長年の懸案を解決する。

12 海岸で甲羅干しをする。

13 伯父は競艇のレーサーになった。

14 突然、睡魔に襲われた。

15 春・夏ともに地方大会を制覇する。

16 借金は金輪際お断りします。

17 靴のサイズが合わない。

18 そこは文部科学省が直轄する機関だ。

19 ご同慶の至りでございます。

20 パソコンの検索機能を活用する。

解答

11 けんあん
12 こうら
13 きょうてい
14 すいま
15 せいは
16 こんりんざい
17 くつ
18 ちょっかつ
19 どうけい 辞
20 けんさく

☐ 21 国務大臣が金銭問題で罷免された。
☐ 22 五つの大学を併願する。
☐ 23 旧侯爵家の屋敷が近くにある。
☐ 24 格別のご厚情に感謝申し上げます。
☐ 25 下弦の月がうっすらと見える。
☐ 26 近所の医院に行ったが休診だった。
☐ 27 会社を辞めたことで生活が窮乏する。
☐ 28 実力者が党内を牛耳っている。
☐ 29 友人の山荘で夏を過ごした。
☐ 30 人事異動で兄は左遷された。
☐ 31 珠算をしていた子供は暗算が得意だ。
☐ 32 初代国王は残忍な性格だった。
☐ 33 若い消防士が火事に巻き込まれ殉職した。
☐ 34 乾いた大地を慈雨が潤した。

21 ひめん 辞
22 へいがん
23 こうしゃく
24 こうじょう
25 かげん
26 きゅうしん
27 きゅうぼう
28 ぎゅうじ 辞
29 さんそう
30 させん
31 しゅざん
32 ざんにん
33 じゅんしょく
34 じう 辞

☐ 35 抗議行動は人倫に背くものだ。
☐ 36 定期的な検査のため受診する。
☐ 37 惰力でしばらく走行する。
☐ 38 囚人の心境に変化が生まれた。
☐ 39 衷心よりお見舞い申し上げる。
☐ 40 建坪七十坪の広い家だ。
☐ 41 忍苦の日々が三年間続いた。
☐ 42 二十年続いた雑誌が廃刊になる。
☐ 43 有益な菌を培養する。
☐ 44 損害の賠償を請求された。

35 じんりん 辞
36 じゅしん
37 だりょく
38 しゅうじん
39 ちゅうしん 辞
40 つぼ
41 にんく 辞
42 はいかん
43 ばいよう 辞
44 ばいしょう

意味をCheck!

2 唯美…美に最高の価値を認めること。
4 雄々しい…男らしく勇気をもって立ち向かうさま。
19 同慶…他人事ながら自分にとっても喜ばしいこと。
28 牛耳る…組織全体を思いのままに支配し動かす。

34 慈雨…日照りのときに降る恵みの雨。
35 人倫…人として守らなければならない道。
39 衷心…心の底。
41 忍苦…苦しみ耐え忍ぶこと。
43 培養…細菌や草木などを育て増やすこと。

頻出度

C

ランク

読み⑤

目標時間 22分

1回目 ／44

2回目 ／44

● 次の——線の**漢字の読み**を**ひらがな**で答えよ。

☐ **1** 漠然とした不安感が消えない。

☐ **2** あっという間に醜聞が広がった。

☐ **3** 復興予算は別枠で設ける。

☐ **4** 古新聞を焼却した。

☐ **5** 兄は生まじめな性格だ。

☐ **6** 重要語句を括弧でくくる。

☐ **7** 官僚出身の大臣が多い。

☐ **8** 「拝見」は謙譲語の一種だ。

☐ **9** 石窯でピザを焼いた。

☐ **10** 政治家と企業の癒着を糾弾する。

解答

1 ばくぜん 辞
2 しゅうぶん
3 べつわく
4 しょうきゃく
5 き
6 かっこ
7 かんりょう
8 けんじょう
9 いしがま
10 きゅうだん 辞

☐ **11** 見事な軍功により勲章を受ける。

☐ **12** 当家は代々呉服店を営んでいる。

☐ **13** 窃盗の容疑で取り調べる。

☐ **14** 酢豚定食を注文した。

☐ **15** 自分の浅慮をとても恥じています。

☐ **16** 戦時下では多くの人が疎開した。

☐ **17** 野沢菜がおいしく漬かる。

☐ **18** 行動方針を周知徹底する。

☐ **19** この船は機関銃を搭載している。

☐ **20** この会は紳士淑女の集まりだ。

解答

11 くんしょう
12 ごふく
13 せっとう
14 すぶた
15 せんりょ
16 そかい
17 つ
18 てってい
19 とうさい 辞
20 しゅくじょ

21 去年は慶事が相次いだ年だった。

22 衣料品にはさまざまな繊維が使われる。

23 秋季リーグの争覇戦が始まる。

24 強風で貨物船が座礁した。

25 紙幣を硬貨に換える。

26 低俗に堕する作品だ。

27 屋敷の大半を焼失した。

28 強い症状がようやく消えた。

29 妥協するしか手がなかった。

30 これは駄作といわざるを得ない。

31 政治家の不正行為を弾劾する。

32 禅宗の寺院を訪ねた。

33 医師から人工透析を勧められる。

34 硫酸は鉄を溶解する。

21 けいじ
22 せんい
23 そうは
24 ざしょう
25 しへい
26 だ
27 しょうしつ
28 しょうじょう
29 だきょう
30 ださく
31 だんがい
32 ぜんしゅう
33 とうせき
34 りゅうさん

35 愚痴話ばかりでうんざりする。

36 この町は三角州上に形成された。

37 昔は著名な伯爵家だった。

38 煩わしい手続きがなくなった。

39 悲壮な覚悟で大会に臨んだ。

40 尾根伝いに山頂を目指す。

41 不肖ながら私が委員長を務めます。

42 友の裏切りに憤激する。

43 肺炎を併発して入院する。

44 二種類の飲み薬を併用する。

35 ぐち
36 さんかくす
37 はくしゃく
38 わずら
39 ひそう
40 おね
41 ふしょう
42 ふんげき
43 へいはつ
44 へいよう

意味をCheck!

1 漠然…ぼんやりとしてはっきりしないさま。

10 糾弾…罪や責任を問いただし非難すること。

19 搭載…貨車・車両・航空機などに荷物を積み込むこと。

23 争覇…覇者としての権力を争うこと。優勝を争うこと。

26 堕する…よくない状態に陥る、落ちること。

31 弾劾…不正や犯罪を公にし、責任を追及すること。

35 愚痴…元は「おろか」の意。言っても仕方のないこと。

41 不肖…未熟なこと。親や師に似ず、愚かなこと。

頻出度

C

ランク

部首①

● 次の漢字の**部首**を答えよ。

〈例〉花 ［艹］　関 ［門］

1 寡
2 伐
3 夢
4 延
5 斤
6 淑
7 堕
8 了
9 膨
10 剰
11 戯
12 塾

解答

1 宀（うかんむり）
2 亻（にんべん）
3 夕（た　ゆうべ）
4 廴（えんにょう）
5 斤（きん）
6 氵（さんずい）
7 土（つち）
8 亅（はねぼう）
9 月（にくづき）
10 刂（りっとう）
11 戈（ほこづくり　ほこがまえ）
12 土（つち）

13 暫
14 音
15 誓
16 逝
17 艇
18 慕
19 朴
20 漠
21 痴
22 術
23 漆
24 践

解答

13 日（ひ）
14 音（おと）
15 言（げん）
16 辶（しんにょう　しんにゅう）
17 舟（ふねへん）
18 㣺（したごころ）
19 木（きへん）
20 氵（さんずい）
21 疒（やまいだれ）
22 行（ぎょうがまえ　ゆきがまえ）
23 氵（さんずい）
24 𧾷（あしへん）

目標時間 28分

1回目 ／56

2回目 ／56

25 轄
26 懸
27 酷
28 顕
29 愁
30 循
31 悠
32 賜

33 忍
34 藻
35 唯
36 処
37 琴
38 慶
39 青
40 武

25 車（くるまへん）
26 心（こころ）
27 酉（とりへん）
28 頁（おおがい）
29 心（こころ）
30 彳（ぎょうにんべん）
31 心（こころ）
32 貝（かいへん）

33 心（こころ）
34 艹（くさかんむり）
35 口（くちへん）
36 几（つくえ）
37 王（おう）
38 心（こころ）
39 青（あお）
40 止（とめる）

41 隷
42 遵
43 逸
44 漸
45 鳥
46 逓
47 畜
48 乏

49 舟
50 威
51 髄
52 盲
53 真
54 赤
55 逐
56 遷

41 隶（れいづくり）
42 辶（しんにょう しんにゅう）
43 辶（しんにょう しんにゅう）
44 氵（さんずい）
45 鳥（とり）
46 辶（しんにょう しんにゅう）
47 田（た）
48 ノ（の はらいぼう）

49 舟（ふね）
50 女（おんな）
51 骨（ほねへん）
52 目（め）
53 目（め）
54 赤（あか）
55 辶（しんにょう しんにゅう）
56 辶（しんにょう しんにゅう）

頻出度 C ランク

熟語の構成①

● **熟語の構成**のしかたには次のようなものがある。

ア 同じような意味の漢字を重ねたもの （**岩石**）
イ 反対または対応の意味を表す字を重ねたもの （**高低**）
ウ 上の字が下の字を修飾しているもの （**洋画**）
エ 下の字が上の字の目的語・補語になっているもの （**着席**）
オ 上の字が下の字の意味を打ち消しているもの （**非常**）

次の熟語は右の**ア～オ**のどれにあたるか、**一つ**選び、**記号**で答えよ。

1 未来
2 無窮
3 遮音
4 出廷
5 殉難
6 弾劾

解答と解説

1 オ（みらい）
未（否定）＋来（る）。「まだ来ていない」

2 オ（むきゅう）
無（否定）＋窮（まる）

3 エ（しゃおん）
遮（る）⬆音（を）

4 エ（しゅってい）
出（る）⬆廷（法廷に）

5 エ（じゅんなん）
殉（身をささぐ）⬆難（のため）

6 ア（だんがい）
どちらも「あばく」の意味。

7 痴態
8 翻意
9 儒教
10 不審
11 専従
12 虚像

解答と解説

7 ウ（ちたい）
痴（愚かな）⬇態（振る舞い）

8 エ（ほんい）
翻（す）⬆意（決意を）

9 ウ（じゅきょう）
儒（孔子の）⬇教（え）

10 オ（ふしん）
不（否定）＋審（つまびらか）。「疑わしく思う」

11 ウ（せんじゅう）
専（ら）⬇従（う）

12 ウ（きょぞう）
虚（うつろな）⬇像

目標時間 18分

1回目 ／36

2回目 ／36

13 露顕
14 謹聴
15 濫用
16 銃創
17 凡庸
18 叙情
19 舌禍
20 粗密

13 ア（ろけん）どちらも「表に現れる」の意味。
14 ウ（きんちょう）謹（んで）⬇聴（く）
15 ウ（らんよう）濫（みだりに）⬇用（いる）
16 ウ（じゅうそう）銃（による）⬇創（傷）
17 ア（ぼんよう）どちらも「普通」の意味。
18 エ（じょじょう）叙（述べる）⬆情（を）
19 ウ（ぜっか）舌（発言による）⬇禍（災い）
20 イ（そみつ）粗（い）↕（ち）密（だ）

21 哀愁
22 頻繁
23 累積
24 浄財
25 閉廷
26 離礁
27 晩鐘
28 暴騰

21 ア（あいしゅう）どちらも「悲しみ・憂い」の意味。
22 ア（ひんぱん）どちらも「しばしば」の意味。
23 ア（るいせき）どちらも「積み重なる」の意味。
24 ウ（じょうざい）浄（けがれのない）⬇財（お金）
25 エ（へいてい）閉（じる）⬆廷（法廷を）
26 エ（りしょう）離（れる）⬆礁（岩礁を）
27 ウ（ばんしょう）晩（の）⬇鐘
28 ウ（ぼうとう）暴（急に）⬇騰（高くなる）

29 退寮
30 不滅
31 無恥
32 推奨
33 窮状
34 逓減
35 嫌煙
36 殺菌

29 エ（たいりょう）退（く）⬆寮（を）
30 オ（ふめつ）不（否定）＋滅（する）。「滅びない」
31 オ（むち）無（否定）＋恥
32 ア（すいしょう）どちらも「すすめる」の意味。
33 ウ（きゅうじょう）窮（行き詰まった）⬇状（態）
34 ウ（ていげん）逓（次第に）⬇減（る）
35 エ（けんえん）嫌（う）⬆煙（たばこを）
36 エ（さっきん）殺（す）⬆菌（を）

頻出度 C ランク

熟語の構成②

目標時間 18分

1回目 /36

2回目 /36

● **熟語の構成**のしかたには次のようなものがある。

ア 同じような意味の漢字を重ねたもの（**岩石**）
イ 反対または対応の意味を表す字を重ねたもの（**高低**）
ウ 上の字が下の字を修飾しているもの（**洋画**）
エ 下の字が上の字の目的語・補語になっているもの（**着席**）
オ 上の字が下の字の意味を打ち消しているもの（**非常**）

次の熟語は右の**ア～オ**のどれにあたるか、**一つ**選び、**記号**で答えよ。

□ **1** 随時
□ **2** 駐屯
□ **3** 吉凶
□ **4** 厄年
□ **5** 帰還
□ **6** 苦衷

解答と解説

1 エ（**ずいじ**）
随（従う）↑時（その時の状況に）

2 ア（**ちゅうとん**）
どちらも「とどまりたむろする」の意味。

3 イ（**きっきょう**）
吉↕凶。「幸いと災い」

4 ウ（**やくどし**）
厄（災いの多い）↓年（年齢）

5 ア（**きかん**）
どちらも「かえる」の意味。

6 ウ（**くちゅう**）
苦（しい）↓衷（心の内）

□ **7** 絶佳
□ **8** 喪失
□ **9** 併用
□ **10** 逸材
□ **11** 参禅
□ **12** 卵殼

解答と解説

7 ウ（**ぜっか**）
絶（この上なく）↓佳（美しい）

8 ア（**そうしつ**）
どちらも「無くなる」の意味。

9 ウ（**へいよう**）
併（せて）↓用（いる）

10 ウ（**いつざい**）
逸（優れた）↓材（人材）

11 エ（**さんぜん**）
参（じる）↑禅（に）。「座禅する」の意味。

12 ウ（**らんかく**）
卵（の）↓殼

☐13 頻出
☐14 摩擦
☐15 懸命
☐16 還暦
☐17 詐欺
☐18 不朽
☐19 未熟
☐20 退廷

13 ウ（ひんしゅつ）
頻（しばしば）⬇出（てくる）

14 ア（まさつ）
どちらも「こする」の意味。

15 エ（けんめい）
懸（ける）⬆命（を）

16 エ（かんれき）
還（かえる）⬆暦（干《え》支《と》に）

17 ア（さぎ）
どちらも「だます」の意味。

18 オ（ふきゅう）
不（否定）＋朽（ちる）。「朽ちない」

19 オ（みじゅく）
未（否定）＋熟（れる）

20 エ（たいてい）
退（く）⬆廷（法廷・朝廷から）

☐21 無尽
☐22 正邪
☐23 孤塁
☐24 料亭
☐25 随意
☐26 未納
☐27 疾患
☐28 不屈

21 オ（むじん）
無（否定）＋尽（きる）。「尽きない」

22 イ（せいじゃ）
正⬍邪。「正しいとよこしま」

23 ウ（こるい）
孤（孤立した）⬇塁（とりで）

24 ウ（りょうてい）
料（料理の）⬇亭（やどや）

25 エ（ずいい）
随（従う）⬆意（思いに）

26 オ（みのう）
未（否定）＋納（める）

27 ア（しっかん）
どちらも「病気」の意味。

28 オ（ふくつ）
不（否定）＋屈（する）。「屈しない」

☐29 乾湿
☐30 不粋
☐31 義賊
☐32 仙境
☐33 濫獲
☐34 遍在
☐35 超越
☐36 恭賀

29 イ（かんしつ）
乾（く）⬍湿（る）

30 オ（ぶすい）
不（否定）＋粋。「粋でない、野暮」

31 ウ（ぎぞく）
義（人道のためにつくす）⬇賊

32 ウ（せんきょう）
仙（仙人の）⬇境（土地）

33 ウ（らんかく）
濫（みだりに）⬇獲（る）

34 ウ（へんざい）
偏（あまねく）⬇在（存在する）

35 ア（ちょうえつ）
どちらも「こえる」の意味。

36 ウ（きょうが）
恭（うやうやしく）⬇賀（祝う）

頻出度 C ランク

四字熟語①

目標時間 15分

1回目 /30

2回目 /30

●次の**四字熟語**について、**問1**～**問4**に答えよ。

問1 次の**四字熟語**の（1～10）に入る適切な語を下の□の中から選び、**漢字一字**で答えよ。

- ア 自己 1 盾
- イ 一 2 両得
- ウ 不 3 不休
- エ 一 4 一憂
- オ 遺 5 千万
- カ 6 中模索
- キ 責任回 7
- ク 一 8 即発
- ケ 喜 9 哀楽
- コ 準備万 10

あん　かん　き　きょ　しょく　たん　ど　ひ　みん　む

解答

1 自己矛盾《じこむじゅん》 辞
2 一挙両得《いっきょりょうとく》 辞
3 不眠不休《ふみんふきゅう》 辞
4 一喜一憂《いっきいちゆう》 辞
5 遺憾千万《いかんせんばん》 辞
6 暗中模索《あんちゅうもさく》 辞
7 責任回避《せきにんかいひ》 辞
8 一触即発《いっしょくそくはつ》 辞
9 喜怒哀楽《きどあいらく》 辞
10 準備万端《じゅんびばんたん》 辞

問3 次の**四字熟語**の（16～25）に入る適切な語を下の□の中から選び、**漢字一字**で答えよ。

- サ 森羅 16 象
- シ 清廉 17 白
- ス 18 髪衝天
- セ 喜色 19 面
- ソ 鯨飲 20 食
- タ 21 牛充棟
- チ 22 固一徹
- ツ 満場一 23
- テ 一言 24 句
- ト 一 25 千金

かん　がん　けっ　こく　ち　ば　はん　ばん　ど　まん

解答

16 森羅万象《しんらばんしょう》 辞
17 清廉潔白《せいれんけっぱく》 辞
18 怒髪衝天《どはつしょうてん》 辞
19 喜色満面《きしょくまんめん》 辞
20 鯨飲馬食《げいいんばしょく》 辞
21 汗牛充棟《かんぎゅうじゅうとう》 辞
22 頑固一徹《がんこいってつ》 辞
23 満場一致《まんじょういっち》 辞
24 一言半句《いちごんはんく》 辞
25 一刻千金《いっこくせんきん》 辞

問2 次の11～15の**意味**にあてはまるものを**問1**の**ア～コの四字熟語**から**一つ**選び、**記号**で答えよ。

☐ **11** ささいなことで、喜んだり心配したりすること。

☐ **12** 手がかりがないまま試みること。

☐ **13** あらゆることに対して備えてあること。

☐ **14** 人が持つ全ての感情のこと。

☐ **15** 一つのことで二つの利益を得ること。

11	**エ**
12	**カ**
13	**コ**
14	**ケ**
15	**イ**

問4 次の26～30の**意味**にあてはまるものを**問3**の**サ～トの四字熟語**から**一つ**選び、**記号**で答えよ。

☐ **26** この世に存在する全ての事象。

☐ **27** 蔵書がとても多いこと。

☐ **28** 激しく怒る様子のこと。

☐ **29** わずかな時間でも貴重であること。

☐ **30** 短いわずかな言葉。

26	**サ**
27	**タ**
28	**ス**
29	**ト**
30	**テ**

意味をCheck!

1 自己矛盾…自分の中で行動や考えが食い違うこと。

2 一挙両得…一つの行いで二つの利益を得ること。

3 不眠不休…眠ったり休んだりしないで事に当たること。

4 一喜一憂…状況の変化などささいなことで、喜んだり心配したりすること。

5 遺憾千万…非常に残念であること。

6 暗中模索…手がかりのないまま、いろいろと試みること。「模索」は「摸索」とも書く。

7 責任回避…果たすべき責任を避けること。

8 一触即発…わずかなことがきっかけで爆発しそうな、緊張した状態。

9 喜怒哀楽…人が持つあらゆる感情。喜び、怒り、悲しみ、楽しみ。

10 準備万端…あることの準備のためのすべての手段。

16 森羅万象…宇宙に存在する、すべての物や事象。

17 清廉潔白…心が澄んでいて、私利私欲がない様子。

18 怒髪衝天…髪の毛が逆立つほど、激しく怒るさま。

19 喜色満面…喜びの表情が、顔いっぱいにあふれているさま。

20 鯨飲馬食…鯨が水を飲み馬が草を食べるように、大量の酒や食べ物を飲み食いする意。

21 汗牛充棟…牛車で運べば牛が汗を流し、部屋に積めば棟木に届く意から、蔵書が非常に多いこと。

22 頑固一徹…自分の考えや態度をけっして曲げないこと。

23 満場一致…その場にいるすべての人の意見が同じになること。

24 一言半句…短いわずかな言葉。

25 一刻千金…わずかな時間でも貴重であること。

頻出度 C ランク

四字熟語②

目標時間 15分

1回目 /30

2回目 /30

● 次の**四字熟語**について、**問1**～**問4**に答えよ。

問1 次の**四字熟語**の（1～10）に入る適切な語を下の□の中から選び、**漢字一字**で答えよ。

- ア 気宇 1 大
- イ 2 下照顧
- ウ 3 名披露
- エ 4 逆無道
- オ 容姿 5 麗
- カ 千 6 一失
- キ 7 計奇策
- ク 異国 8 緒
- ケ 機 9 縦横
- コ 天 10 無縫

あく　い　きゃっ　しゅう　じょう　そう　たん　みょう　りゃく　りょ

解答

1 気宇壮大《きうそうだい》 辞
2 脚下照顧《きゃっかしょうこ》 辞
3 襲名披露《しゅうめいひろう》 辞
4 悪逆無道《あくぎゃくむどう》 辞
5 容姿端麗《ようしたんれい》 辞
6 千慮一失《せんりょのいっしつ》 辞
7 妙計奇策《みょうけいきさく》 辞
8 異国情緒《いこくじょうちょ》 辞
9 機略縦横《きりゃくじゅうおう》 辞
10 天衣無縫《てんいむほう》 辞

問3 次の**四字熟語**の（16～25）に入る適切な語を下の□の中から選び、**漢字一字**で答えよ。

- サ 怒 16 衝天
- シ 明鏡 17 水
- ス 粒粒辛 18
- セ 天 19 孤独
- ソ 20 一無二
- タ 孤城 21 日
- チ 22 頭指揮
- ツ 大喝一 23
- テ 暗中模 24
- ト 快刀乱 25

がい　く　さく　し　じん　せい　はつ　ゆい　ま　らく

解答

16 怒髪衝天《どはつしょうてん》 辞
17 明鏡止水《めいきょうしすい》 辞
18 粒粒辛苦《りゅうりゅうしんく》 辞
19 天涯孤独《てんがいこどく》 辞
20 唯一無二《ゆいいつむに》 辞
21 孤城落日《こじょうらくじつ》 辞
22 陣頭指揮《じんとうしき》 辞
23 大喝一声《だいかついっせい》 辞
24 暗中模索《あんちゅうもさく》 辞
25 快刀乱麻《かいとうらんま》 辞

問2 次の11～15の**意味**にあてはまるものを**問1**の**ア～コの四字熟語**から**一つ**選び、**記号**で答えよ。

☐ **11** 人の道に外れた、度を過ぎたひどい行い。

☐ **12** 「身近なところに注意して、反省すべき点は反省しなさい」という教訓。

☐ **13** 技巧の跡がなく、自然で美しいこと。無邪気で飾り気がない人柄。

☐ **14** だれも思いつかないような、優れた方策。

☐ **15** 賢い人でも間違いが一つくらいはあるということ。

11	12	13	14	15
エ	イ	コ	キ	カ

問4 次の26～30の**意味**にあてはまるものを**問3**の**サ～トの四字熟語**から**一つ**選び、**記号**で答えよ。

☐ **26** どなったり、叱りつけたりすること。

☐ **27** かみの毛が逆立つくらいに怒ること。

☐ **28** こつこつと努力を続けること。

☐ **29** 身寄りが誰もいないこと。

☐ **30** 同じものは二つとないこと。

26	27	28	29	30
ツ	サ	ス	セ	ソ

意味をCheck!

1 気宇壮大…心構えや度量が非常に大きいさま。

2 脚下照顧…「自分の身近なところに十分に注意して、反省すべき点は反省しなさい」という教訓。

3 襲名披露…先代の名を受け継いだことを公表すること。

4 悪逆無道…人の道に外れた、度を過ぎた悪事。また、道理に背いている様子。

5 容姿端麗…姿や顔形が整っていて、すばらしく美しいさま。

6 千慮一失…賢い人でも多くの考えの中には間違いが一つくらいはあるということ。

7 妙計奇策…だれも思いつかないような、優れた方策。「奇策妙計」ともいう。

8 異国情緒…外国風の趣や雰囲気。「異国情調」ともいう。（「情緒」を「じょうちょ」と読むのは慣用で、正式には「じょうしょ」）

9 機略縦横…状況に的確に応じた方法を、自由自在に考えたり実行したりするさま。

10 天衣無縫…詩歌などにわざとらしい技巧の跡がなく、自然で美しいこと。また、無邪気で飾り気がない人柄。

16 怒髪衝天…髪の毛を逆立てるくらいに怒ること。また、その形相。

17 明鏡止水…心中にやましさや邪念がなく、澄み切っているさま。

18 粒粒辛苦…こつこつと努力を続けること。「粒粒」は「米の一粒一粒」で、農民が地道な努力を重ねてできたものであることの表現。

19 天涯孤独…身寄りが一人もいないこと。故郷を遠く離れ、一人で暮らすこと。

20 唯一無二…それ一つだけで、同じものは二つとないこと。

21 孤城落日…勢いが衰え、非常に心細いことのたとえ。孤立した城と西に沈む夕日のような光景。

22 陣頭指揮…上に立つ人が率先して現場を指揮すること。

23 大喝一声…大きな声でどなったり、叱りつけたりすること。

24 暗中模索…手がかりのないまま、いろいろと試みること。「模索」は「摸索」とも書く。

25 快刀乱麻…よく切れる刀でもつれた麻を断ち切る意から、もつれた物事をあざやかに処理すること。

頻出度 C ランク

四字熟語③

目標時間 15分

1回目 /30

2回目 /30

● 次の**四字熟語**について、**問1**～**問4**に答えよ。

問1 次の**四字熟語**の（1～10）に入る適切な語を下の□の中から選び、**漢字一字**で答えよ。

- ☐ **ア** 一 1 千里
- ☐ **イ** 公平無 2
- ☐ **ウ** 3 手勝手
- ☐ **エ** 意味 4 長
- ☐ **オ** 外柔内 5
- ☐ **カ** 6 名返上
- ☐ **キ** 一 7 百戒
- ☐ **ク** 竜頭 8 尾
- ☐ **ケ** 一所 9 命
- ☐ **コ** 10 想天外

え　お　き　けん　ごう　し　しん　だ　ばつ　ぼう

解答

1 一《いち》望《ぼう》千《せん》里《り》 辞
2 公《こう》平《へい》無《む》私《し》 辞
3 得《え》手《て》勝《かっ》手《て》 辞
4 意《い》味《み》深《しん》長《ちょう》 辞
5 外《がい》柔《じゅう》内《ない》剛《ごう》 辞
6 汚《お》名《めい》返《へん》上《じょう》 辞
7 一《いち》罰《ばつ》百《ひゃっ》戒《かい》 辞
8 竜《りょう》頭《とう》蛇《だ》尾《び》 辞
9 一《いっ》所《しょ》懸《けん》命《めい》 辞
10 奇《き》想《そう》天《てん》外《がい》 辞

問3 次の**四字熟語**の（16～25）に入る適切な語を下の□の中から選び、**漢字一字**で答えよ。

- ☐ **サ** 16 学多才
- ☐ **シ** 一日千 17
- ☐ **ス** 不可 18 力
- ☐ **セ** 19 田引水
- ☐ **ソ** 千変 20 化
- ☐ **タ** 正 21 正銘
- ☐ **チ** 22 志満満
- ☐ **ツ** 理非 23 直
- ☐ **テ** 緩 24 自在
- ☐ **ト** 25 用貧乏

が　き　きゅう　きょく　こう　しゅう　しん　とう　はく　ばん

解答

16 博《はく》学《がく》多《た》才《さい》 辞
17 一《いち》日《じつ》千《せん》秋《しゅう》 辞
18 不《ふ》可《か》抗《こう》力《りょく》 辞
19 我《が》田《でん》引《いん》水《すい》 辞
20 千《せん》変《ぺん》万《ばん》化《か》 辞
21 正《しょう》真《しん》正《しょう》銘《めい》 辞
22 闘《とう》志《し》満《まん》満《まん》 辞
23 理《り》非《ひ》曲《きょく》直《ちょく》 辞
24 緩《かん》急《きゅう》自《じ》在《ざい》 辞
25 器《き》用《よう》貧《びん》乏《ぼう》 辞

問2 次の11～15の**意味**にあてはまるものを**問1**の**ア～コの四字熟語**から**一つ**選び、**記号**で答えよ。

- ☐ **11** はじめは勢いがいいが終わりは振るわないこと。
- ☐ **12** わがまま放題に振る舞うさま。
- ☐ **13** 広々としていて見晴らしがよいこと。
- ☐ **14** 外見は穏やかだが内には強い意志を秘めていること。
- ☐ **15** 物事に真剣に取り組むこと。

11	12	13	14	15
ク	ウ	ア	オ	ケ

問4 次の26～30の**意味**にあてはまるものを**問3**の**サ～トの四字熟語**から**一つ**選び、**記号**で答えよ。

- ☐ **26** 非常に待ち遠しいこと。
- ☐ **27** 戦おうとする意欲がみなぎっていること。
- ☐ **28** 様々な分野で豊富な知識をもっていること。
- ☐ **29** 道理に合っていることと合っていないこと。
- ☐ **30** 状況に応じて早くしたり遅くしたりして、思うように操ること。

26	27	28	29	30
シ	チ	サ	ツ	テ

意味をCheck!

1 一望千里…広々としていて見晴らしがよいこと。

2 公平無私…私的な感情や利益を考えず、物事を公平に進めようとすること。

3 得手勝手…わがまま放題に振る舞うさま。

4 意味深長…言葉などの意味が奥ぶかいさま。また、そこに別の意味が込められているさま。

5 外柔内剛…外見は穏やかそうだが、内には強い意志をもっていること。

6 汚名返上…悪い評判をすすいで元に戻すこと。

7 一罰百戒…一人の罪を罰することにより、他の人が同じあやまちを犯さないように戒めること。

8 竜頭蛇尾…頭は竜だが尾は蛇ということから、はじめは勢いが盛んだが、終わりは振るわないこと。「竜頭」は「りゅうとう」とも読む。

9 一所懸命…中世の武士が一か所の領地を命を懸けて守り、頼りにしたことから、真剣に物事に取り組むこと。

10 奇想天外…発想がきわめて奇抜であること。

16 博学多才…多くの分野で豊富な知識を持っていること。

17 一日千秋…非常に待ち遠しいこと。

18 不可抗力…どれだけ注意・尽力しても防げないこと。

19 我田引水…自分の田にだけ水を引き入れる意から、自分に都合がよいように言ったり行動したりすること。「我が田へ水を引く」ともいう。

20 千変万化…状況などがさまざまに変わること。

21 正真正銘…うそ偽りが全くなく、本物であること。

22 闘志満満…戦おうとする気持ちが満ちあふれていること。

23 理非曲直…道理に合っていることと合っていないこと。

24 緩急自在…状況に応じて早くしたり遅くしたりして、思うように操ること。

25 器用貧乏…何でも器用にこなすが一つのことにすぐれているわけではなく、何事も中途半端で終わってしまうこと。

頻出度 C ランク

四字熟語④

目標時間 15分

1回目 /30

2回目 /30

● 次の**四字熟語**について、**問1**～**問4**に答えよ。

問1 次の**四字熟語**の(1～10)に入る適切な語を下の□の中から選び、**漢字一字**で答えよ。

- ア 複雑怪 1
- イ 頑 2 一徹
- ウ 3 学非才
- エ 大胆不 4
- オ 大同小 5
- カ 巧言 6 色
- キ 一 7 団結
- ク 流言 8 語
- ケ 静 9 閑雅
- コ 悪口 10 言

い　き　こ　じゃく　せん　ぞう　ち　てき　ひ　れい

解答

1 複《ふく》雑《ざつ》怪《かい》奇《き》 辞
2 頑《がん》固《こ》一《いっ》徹《てつ》 辞
3 浅《せん》学《がく》非《ひ》才《さい》 辞
4 大《だい》胆《たん》不《ふ》敵《てき》 辞
5 大《だい》同《どう》小《しょう》異《い》 辞
6 巧《こう》言《げん》令《れい》色《しょく》 辞
7 一《いっ》致《ち》団《だん》結《けつ》 辞
8 流《りゅう》言《げん》飛《ひ》語《ご》 辞
9 静《せい》寂《じゃく》閑《かん》雅《が》 辞
10 悪《あっ》口《こう》雑《ぞう》言《ごん》 辞

問3 次の**四字熟語**の(16～25)に入る適切な語を下の□の中から選び、**漢字一字**で答えよ。

- サ 和敬清 16
- シ 青天 17 日
- ス 18 機応変
- セ 空理空 19
- ソ 立 20 出世
- タ 金科玉 21
- チ 妙計 22 策
- ツ 月下 23 人
- テ 多事多 24
- ト 天涯孤 25

き　じゃく　じょう　しん　たん　どく　はく　ひょう　りん　ろん

解答

16 和《わ》敬《けい》清《せい》寂《じゃく》 辞
17 青《せい》天《てん》白《はく》日《じつ》 辞
18 臨《りん》機《き》応《おう》変《へん》 辞
19 空《くう》理《り》空《くう》論《ろん》 辞
20 立《りっ》身《しん》出《しゅっ》世《せ》 辞
21 金《きん》科《か》玉《ぎょく》条《じょう》 辞
22 妙《みょう》計《けい》奇《き》策《さく》 辞
23 月《げっ》下《か》氷《ひょう》人《じん》 辞
24 多《た》事《じ》多《た》端《たん》 辞
25 天《てん》涯《がい》孤《こ》独《どく》 辞

問2 次の11～15の**意味**にあてはまるものを**問1**の**ア～コの四字熟語**から**一つ**選び、**記号**で答えよ。

☐ **11** いろいろと悪口を言うこと。また、その言葉。

☐ **12** 学問や知識が浅く、才能が劣っていること。

☐ **13** 細かい違いはあるが、おおむね同じであること。

☐ **14** 口先だけの言葉でこびへつらうこと。

☐ **15** 静かでみやびやかな風情があるさま。

11	**コ**
12	**ウ**
13	**オ**
14	**カ**
15	**ケ**

問4 次の26～30の**意味**にあてはまるものを**問3**の**サ～トの四字熟語**から**一つ**選び、**記号**で答えよ。

☐ **26** 変化に応じて適切に対処するさま。

☐ **27** 隠している悪い行いや疑いがないこと。

☐ **28** 守るべき大切な法律や決まりのこと。

☐ **29** 仕事が多くて忙しいこと。事件などが多く発生して世間が騒がしいさま。

☐ **30** 実際には役に立たない考えのこと。

26	**ス**
27	**シ**
28	**タ**
29	**テ**
30	**セ**

意味をCheck!

1 複雑怪奇…込み入っていて怪しく不思議なさま。

2 頑固一徹…かたくなで、自分の決めた考えを変えようとしないで最後まで押し通すこと。

3 浅学非才…学問や知識が十分ではなく、才能に乏しいこと。

4 大胆不敵…度胸があり、危険をおそれないこと。

5 大同小異…細かい違いはあるが、大体は同じであること。

6 巧言令色…口先だけで言葉を飾り、こびへつらうこと。

7 一致団結…多くの人がある目的に向かってまとまること。

8 流言飛語…確証もなく言いふらされるうわさ。

9 静寂閑雅…ひっそり静かでみやびやかな風情がある様子。「閑雅」は静かで風情のあること。

10 悪口雑言…口汚くあれこれとののしること。また、その言葉。

16 和敬清寂…茶道の精神を表す言葉。

17 青天白日…隠している悪い行いや疑いがないこと。

18 臨機応変…状況の変化に応じて適切に対処するさま。

19 空理空論…実際の状態からはかけ離れていて、実際には役に立たない考えのこと。

20 立身出世…社会的な地位を確立して名をあげること。

21 金科玉条…「金」「玉」は尊く大切なもの、「科」「条」は法律、決まりのこと。自らのよりどころとなる守るべき大切な法律や決まり。

22 妙計奇策…だれも思いつかないような、優れた方策。「奇策妙計」ともいう。

23 月下氷人…仲人のこと。

24 多事多端…仕事が多くて忙しいこと。また、出来事や事件などが多く発生して世間が騒がしいさま。

25 天涯孤独…この世に身寄りが一人もいないこと。

頻出度 C ランク

対義語・類義語①

目標時間 20分

1回目 /40

2回目 /40

●次の**対義語**、**類義語**を1～4それぞれ後の□の中から選び、**漢字**で答えよ。□の中の語は一度だけ使うこと。

1 対義語

1 服従

2 借用

3 消耗

4 粗略 辞

5 実践

類義語

6 妥当 辞

7 奮戦

8 永遠

9 純朴

10 長者 辞

かんとう・こうきゅう・すなお
ちくせき・ていこう
ていちょう・てきせつ・ふごう
へんきゃく・りろん

解答

1 抵抗《ていこう》
2 返却《へんきゃく》
3 蓄積《ちくせき》
4 丁重《ていちょう》
5 理論《りろん》
6 適切《てきせつ》
7 敢闘《かんとう》 辞
8 恒久《こうきゅう》 辞
9 素直《すなお》
10 富豪《ふごう》

2 対義語

11 古豪 辞

12 忘却

13 遠方

14 透明

15 冒頭

類義語

16 突飛

17 丈夫

18 間隔

19 無言

20 貧苦

がんきょう・きおく・きばつ
きょり・きんりん・こんきゅう
こんだく・しんえい
ちんもく・まつび

解答

11 新鋭《しんえい》
12 記憶《きおく》
13 近隣《きんりん》
14 混濁《こんだく》 辞
15 末尾《まつび》
16 奇抜《きばつ》
17 頑強《がんきょう》
18 距離《きょり》
19 沈黙《ちんもく》
20 困窮《こんきゅう》

3

対義語

21 優良
22 遠隔
23 臨時
24 栄転 辞
25 謙虚

類義語

26 踏襲
27 大胆 辞
28 繊細
29 時流
30 隆盛

きんせつ・けいしょう・ごうほう
こうれい・させん・そんだい
はんえい・びみょう
ふうちょう・れつあく

解答

21 劣悪《れつあく》
22 近接《きんせつ》
23 恒例《こうれい》 辞
24 左遷《させん》
25 尊大《そんだい》 辞
26 継承《けいしょう》
27 豪放《ごうほう》 辞
28 微妙《びみょう》
29 風潮《ふうちょう》
30 繁栄《はんえい》

4

対義語

31 油断
32 重厚
33 機敏
34 冷静
35 廃止

類義語

36 繁栄
37 親友
38 逝去
39 措置
40 偽作

けいかい・けいはく・しょり
そんぞく・せいきょう・たかい
ちき・どんじゅう・ねつれつ
もぞう

解答

31 警戒《けいかい》
32 軽薄《けいはく》
33 鈍重《どんじゅう》
34 熱烈《ねつれつ》
35 存続《そんぞく》
36 盛況《せいきょう》
37 知己《ちき》
38 他界《たかい》
39 処理《しょり》
40 模造《もぞう》 辞

意味をCheck!

4 粗略…物事の扱いがぞんざいなこと。
6 妥当…実情にそっていて無理がないこと。
7 敢闘…全力で勇敢に戦うこと。
8 恒久…いつまでも変わらないこと。永久。

10 長者…資産がある者。
11 古豪…長い間経験を積んだ、力のある人や集団。
14 混濁…いろいろなものがまじってにごること。

23 恒例…決まって行われる行事や儀式などのこと。
24 栄転…より高い役職に転任すること。
25 尊大…いかにも偉そうに、威張った態度をとるさま。

27 大胆…何かを恐れたりせず、物事に動じないさま。
27 豪放…小さいことにこだわらず、大いに寛容であるさま。
40 模造…実物をまねてつくること。また、その物。

頻出度 C ランク

対義語・類義語②

目標時間 20分

1回目 ／40

2回目 ／40

●次の**対義語**、**類義語**を**1**～**4**それぞれ後の□の中から選び、**漢字**で答えよ。□の中の語は一度だけ使うこと。

1

対義語

1 荘重 辞

2 快諾

3 解雇

4 偏屈

5 軽率

類義語

6 火急 辞

7 抹消

8 困苦 辞

9 処罰

10 展示

けいかい・こじ・さいよう・さくじょ・しんさん・しんちょう・すなお・せっぱく・ちょうかい・ちんれつ

解答

1 軽快《けいかい》

2 固辞《こじ》

3 採用《さいよう》

4 素直《すなお》

5 慎重《しんちょう》

6 切迫《せっぱく》

7 削除《さくじょ》

8 辛酸《しんさん》

9 懲戒《ちょうかい》

10 陳列《ちんれつ》 辞

2

対義語

11 慶賀

12 賢明

13 固辞 辞

14 悲鳴

15 新鋭

類義語

16 辛抱

17 一般

18 難局

19 周辺

20 降格

あいとう・あんぐ・かいだく・かんせい・こごう・きゅうち・きんりん・させん・にんたい・ふへん

解答

11 哀悼《あいとう》

12 暗愚《あんぐ》 辞

13 快諾《かいだく》

14 歓声《かんせい》

15 古豪《こごう》

16 忍耐《にんたい》

17 普遍《ふへん》

18 窮地《きゅうち》

19 近隣《きんりん》

20 左遷《させん》 辞

3

対義語

☐ 21 隆起 辞

☐ 22 飽食

☐ 23 妥結

☐ 24 頒布 辞

☐ 25 欠乏

類義語

☐ 26 全治

☐ 27 本気

☐ 28 陳列

☐ 29 窮地

☐ 30 落胆

かいしゅう・かんぼつ・きが
きき・けつれつ・しょうちん
じゅうそく・しんけん・てんじ
へいゆ

解答

21 陥没《かんぼつ》　22 飢餓《きが》　23 決裂《けつれつ》　24 回収《かいしゅう》　25 充足《じゅうそく》

26 平癒《へいゆ》　27 真剣《しんけん》　28 展示《てんじ》　29 危機《きき》　30 消沈《しょうちん》

4

対義語

☐ 31 汚染 辞

☐ 32 巧妙

☐ 33 解放

☐ 34 末端

☐ 35 自慢

類義語

☐ 36 真髄 辞

☐ 37 心配

☐ 38 調和

☐ 39 祝福

☐ 40 回復

きんこう・けいが・ごくい
じょうか・せつれつ・そくばく
ちゆ・ちゅうすう・ひげ
ゆうりょ

解答

31 浄化《じょうか》　32 拙劣《せつれつ》 辞　33 束縛《そくばく》　34 中枢《ちゅうすう》　35 卑下《ひげ》

36 極意《ごくい》 辞　37 憂慮《ゆうりょ》　38 均衡《きんこう》　39 慶賀《けいが》　40 治癒《ちゆ》

意味をCheck!

1 荘重…おごそかで落ち着きのある雰囲気。
6 火急…きわめて急なさま。差し迫っていること。
8 困苦…困り苦しむ状態。
10 陳列…人に見せるために品物を並べること。

12 暗愚…物事の道理を理解できず、愚かなこと。
13 固辞…すすめられたことを、かたく辞退すること。
20 左遷…より低い役職や地位に転任させられること。

21 隆起…ある部分が盛り上がること。
24 頒布…資料や品物などを広く配ること。
31 汚染…よごれにそまること。とくに細菌や有毒成分、ごみなどでよごされること。また、よごすこと。

32 拙劣…まずいこと。下手であること。
36 真髄…その道の本質や奥義。
36 極意…核心となる重要な事柄。

頻出度 C ランク

同音・同訓異字①

目標時間 21分

1回目 /42

2回目 /42

● 次の――線のカタカナを漢字に直せ。

1 華**レイ**な舞に見とれる。
2 予**レイ**が鳴り、席に着く。
3 神社には**レイ**気が漂っている。
4 いつまでも鐘の余**イン**が残る。
5 両親が二人の婚**イン**を認める。
6 伯父が現役を退き**イン**居した。
7 妹は凡**ヨウ**だが性格はいい方だ。
8 親子は駆け寄って抱**ヨウ**した。
9 運動場に社旗を掲**ヨウ**する。
10 神社に伝統舞**ヨウ**を奉納する。

解答

1 麗 辞
2 鈴
3 霊
4 韻
5 姻
6 隠 辞
7 庸 辞
8 擁
9 揚
10 踊

11 黒い鼻**オ**の下駄を履く。
12 友との別れを**オ**しむ。
13 水草**オ**う季節をうたう。
14 心の**キン**線に触れる話だった。
15 **キン**慎処分を受けた。
16 **キン**縮財政を余儀なくされる。
17 情報が交**サク**している。
18 人生について思**サク**する。
19 作品の添**サク**をお願いする。
20 **サク**酸の臭いに顔をしかめる。

解答

11 緒
12 惜
13 生
14 琴 辞
15 謹
16 緊
17 錯 辞
18 索
19 削
20 酢 辞

□21 外国からヒン客を迎える。
□22 一帯で事件がヒン発している。
□23 祖父は清ヒンな生き方を貫いた。
□24 腕のエン症が悪化した。
□25 入社はエン故採用だったそうだ。
□26 亜エン板と銅板で電池を作る。
□27 ホースの穴から水がモれる。
□28 連れ合いを亡くし、モに服する。
□29 船にはたくさんのモが付着していた。
□30 古い家の柱がクちる。
□31 ページをクる手が止まった。
□32 浅はかな言動をクいる。
□33 名前がうちの製品と酷ジしている。
□34 この卵はジ味が豊かだ。

21 賓 辞
22 頻
23 貧
24 炎
25 縁 辞
26 鉛
27 漏
28 喪 辞
29 藻
30 朽
31 繰
32 悔
33 似 辞
34 滋

□35 大臣を三人もハイ出した町だ。
□36 決勝で敗れ、苦ハイをなめた。
□37 麻薬ボク滅の運動を続ける。
□38 叔母の素ボクな人柄が好きだ。
□39 古来の習慣をボク守する。
□40 友人の話は誠にユ快な話だ。
□41 重病だったが快ユした。
□42 不心得な弟子を説ユした。

35 輩
36 杯
37 撲
38 朴
39 墨
40 愉
41 癒 辞
42 諭 辞

意味をCheck!

1 華麗…華やかで美しいさま。
6 隠居…仕事や活動などの第一線を退き、ゆったりと暮らすこと。また、その人。
7 凡庸…特に優れた点もなく、平凡であること。
14 琴線…琴に張る糸。心の糸のたとえとしても用いる。
17 交錯…いくつものものが入り混じること。
20 酢酸…酢の酸味の主成分をなす液体。
21 賓客…客人。また、大切なお客。
25 縁故…血縁や結婚などによるつながり、または人のこと。
28 喪…人が亡くなったことを受けて、その関係者が一定期間、交際などをできるだけ慎むこと。
33 酷似…非常によく似ていること。そっくりなこと。
41 快癒…病気などが完全に治ること。
42 説諭…悪い行いを改めるよう教えさとすこと。

頻出度 C ランク

同音・同訓異字②

目標時間 21分

1回目 /42

2回目 /42

● 次の――線のカタカナを漢字に直せ。

1 年末はいつもアワただしい。
2 振り返ればアワれな生涯だった。
3 二つの身分をアワせ持つ役だ。
4 水中からアワが出ている。
5 シャク位を授かった家柄だ。
6 媒シャク人の依頼を受ける。
7 少しの間、絵を拝シャクしたい。
8 上司はテツ夜続きで顔色が悪い。
9 先テツに多くを学ぶ。
10 担当大臣を更テツする。

解答
1 慌 辞
2 哀
3 併
4 泡
5 爵 辞
6 酌
7 借
8 徹
9 哲 辞
10 迭 辞

11 包丁をトぐのは祖父の役目だ。
12 指揮をトるのは我が弟だ。
13 両国の思惑が合チした。
14 今はチ辱に耐えるしかない。
15 長旅のせいかツカれる。
16 長きにわたり会社にツカえる。
17 逃げた猿をツカまえる。
18 整備はゼン次進んでいる。
19 日曜日に座ゼンを組む。
20 家電製品の修ゼンを依頼する。

解答
11 研
12 執
13 致
14 恥 辞
15 疲
16 仕
17 捕
18 漸 辞
19 禅
20 繕

☐ 21 自然な演技に詠**タン**する。
☐ 22 先**タン**技術を駆使した製品だ。
☐ 23 証拠書類を**タン**念に調べる。

☐ 24 職人が能面を見事に**ホ**る。
☐ 25 部下の仕事ぶりを**ホ**める。

☐ 26 その港は入り**エ**の中にあった。
☐ 27 **エ**手に帆を揚げる。
☐ 28 傘の**エ**にテープを巻く。

☐ 29 人口の半分以上を老人が**シ**める。
☐ 30 社員に残業を**シ**いる会社だ。

☐ 31 洗**タク**物があっという間に乾く。
☐ 32 光**タク**のある革製品が好きだ。

☐ 33 放置されたごみを撤**キョ**する。
☐ 34 道理に合わない要求を**キョ**否する。

21	22	23	24	25	26	27	28	29	30	31	32	33	34
嘆 辞	端	丹	彫	褒	江	得	柄	占	強	濯	沢 辞	去	拒

☐ 35 状況を**ハ**握する必要がある。
☐ 36 母校が野球で全国制**ハ**を果たした。
☐ 37 富士山を親子三代で踏**ハ**した。

☐ 38 **コ**膜が破れそうな爆発音がした。
☐ 39 犯人が証**コ**を残した。

☐ 40 **ゴ**服店で浴衣と帯を買う。
☐ 41 覚**ゴ**をもって試合に臨んだ。
☐ 42 囲**ゴ**の入門書を購入する。

35	36	37	38	39	40	41	42
把 辞	覇 辞	破 辞	鼓	拠	呉	悟	碁

意味をCheck!

1 慌ただしい…落ち着かずせわしい様子のこと。
5 爵位…爵の階級。古代・中世の中国における世襲制身分を表す称号。また、日本では、明治時代の華族令で定められた公爵、侯爵、伯爵、子爵、男爵の五等制。
9 先哲…昔の優れた学者や思想家、哲学者など。
10 更迭…ある地位や役職にある人を辞めさせ、他の人に代えること。

---

14 恥辱…はずかしめ。
18 漸次…次第に。だんだん。
21 詠嘆…深く感動すること。感動を声に出すこと。
32 光沢…光を受けることによる輝き。つや。
35 把握…確実につかむこと。また、正確に理解すること。
36 制覇…支配力・権力を手中に収めること。競技大会で優勝すること。
37 踏破…困難な道や長い道のりを歩き抜くこと。

頻出度 C ランク

同音・同訓異字③

目標時間 21分

1回目 /42

2回目 /42

● 次の——線のカタカナを漢字に直せ。

1 使トの不明瞭な支出がある。
2 広い土地が安価で譲トされた。
3 ゴウ傑として有名な戦国武将だ。
4 事はゴウ引に進められた。
5 コト更言うまでもない。
6 これは形状のコトなる製品だ。
7 贈答品に手紙をソえる。
8 夕刻には海面があかね色にソまる。
9 セツ速は巧遅に勝る。
10 医者からセツ生するよう言われた。

解答

1	2	3	4	5	6	7	8	9	10
途 辞	渡	豪 辞	強	殊 辞	異	添	染	拙 辞	摂 辞

11 留学は母のシュク願であった。
12 ハイドンに私シュクし、作曲に励んだ。
13 事件により営業を自シュクする。
14 チン滞ムードを吹き飛ばすゴールだ。
15 早春の味としてチン重される。
16 意見文はトク名で掲載された。
17 税金のトク促状が届く。
18 父の危トクを知らせる。
19 夢なのか幻エイなのか分からない。
20 警察犬のエイ敏な嗅覚が頼りだ。

解答

11	12	13	14	15	16	17	18	19	20
宿 辞	淑 辞	粛	沈	珍 辞	匿	督	篤	影	鋭 辞

□21 母のシュ味は山登りだ。
□22 シュ肉のいらない印鑑だ。

□23 席をハズすように言われた。
□24 再会に会話がハズんだ。

□25 違反したものを懲バツする。
□26 バツ群のセンスの持ち主だ。

□27 兄弟はボン庸だが、よく働いた。
□28 祖父はボン栽を眺めて過ごす。

□29 手に取って感ショクを確かめる。
□30 細胞が増ショクする。

□31 記念品をゾウ呈された。
□32 なべの締めにはゾウ炊だ。

□33 タテと横の長さを比較する。
□34 父にタテ突いた。

21 趣
22 朱
23 外
24 弾
25 罰 辞
26 抜
27 凡
28 盆
29 触
30 殖
31 贈
32 雑
33 縦
34 盾

□35 俊ビンな動きで獲物をねらう。
□36 穏ビンに済ませるよう説得する。

□37 友人は周りとムれることを嫌う。
□38 長靴で足がムれる。

□39 時間のヨ裕をもって出発する。
□40 産業の発展に寄ヨした。

□41 拙レツな文章だが訴えるものがある。
□42 終盤戦は壮レツをきわめた。

35 敏
36 便 辞
37 群
38 蒸
39 余
40 与 辞
41 劣
42 烈 辞

意味をCheck!

1 使途…金銭や物資の使いみち。
3 豪傑…強さとたくましさがあり、大胆に行動する人。
5 殊更…わざわざ。特に。取り立てて。
9 拙速…出来はよくないが、仕上がりが早いこと。
10 摂生…食生活など生活全般に留意し、健康に気を配ること。
11 宿願…かねてからの願い。仏教では、前世からの誓いや願い。
12 私淑…著書などを通じて、間接的に師と仰ぐこと。

15 珍重…とてもめずらしい物として大切にすること。
20 鋭敏…感覚がするどいこと。才知がするどく、頭がよいこと。
25 懲罰…不正を犯した人に、所属団体が戒めの罰を与えること。
36 穏便…物事をおだやかに処理すること。また、そのさま。
40 寄与…社会や人に力を尽くして役立つこと。
42 壮烈…勇ましくてりっぱなこと。意気盛んで激しいこと。

頻出度 C ランク

漢字と送りがな①

目標時間 21分

1回目 /42

2回目 /42

●次の――線のカタカナを漢字一字と送りがな（ひらがな）に直せ。〈例〉答えをタシカメル。 確かめる

☐ 1 学年ごとに体操服の色をチガエル。
☐ 2 ふところが何となくサビシイ。
☐ 3 全身に力をコメル。
☐ 4 父はそのまま口をトザス。
☐ 5 行程のナカバで引き返した。
☐ 6 不注意で食品をクサラス。
☐ 7 古代の歴史に興味をイダク。
☐ 8 村一番の桜の大樹がカレル。
☐ 9 花にそっと手をフレル。
☐ 10 少しばかりの金品をメグム。

解答

1 違える 辞
2 寂しい
3 込める
4 閉ざす
5 半ば 辞
6 腐らす
7 抱く 辞
8 枯れる 辞
9 触れる
10 恵む

☐ 11 火がコイシクなる季節だ。
☐ 12 アルバイトで学費をカセグ。
☐ 13 初心者がよくオチイルわなだ。
☐ 14 会話中に口をハサム。
☐ 15 ツツシンでお祝い申し上げます。
☐ 16 オロカナ争いを止めに入る。
☐ 17 創業者の写真をカカゲル。
☐ 18 公共事業の仕事にタズサワル。
☐ 19 友人がモヨオス会に出席する。
☐ 20 人員を大幅にケズル。

解答

11 恋しく
12 稼ぐ
13 陥る 辞
14 挟む
15 謹ん 辞
16 愚かな
17 掲げる 辞
18 携わる 辞
19 催す
20 削る

21 式典で祝辞をタマワル。
22 ヒット商品が売上をノバス。
23 最終局面で腹がスワル。
24 物陰に昆虫がヒソム。
25 服のほころびをツクロウ。
26 家賃が一か月分トドコオル。
27 先祖の霊をトムラウ。
28 悪人をコラシメル。
29 なべに湯をワカス。
30 部下の長所をホメル。
31 運営の予算がフクラム。
32 一族がホロビル。
33 エビを油でアゲル。
34 両者をヘダテル溝は深い。

21 賜る 辞
22 伸ばす
23 据わる
24 潜む 辞
25 繕う 辞
26 滞る
27 弔う
28 懲らしめる
29 沸かす
30 褒める
31 膨らむ
32 滅びる
33 揚げる
34 隔てる 辞

35 ここからユルヤカな下り坂だ。
36 どこまでも初志をツラヌク。
37 手土産をタズサエル。
38 緊急の治療をホドコス。
39 反対意見にシブイ顔をした。
40 ボーナスで家計がウルオウ。
41 非常識もハナハダシイ。
42 最近はネムイのに寝られない。

35 緩やか
36 貫く
37 携える
38 施す
39 渋い
40 潤う
41 甚だしい
42 眠い

意味をCheck!

1 違える…正常な状態から外れる。
5 半ば…物事の途中。一定の距離や期間の中間付近。
7 抱く…ある考えや感情を持つ。
8 枯れる…植物が水分などを失い、生命を保てなくなる。水分やうるおいがなくなる。
13 陥る…深いところに落ち込む。よくない状態から出られなくなる。
15 謹む…過ちがないように控えめに行動する。

17 掲げる…手に持って高く上げる。高い所に上げる。
18 携わる…ある事柄に関係する。従事する。
21 賜る…目上の立場の人からいただく。
24 潜む…人目につかないように隠れる。外部には現れていないが、内部にある。
25 繕う…修理すること。また、外見やうわべをととのえること。
34 隔てる…年月がたつ。間に物を置く。物の間に距離を置く。

頻出度 C ランク

書き取り①

目標時間 22分

1回目 /44

2回目 /44

● 次の――線のカタカナを漢字に直せ。

☑ 1 持病のチリョウに専念する。
☑ 2 ジュンシ船が出港した。
☑ 3 責任カイヒだと責められる。
☑ 4 シェイクスピアのギキョクは有名だ。
☑ 5 常識のなさにカタミが狭い思いだ。
☑ 6 友人こそこの事件のゲンキョウだ。
☑ 7 心にフれる話を聞いた。
☑ 8 予算額がオオハバに削られた。
☑ 9 論理がヒヤクし過ぎている。
☑ 10 水平ビヨクが破損している。

解答

1 治療
2 巡視 辞
3 回避
4 戯曲 辞
5 肩身
6 元凶
7 触
8 大幅
9 飛躍 辞
10 尾翼

☑ 11 体が宙にウく。
☑ 12 議会はボウトウから波乱含みだ。
☑ 13 少女が上手にピアノをヒく。
☑ 14 卒業の歌を心をコめて歌った。
☑ 15 有罪のショウコは無い。
☑ 16 進学するかどうかでナヤむ。
☑ 17 早朝、カブトムシをツカまえる。
☑ 18 オソザきの桜がようやく咲いた。
☑ 19 熱いみそ汁をフいて冷ます。
☑ 20 言いノガれることはできない。

解答

11 浮
12 冒頭
13 弾
14 込
15 証拠
16 悩
17 捕
18 遅咲
19 吹
20 逃

☐ 21 **チンモク**を破って発言した。

☐ 22 ご飯をてんこ**モ**りにする。

☐ 23 なんと心の**セマ**い人物だろう。

☐ 24 自分の投稿が雑誌に**ノ**る。

☐ 25 犯人の行方は**イゼン**として不明だ。

☐ 26 ストーブの**エントツ**が詰まった。

☐ 27 エベレスト**エンセイ**隊が帰国した。

☐ 28 **トッピョウシ**もないことを言うな。

☐ 29 この**ヒッセキ**は確かに父のものだ。

☐ 30 勝利を祝して**カンパイ**する。

☐ 31 あっという間に名案が**ウ**かぶ。

☐ 32 **キバツ**な発想が功を奏した。

☐ 33 **シュンビン**な動きで敵の目をくらます。

☐ 34 園児が**ヘキ**面に飾り付けをする。

21	22	23	24	25	26	27	28	29	30	31	32	33	34
沈黙	盛	狭	載	依然 辞	煙突	遠征 辞	突拍子	筆跡 辞	乾杯	浮	奇抜 辞	俊敏	壁

☐ 35 二人は危機を何度も乗り**コ**えた。

☐ 36 努力して出場権を**カクトク**した。

☐ 37 賞状を**ガクブチ**に入れて飾る。

☐ 38 金星が東の空で**カガヤ**く。

☐ 39 その男は**ゴウカイ**に笑った。

☐ 40 ウインナーを**ジャバラ**に切る。

☐ 41 風邪気味で朝から**ビネツ**がある。

☐ 42 これといった**シュミ**がない。

☐ 43 一躍、世間の**キャッコウ**を浴びる。

☐ 44 **ネボウ**して五分遅刻した。

35	36	37	38	39	40	41	42	43	44
越	獲得	額縁	輝	豪快	蛇腹	微熱	趣味	脚光 辞	寝坊

意味をCheck!

2 巡視…警戒などの目的で見て回ること。
4 戯曲…上演する目的で書いた演劇の脚本。台本。
9 飛躍…急速に進歩・向上すること。発展して活躍すること。
25 依然…前の状態と何も変わらないこと。

27 遠征…戦いや試合、探検などの目的でとおくへ行くこと。
29 筆跡…書かれた文字。またその書きぶり。
32 奇抜…ほかの物事とは違って風変わりなさま。
43 脚光…世間の注目を集めること。

頻出度
C
ランク

書き取り②

目標時間 22分

1回目 /44

2回目 /44

●次の――線のカタカナを漢字に直せ。

1 火照った手を水にヒタす。

2 事故が起きたケイイを調べる。

3 伝統をケイショウし発展させる。

4 代々続く芸名をセシュウする。

5 今年はゼンパン的に低温が続いた。

6 最初から優勝ケンガイにあった。

7 ケンジツな商売を心がける。

8 創業者のソクセキをたどる。

9 コウキュウ的な平和を望む。

10 クラスタイコウリレーで勝利した。

解答

1 浸
2 経緯
3 継承 辞
4 世襲 辞
5 全般
6 圏外
7 堅実
8 足跡
9 恒久
10 対抗

11 話のオオスジは理解できた。

12 部下のコンレイに招かれた。

13 私の不徳のイタすところである。

14 古文にチュウシャクを加える。

15 古い陶磁器をチンチョウする。

16 知人はトノサマ育ちだ。

17 古墳のトウクツがたびたびあった。

18 社屋完成のシュクハイをあげる。

19 大雨のため道路をヘイサする。

20 のどに魚の骨がサさる。

解答

11 大筋
12 婚礼
13 致
14 注釈 辞
15 珍重 辞
16 殿様
17 盗掘
18 祝杯
19 閉鎖
20 刺

21 多くの不満が**フンシュツ**した。
22 コップの**フチ**が欠けている。
23 感激して**コドウ**が高まった。
24 冬は**ヒフ**が乾燥しやすい。
25 **ヨカ**を利用して英会話を学ぶ。
26 ゴルフ場で**ラクライ**があった。
27 **リンセツ**する国と平和協定を結ぶ。
28 古いことで詳細は**ボウキャク**した。
29 先輩に**レットウ**感を抱く。
30 気性の**アラ**い馬だ。
31 建国の**エイユウ**として尊敬される。
32 刀剣の**カンテイ**を依頼した。
33 養護**シセツ**で働く。
34 **キョウゲン**強盗だと判明した。

21 噴出
22 縁
23 鼓動 辞
24 皮膚
25 余暇
26 落雷
27 隣接
28 忘却 辞
29 劣等
30 荒
31 英雄
32 鑑定
33 施設
34 狂言 辞

35 突然のことで**オドロ**いた。
36 火事で**キンリン**にも被害が出た。
37 決勝戦での**ケントウ**を祈る。
38 孫が私に**カタグルマ**をねだる。
39 小さいミスを**ミノガ**した。
40 **ノキサキ**にこいのぼりを立てる。
41 その話に耳を**ス**まして聞き入った。
42 **コウソウ**事件が頻発している。
43 四日余りで頂上に**イタ**る。
44 **シバ**の緑が美しい季節だ。

35 驚
36 近隣
37 健闘
38 肩車
39 見逃
40 軒先
41 澄
42 抗争
43 至
44 芝

意味をCheck!

3 継承…先人の権利や財産などを受け継ぐこと。
4 世襲…家の職業や財産などを代々受け継ぐこと。
14 注釈…本文中の難しい語句や注意するべき語句の説明。
15 珍重…とてもめずらしい物として大切にすること。

23 鼓動…心臓の律動的な動き。また、それが伝える響き。ふるえ動くこと。
28 忘却…忘れ去ること。「却」は前の語の意味を強める助辞。
34 狂言…日本の伝統芸能の一つ。また、あざむいてそれらしく見せかけること。

頻出度 C ランク

書き取り③

目標時間 22分

1回目 /44

2回目 /44

● 次の——線のカタカナを漢字に直せ。

1 規約の各ジョウコウを精読する。
2 刃物を向けられゼッキョウした。
3 隣家がソウゾウしい。
4 賢明に犯人をツイセキする。
5 テッペキの守備が特徴のチームだ。
6 父は胃がんでトウビョウしている。
7 ナイジュ拡大の施策を立案する。
8 軽妙な話芸にバクショウした。
9 山岳救助隊がタイカン訓練を行う。
10 生活ヒツジュ品をそろえる。

解答

1 条項 辞
2 絶叫
3 騒騒 騒々
4 追跡
5 鉄壁
6 闘病
7 内需 辞
8 爆笑
9 耐寒 辞
10 必需

11 今更言い訳をしてもオソい。
12 高温続きで食品がクサりやすい。
13 アサツユが庭をぬらしていた。
14 新聞に毎月トウコウしている。
15 騒音でアンミンできない。
16 申込書にインカンを押す。
17 後輩はカゲグチを言ってばかりいる。
18 七輪でサンマを焼くとケムい。
19 他国間の紛争にカイニュウする。
20 大人に不信の念をイダく。

解答

11 遅
12 腐
13 朝露
14 投稿
15 安眠
16 印鑑
17 陰口
18 煙
19 介入 辞
20 抱

□ 21 コウノトリが**ツバサ**を休めている。
□ 22 会談の**ロンシ**がわかりにくい。
□ 23 男は言葉巧みに**クド**くのだという。
□ 24 友人は**シリョ**深い人だ。
□ 25 東京大**クウシュウ**の記録を読んだ。
□ 26 息子は**コウキシン**が強い。
□ 27 弟には時々、話の**コシ**を折られる。
□ 28 雪の**シャメン**を滑り落ちた。
□ 29 唯一の親友を事故で失い**サビ**しい。
□ 30 **ツツシ**みのある言動を心がける。
□ 31 四か国を回って帰国の**ト**につく。
□ 32 久しぶりに**ドウヨウ**を歌った。
□ 33 今日は行楽には絶好の**ヒヨリ**だ。
□ 34 **フクツ**の精神で頑張る。

21 翼
22 論旨
23 口説
24 思慮
25 空襲
26 好奇心
27 腰
28 斜面
29 寂
30 慎 辞
31 途 辞
32 童謡
33 日和 辞
34 不屈

□ 35 話の内容が**ムジュン**している。
□ 36 新聞各紙が台風の**モウイ**を伝えた。
□ 37 悔しくて**ナミダ**がこぼれた。
□ 38 **ナマリ**色の空を見上げる。
□ 39 大気**オセン**の原因を根絶する。
□ 40 寝ぼけ**マナコ**をこする。
□ 41 週末は予定が**ツ**まっている。
□ 42 失敗にめげず研究を**ケイゾク**する。
□ 43 ひいきの選手に**カタイ**れする。
□ 44 よく磨いて**コウタク**を出す。

35 矛盾 辞
36 猛威 辞
37 涙
38 鉛
39 汚染
40 眼
41 詰
42 継続
43 肩入
44 光沢

意味をCheck!

1条項…箇条書きにしたものの個々の項目。
7内需…国内の需要。
9耐寒…寒さに耐えること。
19介入…争いなどの間に入って干渉すること。
30慎む…やりすぎや誤りがないように心がける（「謹む」との違いに注意）。
31途…道のり。道すじ。
33日和…空模様。また、何かをするのに都合のよい天候。
35矛盾…二つの物事のつじつまが合わないこと。
36猛威…猛烈な勢い、すさまじい威力のこと。

頻出度
C
ランク

書き取り④

目標時間 22分

1回目 /44
2回目 /44

●次の――線のカタカナを漢字に直せ。

1 にわか雨でぬれた髪をカワかす。
2 シンゲンの深さは四十キロだった。
3 ゼヒともご承諾いただきたい。
4 突然の解散報道に世間がサワぐ。
5 ワラベウタに心を和ませる。
6 ネッキョウ的な歓迎を受けた。
7 コメツブを一つも無駄にしない。
8 物資をマンサイした船が入港した。
9 ミャクハクが上昇し息も荒い。
10 とうとう王者をダトウした。

解答
1 乾
2 震源
3 是非 辞
4 騒
5 童歌
6 熱狂 辞
7 米粒
8 満載 辞
9 脈拍
10 打倒

11 こうして二人の友情はコワれた。
12 母はフタエまぶただ。
13 ネムい目をこすって起きてきた。
14 強風で列車のダイヤがチエンする。
15 フキョウで売り上げが伸びない。
16 ボンオドりの輪に加わった。
17 一日も休まずカイキン賞を受けた。
18 次の角をナナめ右に入ると家だ。
19 ご神木はジュレイ三百年という。
20 展開がアシブみ状態になっている。

解答
11 壊
12 二重
13 眠
14 遅延
15 不況 辞
16 盆踊
17 皆勤 辞
18 斜
19 樹齢 辞
20 足踏

□21 ボウネン会の予約をする。
□22 モメンのシャツを着こなす。
□23 カネヅカいの荒さを注意される。
□24 コガラながらとても有力な選手だ。
□25 オモナガな顔立ちの人物だ。
□26 額にアブラアセが流れる。
□27 エイリな刃物を隠し持っている。
□28 心のオクソコを打ち明ける。
□29 休日には車のオウライが激しい。
□30 カンビな旋律が流れている。
□31 ヤクドウ感のある作風だ。
□32 夫を責めるのはスジチガいだ。
□33 候補者の主張にキョウメイする。
□34 最近の視聴者のケイコウを探る。

21 忘年
22 木綿
23 金遣
24 小柄
25 面長
26 脂汗
27 鋭利
28 奥底
29 往来 辞
30 甘美
31 躍動
32 筋違
33 共鳴
34 傾向

□35 毎年コウレイの忘年会を開く。
□36 敵にシカクを差し向ける。
□37 空飛ぶエンバンの写真を撮る。
□38 今月のジョウジュンに手術する。
□39 ナマリイロの空を見上げた。
□40 上位陣はアンタイだった。
□41 沖合でウズシオを見た。
□42 心地よいウラカゼを受ける。
□43 エキビョウに効く薬を開発する。
□44 夜十時を過ぎたらネドコに入る。

35 恒例 辞
36 刺客
37 円盤
38 上旬
39 鉛色
40 安泰 辞
41 渦潮
42 浦風
43 疫病
44 寝床

意味をCheck!

3 是非…正しいこと、正しくないこと。
6 熱狂…非常に興奮すること。
8 満載…車や船などに荷物を大量にのせること。
15 不況…景気が悪い状態。
17 皆勤…一定期間、休日以外は休まずに出勤などをすること。

19 樹齢…樹木の年齢。
29 往来…乗り物が行き来する場所。行ったり来たりすること。
35 恒例…決まって行われる行事などのこと。
40 安泰…無事で不安要素がないさま。

頻出度 C ランク

書き取り⑤

目標時間 22分

1回目 ／44

2回目 ／44

●次の――線のカタカナを漢字に直せ。

☐1 隣家のニイヅマは気立てが良い。
☐2 洪水で一帯がミズビタしになる。
☐3 市街地にサルが逃げた。
☐4 上の階のソウオンがうるさい。
☐5 大手企業のシタウけをする。
☐6 法律をダンリョク的に運用する。
☐7 クマがトウミンから目覚める。
☐8 選考基準をトウメイにする。
☐9 一晩中ゲリに悩まされる。
☐10 男は事件についてモクヒしている。

解答
1 新妻
2 水浸
3 猿
4 騒音 辞
5 下請
6 弾力
7 冬眠
8 透明
9 下痢
10 黙秘 辞

☐11 厳しかった予選をトッパする。
☐12 ウスギの季節に向けダイエットする。
☐13 ハクシンの演技に感動した。
☐14 ホッサ的に起こした犯罪だった。
☐15 振袖《そで》にカミカザりがよく似合う。
☐16 絵画がカサクに選ばれた。
☐17 船はカイコウに沈んでいる。
☐18 祖父はカモクな人だった。
☐19 カクウの人物に等しい。
☐20 カダンの水やりが日課だ。

解答
11 突破
12 薄着
13 迫真
14 発作
15 髪飾
16 佳作
17 海溝
18 寡黙 辞
19 架空 辞
20 花壇

- □ **21** **カイボウ**して死因がわかった。
- □ **22** **クヤ**しくて涙が止まらない。
- □ **23** 父は絹ごしの**トウフ**を好む。
- □ **24** **カチク**にエサを与える。
- □ **25** **カイゾク**が宝を残した島だ。
- □ **26** 友の言動を善意に**カイシャク**する。
- □ **27** 時間が**ユル**やかに過ぎていく。
- □ **28** 姉に**エンダン**が持ち上がった。
- □ **29** 逃亡を**クワダ**てる者がいる。
- □ **30** 祖母が**キトク**だと知らされた。
- □ **31** **スイサイガ**の教室に通い始めた。
- □ **32** 犬の遠ぼえが**セイジャク**を破る。
- □ **33** **チコク**や早退が多すぎる。
- □ **34** 心の**ビョウシャ**が見事な小説だ。

21	解剖
22	悔
23	豆腐
24	家畜
25	海賊
26	解釈
27	緩
28	縁談
29	企
30	危篤 辞
31	水彩画
32	静寂 辞
33	遅刻
34	描写

- □ **35** 仕事が**キドウ**に乗った。
- □ **36** 農地に出没するシカを**ホカク**する。
- □ **37** **キク**の花を描く。
- □ **38** 権力をかさに**イバ**るのは許せない。
- □ **39** 服が**キュウクツ**になってきた。
- □ **40** 駅で急病人を**カイホウ**する。
- □ **41** 依頼を**コバ**む理由はない。
- □ **42** 窓にカーテンが**ハサ**まる。
- □ **43** **オド**し文句を残していった。
- □ **44** 自宅**キンシン**を言い渡される。

35	軌道 辞
36	捕獲
37	菊
38	威張
39	窮屈
40	介抱 辞
41	拒
42	挟
43	脅
44	謹慎

意味をCheck!

- **4 騒音**…不快に感じる物音。
- **10 黙秘**…何も言わずに黙ったままでいること。
- **18 寡黙**…口数が少ないさま。
- **19 架空**…想像でつくりあげること。空中にかけわたすこと。
- **30 危篤**…病気が重く、死が迫っていること。
- **32 静寂**…ひっそりとして静かなこと。
- **35 軌道**…物事の経過の道筋。電車などの通る道。線路。天体が運行する道筋。
- **40 介抱**…助けて世話をすること。看護すること。

頻出度 C ランク

書き取り⑥

目標時間 22分

1回目 /44

2回目 /44

● 次の——線のカタカナを漢字に直せ。

1 今思えば**オロ**かなことだ。
2 **グウスウ**年に大会は開かれる。
3 部屋の壁に**スイテキ**がつく。
4 自己**ケイハツ**の本を買う。
5 土産を**タズサ**えて訪問する。
6 **ケンビキョウ**をのぞき込む。
7 食べた**ヒョウシ**に舌をかんだ。
8 周囲から完全に**コリツ**する。
9 道路は大きく**コ**を描く。
10 **コハン**に別荘を持っている。

解答
1 愚
2 偶数
3 水滴
4 啓発 辞
5 携
6 顕微鏡
7 拍子 辞
8 孤立
9 弧
10 湖畔

11 囲碁は最高の**ゴラク**だ。
12 **リュウシ**があらい写真だ。
13 治療には**コウキン**薬を使う。
14 居着いたネズミを**クジョ**する。
15 ブドウ糖を分解する**コウソ**だ。
16 特別**コウショウ**な趣味ではない。
17 **ゴウモン**によって白状した。
18 財政難を**コクフク**する。
19 **タマシイ**をこめて歌う。
20 **ユカ**に高級なじゅうたんを敷く。

解答
11 娯楽
12 粒子 辞
13 抗菌
14 駆除 辞
15 酵素
16 高尚 辞
17 拷問
18 克服
19 魂
20 床

21 振り込めサギが多発する。
22 思わず口調がクダける。
23 自分の判断をクやむ。
24 台風のため公民館にヒナンした。
25 汚れがよく落ちる洗ザイだ。
26 前後のミャクラクがない話だ。
27 駅前で映画をサツエイする。
28 のどの痛みをカンワする。
29 注意点を文書にキサイする。
30 連絡船がサンバシを離れる。
31 シショウから踊りを習う。
32 入賞者に賞状をジュヨする。
33 手のホドコしようがない。
34 授業中にイネムりをしてしまった。

21 詐欺
22 砕
23 悔
24 避難
25 剤
26 脈絡 辞
27 撮影
28 緩和
29 記載
30 桟橋
31 師匠
32 授与
33 施
34 居眠

35 人道的なジゼン活動をする。
36 シハンの胃腸薬をのむ。
37 ジマン話にあきれる。
38 シッコクの服をまとう。
39 ジャグチをひねって水を出す。
40 完成まで多くのサイゲツを費やす。
41 ヤマオクで静かに暮らしたい。
42 勉強のジャマをしない。
43 人間クサい人だった。
44 紳士シュクジョが集まる。

35 慈善 辞
36 市販
37 自慢
38 漆黒
39 蛇口
40 歳月
41 山奥
42 邪魔
43 臭
44 淑女 辞

意味をCheck!

4 啓発…人々の気がつかないような物事について教え、理解を深めさせること。
7 拍子…ちょうどそのとき。音楽でリズムの単位。
12 粒子…物質を構成する細かいつぶ。
14 駆除…害虫や害獣などを殺したり追い払ったりすること。
16 高尚…学問や品性などの程度が高く上品なこと。
26 脈絡…筋道。つながり。
35 慈善…貧しい人や被災者などを援助すること。
44 淑女…上品でしとやかな女性のこと。

漢・字・パ・ズ・ル

四字熟語を探そう！

下のパズルの中には、準2級までに学ぶ四字熟語が12個隠されています。縦横斜めに読んで、全部見つけてください。

百	心	載	支	秀	夏	炉	冬	扇	狂
清	歌	頭	離	五	裂	雄	飛	一	千
廉	秋	自	滅	仙	無	失	望	紫	慮
潔	万	光	裂	却	賢	二	万	謀	一
白	卑	竹	不	崩	南	紅	鳥	網	失
走	牛	鯨	飲	馬	食	北	打	雑	乱
天	肉	尽	網	来	門	尽	色	拡	大
涯	出	世	整	騰	緑	不	即	不	離
孤	軍	奮	闘	頭	口	絶	是	直	筆
独	浄	舟	色	応	談	胆	空	金	吐

答え

百	心	載	支	秀	夏	炉	冬	扇	狂
清	歌	頭	離	五	裂	雄	飛	一	千
廉	秋	自	滅	仙	無	失	望	紫	慮
潔	万	光	裂	却	賢	二	万	謀	一
白	卑	竹	不	崩	南	紅	鳥	網	失
走	牛	鯨	飲	馬	食	北	打	雑	乱
天	肉	尽	網	来	門	尽	色	拡	大
涯	出	世	整	騰	緑	不	即	不	離
孤	軍	奮	闘	頭	口	絶	是	直	筆
独	浄	舟	色	応	談	胆	空	金	吐

心頭滅却《しんとうめっきゃく》
清廉潔白《せいれんけっぱく》
支離滅裂《しりめつれつ》
鯨飲馬食《げいいんばしょく》
天涯孤独《てんがいこどく》
孤軍奮闘《こぐんふんとう》
夏炉冬扇《かろとうせん》
千紫万紅《せんしばんこう》
千慮一失《せんりょのいっしつ》
一網打尽《いちもうだじん》
色即是空《しきそくぜくう》
不即不離《ふそくふり》

模擬テスト

実際の試験と同じ形式の模擬試験を３回掲載しています。実際の試験は60分ですので、自分で時間を計ってやってみましょう。答え合わせも正確に行いましょう。合格点の目安は200点満点中の140点（70％程度）です。

本試験形式

第1回 模擬テスト

目標時間 60分
合格点 140点

1回目 ／200

2回目 ／200

解答・解説は218~219ページ

(一) 次の——線の漢字の読みをひらがなで記せ。

1×30 ／30

☑ 1 師の苦衷を察し、言葉を収めた。（　　）
☑ 2 壁に満遍なくペンキを塗る。（　　）
☑ 3 再就職した会社から厚遇を受ける。（　　）
☑ 4 この成果が将来への試金石になる。（　　）
☑ 5 珠玉の名画を鑑賞する。（　　）
☑ 6 惰力でやっているに過ぎない。（　　）
☑ 7 その屋敷は板塀に囲まれている。（　　）
☑ 8 参謀本部の総帥が直接指揮をとる。（　　）
☑ 9 夏至を過ぎ暑さが増してきた。（　　）
☑ 10 保険会社の約款を読み直した。（　　）
☑ 11 祖父は囲碁を趣味にしている。（　　）
☑ 12 専務が贈賄の嫌疑を受けている。（　　）
☑ 13 両親を献身的に介護する。（　　）
☑ 14 享年三十歳の若さで他界した。（　　）
☑ 15 哀悼の意を表する。（　　）
☑ 16 突然の円の騰貴に相場は混乱した。（　　）
☑ 17 酢酸には強い刺激臭がある。（　　）
☑ 18 管轄外に関しては権限を持たない。（　　）
☑ 19 ようやく彼の態度が軟化した。（　　）
☑ 20 希望に沿ったアパートを周旋する。（　　）
☑ 21 走ったら草履が脱げた。（　　）
☑ 22 謹んでお祝いを申し上げる。（　　）

23 駅前の商店街は廃れてしまった。（　　）
24 批判の矢面に立つ。（　　）
25 問題を一時棚上げすることに決めた。（　　）
26 特産品と銘打って販売する。（　　）
27 医師に術後の経過を診てもらう。（　　）
28 名残惜しそうに別れを告げる。（　　）
29 記憶の糸を手繰り寄せる。（　　）
30 恩師に諭され改心した。（　　）

（二） 次の漢字の**部首**を記せ。

〈例〉花〔艹〕　関〔門〕

1×10　／10

1 窈（　　）
2 叙（　　）
3 懇（　　）
4 鼻（　　）
5 畝（　　）
6 衡（　　）
7 亜（　　）
8 栽（　　）
9 麻（　　）
10 疫（　　）

（三） **熟語の構成**のしかたには次のようなものがある。

2×10　／20

ア 同じような意味の漢字を重ねたもの（岩石）
イ 反対または対応の意味を表す字を重ねたもの（高低）
ウ 上の字が下の字を修飾しているもの（洋画）
エ 下の字が上の字の目的語・補語になっているもの（着席）
オ 上の字が下の字の意味を打ち消しているもの（非常）

次の熟語は右の**ア〜オ**のどれにあたるか、**一つ**選び、**記号**を記せ。

1 偏在（　　）
2 交錯（　　）

□3 不易（　　）
□4 出没（　　）
□5 急逝（　　）
□6 早晩（　　）

□7 罷業（　　）
□8 未到（　　）
□9 繁閑（　　）
□10 納涼（　　）

（四）

次の**四字熟語**について、**問1**と**問2**に答えよ。

2×15　／30

問1 後の□内のひらがなを**漢字**にして1〜10に入れ、**四字熟語**を完成せよ。□内のひらがなは**一度だけ**使い、**一字記入**せよ。

□ア [1]舞激励（　　）
□イ 千[2]万紅（　　）
□ウ 謹[3]実直（　　）
□エ 青息[4]息（　　）
□オ 鶏口[5]後（　　）
□カ 不[6]流行（　　）
□キ [7]善懲悪（　　）
□ク 厚顔無[8]（　　）
□ケ 巧言[9]色（　　）
□コ 和洋[10]衷（　　）

えき・かん・ぎゅう・げん・こ
し・せっ・ち・と・れい

問2 次の11〜15の**意味**にあてはまるものを**問1**の**ア〜コの四字熟語**から**一つ**選び、**記号**を記せ。

□11 困ったときや苦しいときに発する元気のないため息。（　　）
□12 真面目で正直なこと。（　　）
□13 言葉を飾り、うまく顔色をやわらげてこびへつらうこと。（　　）
□14 日本風と西洋風の様式を取り入れること。（　　）
□15 励まして元気づけること。（　　）

(五)

次の1〜5の**対義語**、6〜10の**類義語**を後の［　］の中から選び、**漢字**で記せ。［　］の中の語は一度だけ使うこと。

2×10
／20

対義語

☐ 1 秩序（　　）
☐ 2 勤勉（　　）
☐ 3 受理（　　）
☐ 4 幼稚（　　）
☐ 5 逃亡（　　）

類義語

☐ 6 脅迫（　　）
☐ 7 貢献（　　）
☐ 8 肯定（　　）
☐ 9 懇意（　　）
☐ 10 同等（　　）

いかく・きゃっか・きよ・こんらん
しんみつ・ぜにん・たいだ・ついせき
ひってき・ろうれん

(六)

次の――線の**カタカナ**を**漢字**に直せ。

2×10
／20

☐ 1 五音と七音による**イン**律を整える。（　　）
☐ 2 祖父は既に**イン**居した身だ。（　　）

☐ 3 不況で**コウ**買力が落ちてきた。（　　）
☐ 4 祖父は温**コウ**な人柄だった。（　　）

☐ 5 **ソウ**麗な教会を見学する。（　　）
☐ 6 丹念な**ソウ**査で容疑者を逮捕した。（　　）

☐ 7 **イ**政者は我欲に走ってはいけない。（　　）
☐ 8 **イ**型で金属部品を作る。（　　）

☐ 9 ゴールラインを全速力で**カ**け抜ける。（　　）
☐ 10 部活動勧誘の声を**カ**けられた。（　　）

読み　部首　熟語の構成　四字熟語　対義語・類義語　同音・同訓異字　誤字訂正　漢字と送りがな　書き取り　模擬テスト

(七) 次の各文にまちがって使われている**同じ読みの漢字が一字**ある。**上に誤字**を、**下に正しい漢字**を記せ。

2×5 ／10

1 立派な会社だが受付嬢が少々無愛奏で、会社の印象を悪くしている。（　・　）

2 料理中に不注意から熱湯を腕に浴びてしまい、皮腐が真っ赤になってしまった。（　・　）

3 委員会は適切な答針を出したが、政府はそれを完全に無視している。（　・　）

4 父は趣味の天体監測のために、自宅の屋上に天体ドームを自作した。（　・　）

5 懸命に練習を繰り帰したが上達せず、コンクールへの出場を断念した。（　・　）

(八) 次の――線の**カタカナ**を**漢字一字と送りがな（ひらがな）**に直せ。

〈例〉答えを**タシカメル**。　確かめる

2×5 ／10

1 拾った石を磨くと**カガヤキ**だした。（　）

2 名匠の**ホマレ**高い陶工の作だ。（　）

3 打てば**ヒビク**ような反応が返ってきた。（　）

4 兄の機嫌を**ソコネテ**しまう。（　）

5 健全な精神は健全な肉体に**ヤドル**。（　）

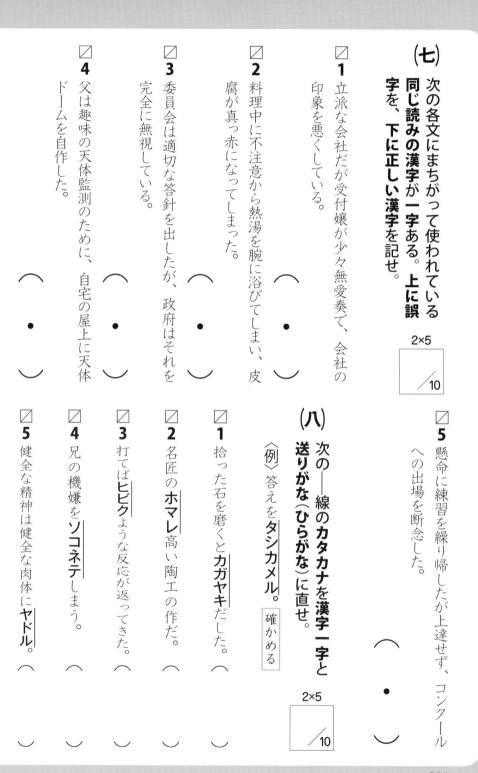

（九）次の――線のカタカナを漢字に直せ。

2×25

／50

1 **トウナン**保険に加入した。（　　）

2 **ノウム**注意報が出ている。（　　）

3 **スウキ**な生涯を送った。（　　）

4 **スイトウ**を持って花見に出かける。（　　）

5 大臣の**キョシュウ**に注目が集まる。（　　）

6 少女がかわいらしく**ビショウ**した。（　　）

7 学費を**メンジョ**される。（　　）

8 前世からの**インネン**を感じる。（　　）

9 助命**タンガン**書を提出する。（　　）

10 他人への**ハイリョ**を怠らない。（　　）

11 山中には熊がいた**ケイセキ**があった。（　　）

12 リンゴをかじったら**ハグキ**から血が出た。（　　）

13 **エキショウ**画面が真っ暗になった。（　　）

14 市内を**ジュンカン**するバスに乗る。（　　）

15 戦車の砲弾が装甲を**カンツウ**した。（　　）

16 犬を**ゴヒキ**も飼っている。（　　）

17 セーターを**カゲボ**しする。（　　）

18 毎日剣道場に通い**キタ**えられている。（　　）

19 ご飯が**タ**ければ夕食の準備は終わりだ。（　　）

20 前人未到の記録に**イド**む。（　　）

21 二度と失敗しないと心に**チカ**う。（　　）

22 中庭は**イコ**いの場となっている。（　　）

23 手痛い敗戦に自信が**ユ**らぐ。（　　）

24 余計な口出しを**ヒカ**える。（　　）

25 海に**モグ**ってきれいな魚を観察した。（　　）

本試験形式

第2回 模擬テスト

目標時間 60分
合格点 140点
1回目 /200
2回目 /200
解答・解説は220~221ページ

(一) 次の――線の漢字の読みをひらがなで記せ。

1×30　/30

1 浴槽にゆったりとつかる。（　　）
2 理不尽な要求を拒否する。（　　）
3 物事の道理を懇々と話して聞かせる。（　　）
4 一日中、書斎に閉じこもった。（　　）
5 金融機関で資金を調達する。（　　）
6 恥ずかしながら楽譜が読めない。（　　）
7 試合の均衡を崩す得点を決めた。（　　）
8 この作品はあまりにも唯美的だ。（　　）
9 午後からは解剖実習の予定だ。（　　）
10 乾いた大地に慈雨が降る。（　　）
11 後輩の秀逸な切り返しに舌を巻いた。（　　）
12 見過ごされていた問題が顕在化する。（　　）
13 文章の拙劣さを指摘される。（　　）
14 母の急死で室内は愁嘆場と化した。（　　）
15 ついに全国制覇を成し遂げた。（　　）
16 一度出した方針を撤回する。（　　）
17 法律の改正で逆に弊害が生じた。（　　）
18 悲壮な決意で戦いに臨む。（　　）
19 慶弔休暇の申請を行う。（　　）
20 社会に暗い雰囲気が充満している。（　　）
21 外食が続き栄養が偏る。（　　）
22 村の小川は蛍の産卵場所となっている。（　　）

23 戦いの決着は既についている。（　）
24 河口には大小様々な中州があった。（　）
25 勘違いも甚だしい。（　）
26 昔は峠を越えるのも命懸けだった。（　）
27 どちらに加勢するか日和見状態だ。（　）
28 先月からお琴を習い出した。（　）
29 杉の間伐材から割り箸《ばし》を作る。（　）
30 裏山には祖父がもつ炭焼き窯がある。（　）

(二) 次の漢字の部首を記せ。
〈例〉花〔艹〕　関〔門〕

1×10　／10

1 鼓（　）
2 凸（　）
3 焦（　）
4 丙（　）
5 辛（　）
6 朱（　）
7 雇（　）
8 督（　）
9 玄（　）
10 軟（　）

(三) 熟語の構成のしかたには次のようなものがある。

2×10　／20

ア 同じような意味の漢字を重ねたもの（岩石）
イ 反対または対応の意味を表す字を重ねたもの（高低）
ウ 上の字が下の字を修飾しているもの（洋画）
エ 下の字が上の字の目的語・補語になっているもの（着席）
オ 上の字が下の字の意味を打ち消しているもの（非常）

次の熟語は右のア～オのどれにあたるか、一つ選び、記号を記せ。

1 賢愚（　）
2 不肖（　）

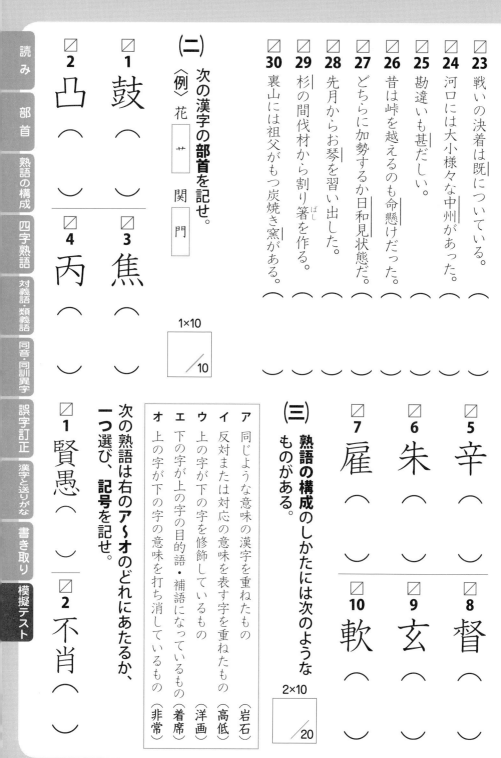

3 媒介（　　）
4 貴賓（　　）
5 研磨（　　）
6 棄権（　　）

7 邪推（　　）
8 不惑（　　）
9 起伏（　　）
10 赴任（　　）

（四） 次の**四字熟語**について、**問1**と**問2**に答えよ。

2×15　　/30

問1 後の□内のひらがなを**漢字**にして1～10に入れ、**四字熟語**を完成せよ。□内のひらがなは**一度だけ**使い、**一字記入**せよ。

ア 美辞［1］句（　　）
イ ［2］心伝心（　　）
ウ 弊衣破［3］（　　）
エ 朝三［4］四（　　）
オ 人面［5］心（　　）
カ 衆口一［6］（　　）
キ 気［7］壮大（　　）
ク 思［8］分別（　　）
ケ 心頭滅［9］（　　）
コ 夏炉冬［10］（　　）

い・う・きゃく・じゅう・せん
ち・ぼ・ぼう・りょ・れい

問2 次の11～15の**意味**にあてはまるものを**問1**の**ア～コの四字熟語**から**一つ**選び、**記号**を記せ。

11 うわべだけ飾った内容のない言葉。（　　）
12 大勢の人の意見がぴったり合うこと。（　　）
13 物事を注意深く考え判断すること。（　　）
14 発想や心意気が並はずれて大きいこと。（　　）
15 言葉を使わずに心と心で通じ合うこと。（　　）

読み
部首
熟語の構成
四字熟語
対義語・類義語
同音・同訓異字
誤字訂正
漢字と送りがな
書き取り
模擬テスト

(五)

次の1～5の**対義語**、6～10の**類義語**を後の□の中から選び、**漢字**で記せ。□の中の語は一度だけ使うこと。

2×10　／20

対義語

1 激賞（　　）
2 粗雑（　　）
3 緩慢（　　）
4 凡庸（　　）
5 特殊（　　）

類義語

6 是認（　　）
7 薄情（　　）
8 激励（　　）
9 道徳（　　）
10 横領（　　）

いだい・いっぱん・こうてい・こくひょう
こぶ・ちゃくふく・びんそく
めんみつ・りんり・れいたん

(六)

次の――線の**カタカナ**を**漢字**に直せ。

2×10　／20

1 困難を打破する気**ガイ**を示す。（　　）
2 首相の政治姿勢を弾**ガイ**する。（　　）
3 一人静かに思**サク**にふける。（　　）
4 さまざまな思いが交**サク**する。（　　）
5 **カ**聞にして存じません。（　　）
6 風光絶**カ**の地を訪ねる。（　　）
7 救いの手を**サ**し伸べる。（　　）
8 画家に**サ**し絵を依頼する。（　　）
9 遺影に**トウ**辞をささげる。（　　）
10 飛行機の**トウ**乗券を用意する。（　　）

(七) 次の各文にまちがって使われている**同じ読みの漢字**が**一字**ある。**上に誤字**を、**下に正しい漢字**を記せ。

2×5 /10

☐ **1** 老旧化による校舎の取り壊しに反対するための署名運動が起こった。（　・　）

☐ **2** 先輩から新しい事業の立ち上げへの協力を求められ速座に同意した。（　・　）

☐ **3** 一流の彫刻家が粋をこらした作品だけに、抜群の光採を放っている。（　・　）

☐ **4** 裏山の日当たりのよい斜面に、春の先掛けのように福寿草が咲き出した。（　・　）

☐ **5** 災害発生時の対応に尽速さが欠如していたと市民から非難された。（　・　）

(八) 次の――線の**カタカナ**を**漢字一字**と**送りがな（ひらがな）**に直せ。

〈例〉答えを**タシカメル**。 確かめる

2×5 /10

☐ **1** 体温の低下により判断力が**ニブッタ**。（　）

☐ **2** 恩に**ムクイル**ため努力を重ねる。（　）

☐ **3** 彼は**タノモシイ**男だ。（　）

☐ **4** 不用意な行動を**イマシメル**。（　）

☐ **5** 志**ナカバ**で病に倒れる。（　）

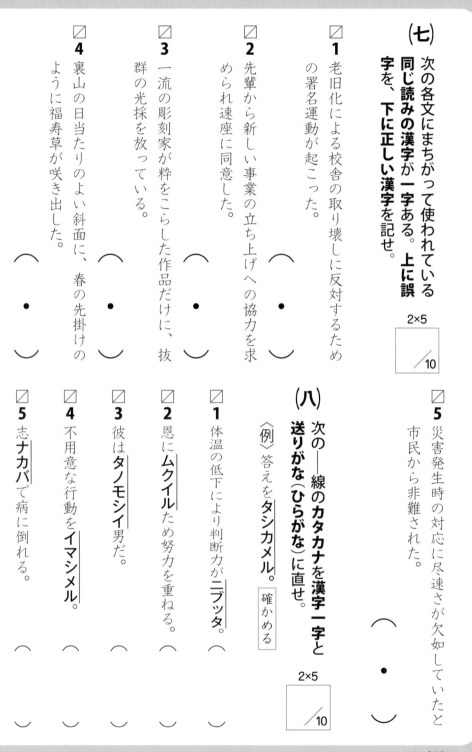

(九) 次の——線のカタカナを漢字に直せ。

2×25 /50

1 **キョウレツ**な印象を与える。

2 **チョウハツ**行為に対し罰則が科された。

3 派閥間で**コウソウ**が続いた。

4 裁判所へ**サイシン**の請求を行った。

5 父の郷里も**カソ**化が進んでいる。

6 **オンチ**であることを恥ずかしく思う。

7 **バンライ**の拍手で迎えられた。

8 **キンコウ**には多数のベッドタウンがある。

9 **センタク**が終わるまでに掃除を終えた。

10 **ドウサツ**力に優れた意見だ。

11 バスの**テンジョウ**員の世話になる。

12 台風のため**ギョカク**高が減少した。

13 **コウイ**室で私服に着替える。

14 牛乳を**ハッコウ**させてチーズを作る。

15 合成**カンミリョウ**を少々使う。

16 **ミサキ**の先端に灯台がある。

17 **シタザワ**りの良い食べ物だ。

18 **ネコ**の額ほどの大きさの庭だ。

19 楽をして金を**カセ**いだ。

20 愚かなことを**ク**り返す。

21 城の**ホリ**で白鳥に餌《えさ》をやる。

22 夕食は**チャヅ**けで済ます。

23 **オ**しまれながら引退した。

24 街の内外は城壁で**ヘダ**てられている。

25 夕方になると大分**スズ**しくなった。

本試験形式

第3回 模擬テスト

目標時間 60分
合格点 140点

1回目 /200

2回目 /200

解答・解説は222~223ページ

(一) 次の――線の漢字の読みをひらがなで記せ。

1×30 /30

1 兄は叙情詩人として知られている。( )
2 村人総出で竜神に雨ごいをする。( )
3 世代間で認識の違いが顕著に表れた。( )
4 発覚を恐れて偽装工作をする。( )
5 構想の輪郭がようやくつかめた。( )
6 ぜひご笑納いただきたい。( )
7 代金の支払いの督促を受けた。( )
8 渓流で釣りを楽しむ。( )
9 懐石料理の繊細な味を楽しんだ。( )
10 街の中心には摩天楼が林立している。( )
11 懐古趣味が高じて店を出した。( )
12 新興宗教の教祖を崇拝する。( )
13 最後まで任務を全うして殉職した。( )
14 舌禍を招いたあげく罷免された。( )
15 父の書斎には大量の本があった。( )
16 この問題を等閑視してはいけない。( )
17 祖父から惰弱であるとなじられる。( )
18 享楽的な生活をしている。( )
19 完膚無きまでに打ちのめされた。( )
20 国賓を迎え入れる準備に忙殺された。( )
21 最近猫背になってきた。( )
22 申し入れに渋々応じた。( )

☐ **23** 冬は乾燥しているため唇が荒れやすい。（　　）

☐ **24** 滑らかな肌合いのおわんを買った。（　　）

☐ **25** 不況で行き交う人もまばらだ。（　　）

☐ **26** 武功による栄誉を賜った。（　　）

☐ **27** ガンの治療に人生を費やした。（　　）

☐ **28** 事態は泥沼の様相を呈してきた。（　　）

☐ **29** 漆の塗られた器が発掘された。（　　）

☐ **30** 月末は棚卸しのため臨時休業となった。（　　）

(二) 次の漢字の**部首**を記せ。

〈例〉花［艹］　関［門］

1×10　／10

☐ **1** 窯（　　）

☐ **2** 愁（　　）

☐ **3** 魔（　　）

☐ **4** 勅（　　）

☐ **5** 准（　　）

☐ **6** 処（　　）

☐ **7** 甚（　　）

☐ **8** 尿（　　）

☐ **9** 且（　　）

☐ **10** 衷（　　）

(三) **熟語の構成**のしかたには次のようなものがある。

2×10　／20

ア　同じような意味の漢字を重ねたもの（岩石）

イ　反対または対応の意味を表す字を重ねたもの（高低）

ウ　上の字が下の字を修飾しているもの（洋画）

エ　下の字が上の字の目的語・補語になっているもの（着席）

オ　上の字が下の字の意味を打ち消しているもの（非常）

次の熟語は右の**ア〜オ**のどれにあたるか、**一つ**選び、**記号**を記せ。

☐ **1** 遷都（　　）

☐ **2** 哀歓（　　）

☐3 扶助（　　）
☐4 無臭（　　）
☐5 明滅（　　）
☐6 醜聞（　　）

☐7 不偏（　　）
☐8 塑像（　　）
☐9 享楽（　　）
☐10 披露（　　）

(四)

次の**四字熟語**について、**問1**と**問2**に答えよ。

2×15　／30

問1 後の□内のひらがなを**漢字**にして1～10に入れ、**四字熟語**を完成せよ。□内のひらがなは**一度**だけ使い、**一字記入**せよ。

☐ア 酷寒[1]暑（　　）
☐イ 巧[2]拙速（　　）
☐ウ 悠悠自[3]（　　）
☐エ 本末転[4]（　　）
☐オ 優[5]不断（　　）
☐カ [6]倹力行（　　）
☐キ [7]忍自重（　　）
☐ク 勢力伯[8]（　　）
☐ケ 温[9]篤実（　　）
☐コ 山[10]水明（　　）

いん・きん・こう・し・じゅう・ち
ちゅう・てき・とう・もう

問2 次の11～15の**意味**にあてはまるものを**問1**の**ア～コの四字熟語**から**一つ**選び、**記号**を記せ。

☐11 厳しい寒さと暑さのこと。（　　）
☐12 物事の決断がなかなかできないこと。（　　）
☐13 力が均衡しているさま。（　　）
☐14 自然の風景が清浄で美しいさま。（　　）
☐15 のんびりと自分の思うがままに過ごすこと。（　　）

(五)

次の1〜5の**対義語**、6〜10の**類義語**を後の□の中から選び、**漢字**で記せ。□の中の語は一度だけ使うこと。

2×10 ／20

対義語

1 削除（　　）
2 緩慢（　　）
3 混乱（　　）
4 清浄（　　）
5 漠然（　　）

類義語

6 泰然（　　）
7 酌量（　　）
8 他界（　　）
9 回顧（　　）
10 看過（　　）

おだく・こうりょ・じんそく・せいきょ
せんめい・ちつじょ・ちんちゃく・ついおく
てんか・もくにん

(六)

次の――線の**カタカナ**を**漢字**に直せ。

2×10 ／20

1 虚**ギ**の申告をする。（　　）
2 顧客に便**ギ**をはかる。（　　）
3 首相官**テイ**に大臣が集まる。（　　）
4 懇切**テイ**寧な説明を受ける。（　　）
5 **カン**美な雰囲気に酔いしれる。（　　）
6 この墨絵には落**カン**がない。（　　）
7 **ケン**垂で腕を鍛える。（　　）
8 **ケン**煙の風潮が広がってきた。（　　）
9 戸籍**ショウ**本を取り寄せる。（　　）
10 海底に人工漁**ショウ**を設ける。（　　）

(七) 次の各文にまちがって使われている**同じ読みの漢字が一字**ある。**上に誤字**を、**下に正しい漢字**を記せ。

2×5 ／10

☐ **1** 宣伝文句にこれだけ美事麗句を並べられると、逆に疑念が生じる。（　・　）

☐ **2** 思わぬ幸運にも宇頂天にならず、「好事魔多し」と気を引き締めなさい。（　・　）

☐ **3** 五月の連休に家族で潮日狩りに出かけたが、あまりの人の多さに驚いた。（　・　）

☐ **4** 流行性感冒のまん延が予測されるため、予防摂種を受けるよう指導する。（　・　）

☐ **5** 官僚の不祥事にからみ、管理不行き届きとして担当大臣が更撤された。（　・　）

(八) 次の――線の**カタカナ**を**漢字一字**と**送りがな（ひらがな）**に直せ。

〈例〉答えを**タシカメル**。確かめる

2×5 ／10

☐ **1** 学力の低下を**ナゲカワシク**思う。（　）

☐ **2** 道具箱をひもで自転車に**ユワエタ**。（　）

☐ **3** 感情のたかぶりを**オサエル**。（　）

☐ **4** **ハジラウ**余裕もなくなった。（　）

☐ **5** 冬を越すための食料を**タクワエル**。（　）

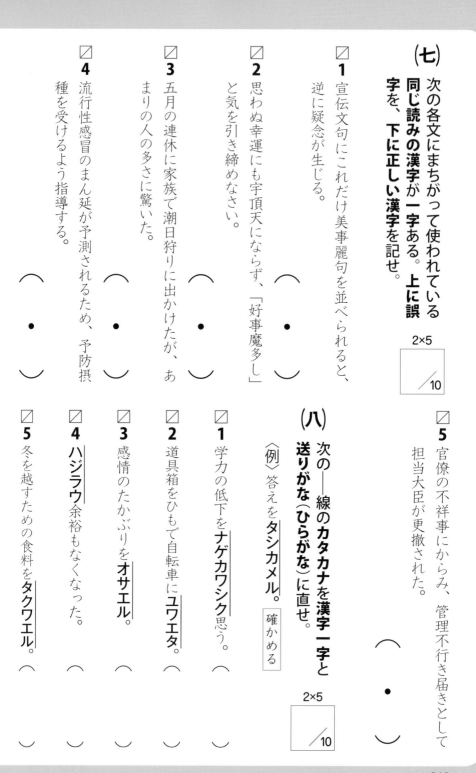

(九) 次の――線のカタカナを漢字に直せ。

2×25 ／50

1 メイサイ服を着た軍人が立っている。（　　）
2 詳細な点までハアクしていた。（　　）
3 心理描写が見事なギキョクだ。（　　）
4 敵の通信をボウジュする。（　　）
5 仕事のホウシュウが少なすぎる。（　　）
6 持病がついにチユする。（　　）
7 注意がサンマンになっている。（　　）
8 ショウセキは火薬の原料の一つだ。（　　）
9 ハイキ処分されることが決定した。（　　）
10 犯人に対しイカク射撃を行う。（　　）
11 ダイタンな改革案に賛同する。（　　）
12 フメンに音階を書き込む。（　　）
13 エッセイのシッピツ依頼を受ける。（　　）
14 思い切りタイコをたたく。（　　）
15 キャクショクされているが概ね事実だ。（　　）
16 自宅のムネアげ式を行う。（　　）
17 期待に胸をフクらませる。（　　）
18 親を恨むのはスジチガいだ。（　　）
19 通りにはヤナギの木が植えられている。（　　）
20 モンキり型のスピーチでつまらない。（　　）
21 犬をフせるようしつける。（　　）
22 山菜をツみに山へ入る。（　　）
23 オモムキのある庭園を観賞する。（　　）
24 寒さもだんだんとウスらいできた。（　　）
25 イネカりの手伝いに駆り出される。（　　）

本試験形式

第1回 模擬テスト 解答と解説

問題は P200~205

(一) 読み

1 くちゅう
2 まんべん
3 こうぐう
4 しきんせき
5 しゅぎょく
6 だりょく
7 いたべい
8 そうすい
9 げし
10 やっかん
11 いご
12 けんぎ
13 けんしん
14 きょうねん
15 あいとう
16 とうき
17 さくさん
18 かんかつ
19 なんか
20 しゅうせん
21 ぞうり
22 つつし
23 すた
24 やおもて
25 たなあ
26 めいう
27 み
28 なごり
29 たぐ
30 さと

(二) 部首

1 穴 (あなかんむり)
2 又 (また)
3 心 (こころ)
4 鼻 (はな)
5 田 (た)
6 行 (ぎょうがまえ ゆきがまえ)
7 二 (に)
8 木 (き)
9 麻 (あさ)
10 疒 (やまいだれ)

(三) 熟語の構成

1 ウ
2 ア
3 オ
4 イ
5 ウ
6 イ
7 エ
8 オ
9 イ
10 エ

(四) 四字熟語

1 鼓
2 紫
3 厳
4 吐
5 牛
6 易
7 勧
8 恥
9 令
10 折
11 エ
12 ウ
13 ケ
14 コ
15 ア

(一)

1「苦衷」は、苦しい胸のうち。「苦衷を察する」などと使う。

4「試金石」は、人や物の内容を判断する際に基準となるもの。

20「周旋」は、なかだちのこと。当事者の間に入って交渉や世話などをすること。

(三)

1「偏在」は、ある部分にかたよって存在すること。「偏」の訓読みは「かたよ(る)」。「遍在」は、あまねく存在することで、字形は似ているが反対の意味になる。

3「不易」は、いつまでも変わらないこと。「易」には「交換する、変化する」の意味があり、答えはオになる。

6「早晩」は、はやいこととおそいこと。また、朝と夕方のこと。反対の意味なので、答えはイ。

(五) 対義語・類義語

1 混乱
2 怠惰
3 却下
4 老練
5 追跡
6 威嚇
7 寄与
8 是認
9 親密
10 匹敵

(六) 同音・同訓異字

1 韻
2 隠
3 購
4 厚
5 壮
6 捜
7 為
8 鋳
9 駆
10 掛

(七) 誤字訂正

1 奏→想
2 腐→膚
3 針→申
4 監→観
5 帰→返

(八) 漢字と送りがな

1 輝き
2 誉れ
3 響く
4 損ねて
5 宿る

(九) 書き取り

1 盗難
2 濃霧
3 数奇
4 水筒
5 去就
6 微笑
7 免除
8 因縁
9 嘆願
10 配慮
11 形跡
12 歯茎
13 液晶
14 循環
15 貫通
16 五匹
17 陰干
18 鍛
19 炊
20 挑
21 誓
22 憩
23 揺
24 控
25 潜

9「繁閑」は、忙しいことと暇なこと。

(四)
9「巧言令色」は、言葉を飾って、心にもないことを言っておもねること。「令」を「麗」などと間違えないよう注意。

(六)
1「韻律」は、音声の長短やアクセントなどの調子のこと。
8「鋳型」は、鋳造の際に溶かした金属を注ぎいれる型のこと。

(九)
3「数奇」は、運が悪いこと。運命に波乱が多いこと。
5「去就」は、どのように身を処するのか、その態度のこと。
20「前人未到」は、今まで誰も到達していないこと。

本試験形式

第2回 模擬テスト 解答と解説

問題はP206~211

(一) 読み

1 よくそう
2 きょひ
3 こんこん
4 しょさい
5 きんゆう
6 がくふ
7 きんこう
8 ゆいび
9 かいぼう
10 じう
11 しゅういつ
12 けんざい
13 せつれつ
14 しゅうたんば
15 せいは
16 てっかい
17 へいがい
18 ひそう
19 けいちょう
20 じゅうまん
21 かたよ
22 ほたる
23 すで
24 なかす
25 はなは
26 いのちが
27 ひよりみ
28 こと
29 すぎ
30 がま

(二) 部首

1 鼓（つづみ）
2 凵（うけばこ）
3 灬（れんが れっか）
4 一（いち）
5 辛（からい）
6 木（き）
7 隹（ふるとり）
8 目（め）
9 玄（げん）
10 車（くるまへん）

(三) 熟語の構成

1 イ
2 オ
3 ア
4 ウ
5 ア
6 エ
7 ウ
8 オ
9 イ
10 エ

(四) 四字熟語

1 麗
2 以
3 帽
4 暮
5 獣
6 致
7 宇
8 慮
9 却
10 扇
11 ア
12 カ
13 ク
14 キ
15 イ

(一)

8「唯美」は、美を最も重んじること。美を最も価値のあるものとして、美の世界に心を傾けること。

10「慈雨」は、恵みの雨。あらゆる物を育てる雨。

14「愁嘆場」は、芝居などで役者が悲しむ場面。転じて、実際の生活の中での悲しい場面のこと。

(三)

1「賢愚」は、かしこいことと、おろかなこと。反対の意味なので、答えはイ。

4「貴賓」は、貴いお客様のことなので、答えはウ。

6「棄権」は、権利を放棄することなので、答えはエ。「棄」には「すてる」の意味がある。

(四)

3「弊衣破帽」は、くたびれたぼろぼろの衣服と、破れた帽子。

(五) 対義語・類義語

1 酷評
2 綿密
3 敏速
4 偉大
5 一般
6 肯定
7 冷淡
8 鼓舞
9 倫理
10 着服

(六) 同音・同訓異字

1 概
2 劾
3 索
4 錯
5 寡
6 佳
7 差
8 挿
9 悼
10 搭

(七) 誤字訂正

1 旧→朽
2 速→即
3 採→彩
4 掛→駆
5 尽→迅

(八) 漢字と送りがな

1 鈍った
2 報いる
3 頼もしい
4 戒める
5 半ば

(九) 書き取り

1 強烈
2 挑発
3 抗争
4 再審
5 過疎
6 音痴
7 万雷
8 近郊
9 洗濯
10 洞察
11 添乗
12 漁獲
13 更衣
14 発酵
15 甘味料
16 岬
17 舌触
18 猫
19 稼
20 繰
21 堀
22 茶漬
23 惜
24 隔
25 涼

身なりを気にしない、粗野な様子のこと。

(五)
7「冷淡」は、興味や関心を示さないこと。また、そっけないこと。
9「倫理」は、道徳的な行動の原則のこと。善悪の基準のこと。

(六)
5「寡聞」は、知識や見聞が浅いこと。「寡」は「少ない」の意味。

(九)
8「近郊」は、都市周辺の地域のこと。
14「発酵」は、物質が微生物の働きにより分解されて、特定の別の物質になること。

本試験形式 第3回 模擬テスト 解答と解説

問題はP212~217

(一) 読み

1 じょじょう
2 りゅうじん
3 けんちょ
4 ぎそう
5 りんかく
6 しょうのう
7 とくそく
8 けいりゅう
9 せんさい
10 まてんろう
11 かいこ
12 すうはい
13 じゅんしょく
14 ひめん
15 しょさい
16 とうかんし
17 だじゃく
18 きょうらく
19 かんぷ
20 こくひん
21 ねこぜ
22 しぶしぶ
23 くちびる
24 はだあ
25 か
26 たまわ
27 つい
28 どろぬま
29 うるし
30 たなおろ

(二) 部首

1 穴（あなかんむり）
2 心（こころ）
3 鬼（おに）
4 力（ちから）
5 冫（にすい）
6 几（つくえ）
7 甘（かん あまい）
8 尸（かばね しかばね）
9 一（いち）
10 衣（ころも）

(三) 熟語の構成

1 エ
2 イ
3 ア
4 オ
5 イ
6 ウ
7 オ
8 ウ
9 エ
10 ア

(四) 四字熟語

1 猛
2 遅
3 適
4 倒
5 柔
6 勤
7 隠
8 仲
9 厚
10 紫
11 ア
12 オ
13 ク
14 コ
15 ウ

(一)

1「叙情」は、自分の感情や感性を述べて表すこと。

6「笑納」は、贈り物をする際に「つまらない物ですが」という気持ちを込めて用いられる言葉。「笑ってお納めください」の意味。

11「懐古」は、昔のことをなつかしく思うこと。「回顧」は、昔のことを思い出したり、過去を振り返ることで、意味が異なる。

16「等閑視」は、問題を放っておくこと。いいかげんに扱っておくこと。

(三)

5「明滅」は、あかりがつくことと消えることなので、答えはイ。

7「不偏」は、公正であること、かたよりがないことなので、答えはオ。

(五) 対義語・類義語

1 添加
2 迅速
3 秩序
4 汚濁
5 鮮明
6 沈着
7 考慮
8 逝去
9 追憶
10 黙認

(六) 同音・同訓異字

1 偽
2 宜
3 邸
4 丁
5 甘
6 款
7 懸
8 嫌
9 抄
10 礁

(七) 誤字訂正

1 事→辞
2 宇→有
3 日→干
4 摂→接
5 撤→迭

(八) 漢字と送りがな

1 嘆かわしく
2 結わえた
3 抑える
4 恥じらう
5 蓄える

(九) 書き取り

1 迷彩
2 把握
3 戯曲
4 傍受
5 報酬
6 治癒
7 散漫
8 硝石
9 廃棄
10 威嚇
11 大胆
12 譜面
13 執筆
14 太鼓
15 脚色
16 棟上
17 膨
18 筋違
19 柳
20 紋切
21 伏
22 摘
23 趣
24 薄
25 稲刈

(四)
1 「酷寒猛暑」は、耐えられないほどの厳しい寒さと暑さのこと。
6 「勤倹力行」は、一生懸命に仕事をし、倹約し、努力をすること。

(六)
2 「便宜」は、都合のよいことや、都合のよい機会のこと。また、特別なはからいのこと。

(九)
1 「迷彩」は、敵の目をごまかすために施した彩色のこと。他の物と区別がつきにくくなるような彩色のこと。
20 「紋切り型」は、決まりきった型。平凡で新鮮味がまるでないこと。

本書記載の情報は制作時点のものです。受検をお考えの方は、必ずご自身で下記の公益財団法人 日本漢字能力検定協会の発表する最新情報をご確認ください。

公益財団法人 日本漢字能力検定協会
【ホームページ】 https://www.kanken.or.jp/
＜本部＞ 京都市東山区祇園町南側 551 番地
ホームページにある「よくある質問」を読んで該当する質問がみつからなければメールフォームでお問合せください。電話でのお問合せ窓口は0120－509－315（無料）です。

◆「漢検」「漢字検定」は公益財団法人 日本漢字能力検定協会の登録商標です。

本書に関する正誤等の最新情報は、下記のアドレスでご確認ください。
https://www.seibidoshuppan.co.jp/info/hkankenj2-2304

◉ 上記アドレスに掲載されていない箇所で、正誤についてお気づきの場合は、書名・質問事項・氏名・住所（または FAX 番号）を明記の上、**成美堂出版**まで**郵送**またはFAXでお問い合わせください。**お電話でのお問い合わせはお受けできません。**
◉ 内容によってはご質問をいただいてから回答を発送するまでお時間をいただくこともございます。
◉ 本書の内容を超える質問等にはお答えできませんので、あらかじめご了承ください。

よくあるお問い合わせ

Q 持っている辞書に掲載されている部首と、本書に掲載されている部首が違いますが、どちらが正解でしょうか？

A 辞書によっては、部首としているものが異なることがあります。**漢検の採点基準では、「漢検要覧2～10級対応 改訂版」（日本漢字能力検定協会発行）で示しているものを正解としています**ので、本書もこの基準に従っています。そのためお持ちの辞書と部首が異なることがあります。

■ 本文デザイン：HOPBOX（福井信明）
■ 本文イラスト：黒はむ
■ 編 集 協 力：knowm

頻出度順 漢字検定準２級問題集

編 著 成美堂出版編集部
発行者 深見公子
発行所 成美堂出版
〒162-8445 東京都新宿区新小川町1-7
電話(03)5206-8151 FAX(03)5206-8159
印 刷 大盛印刷株式会社

ISBN978-4-415-23203-4
落丁･乱丁などの不良本はお取り替えします
定価はカバーに表示してあります

頻出度順 漢字検定準２級問題集　**別冊**

漢字検定 準2級

合格ブック

暗記に役立つ！

- 絶対覚える **準2級配当漢字表**
- 資料❶ 重要な **熟字訓・当て字**
- 資料❷ 重要な **特別な読み**
- 資料❸ 重要な **高校で習う読み**の問題
- 資料❹ 重要な **中学で習う読み**の問題
- 資料❺ 試験に出る **四字熟語**の問題
- 資料❻ よく出る **対義語**の問題
- 資料❼ よく出る **類義語**の問題
- 資料❽ よく出る **熟語の構成**の問題

成美堂出版

← 矢印の方向に引くと、取り外せます。

絶対覚える

準2級配当漢字表

328字

漢字検定準2級では、この「準2級配当漢字」からの出題が中心になります。［　］㊔のついた読みは、高校で学習するものです。

11　カ	画数／五十音順です
渇	◀漢字
［カツ］［かわ］く㊔	◀読み　カタカナは音読み　ひらがなは訓読み　黒字は送りがな　［　］㊔は高校で習う読み
氵　さんずい	◀部首と部首名
渇望《かつぼう》・渇水《かっすい》　のどが渇《かわ》く	◀用例

五十音	画数	漢字	読み	部首	部首名	用例
ア	7	亜	［ア］	二	に	亜流《ありゅう》・亜麻《あま》　亜熱帯《あねったい》
イ	11	尉	［イ］	寸	すん	尉官《いかん》・一尉《いちい》　大尉《たいい》
	11	逸	［イツ］	辶	しんにょう　しんにゅう	秀逸《しゅういつ》・安逸《あんいつ》　逸《いっ》する
	9	姻	［イン］	女	おんなへん	姻族《いんぞく》・婚姻《こんいん》
	19	韻	［イン］	音	おと	韻律《いんりつ》・余韻《よいん》　音韻《おんいん》・韻文《いんぶん》
ウ	10	畝	［うね］	田	た	畝《うね》・畝織《うねおり》
	10	浦	［うら］	氵	さんずい	浦《うら》・浦風《うらかぜ》　浦波《うらなみ》
エ	9	疫	［エキ］［ヤク］㊔	疒	やまいだれ	検疫《けんえき》・悪疫《あくえき》　免疫《めんえき》・防疫《ぼうえき》
	15	謁	［エツ］	言	ごんべん	謁見《えっけん》・拝謁《はいえつ》　謁《えっ》する
	13	猿	［エン］［さる］	犭	けものへん	犬猿《けんえん》・類人猿《るいじんえん》　猿知恵《さるぢえ》
オ	5	凹	［オウ］	凵	うけばこ	凹凸《おうとつ》　凹面鏡《おうめんきょう》
	10	翁	［オウ］	羽	はね	老翁《ろうおう》
	13	虞	［おそれ］	虍	とらがしら　とらかんむり	大雨《おおあめ》の虞《おそれ》
カ	12	渦	［カ］㊔［うず］	氵	さんずい	渦中《かちゅう》　渦潮《うずしお》・渦巻《うずま》く
	13	禍	［カ］	礻	しめすへん	禍福《かふく》・惨禍《さんか》　災禍《さいか》・禍根《かこん》
	13	靴	［カ］㊔［くつ］	革	かわへん	靴擦《くつず》れ　上靴《うわぐつ》・革靴《かわぐつ》
	14	寡	［カ］	宀	うかんむり	寡黙《かもく》・寡聞《かぶん》　多寡《たか》・寡少《かしょう》

画数	漢字	読み	部首	用例
15	稼	[カ](高) [かせぐ]	禾 のぎへん	稼業《かぎょう》・稼働《かどう》 稼《かせ》ぐ
10	蚊	[か]	虫 むしへん	蚊柱《かばしら》・蚊《か》 蚊取《かと》り線香《せんこう》
8	拐	[カイ]	扌 てへん	拐帯《かいたい》 誘拐《ゆうかい》
16	懐	[カイ] [ふところ](高) [なつかしい](高) [なつかしむ](高) [なつく](高) [なつける](高)	忄 りっしんべん	懐中《かいちゅう》・述懐《じゅっかい》 懐古《かいこ》・懐石《かいせき》 本懐《ほんかい》・懐柔《かいじゅう》 懐手《ふところで》・内懐《うちぶところ》
8	劾	[ガイ]	力 ちから	弾劾《だんがい》
11	涯	[ガイ]	氵 さんずい	生涯《しょうがい》・天涯《てんがい》 境涯《きょうがい》
9	垣	[かき]	土 つちへん	垣根《かきね》・石垣《いしがき》 人垣《ひとがき》
10	核	[カク]	木 きへん	核心《かくしん》・中核《ちゅうかく》 結核《けっかく》
11	殻	[カク] [から]	殳 るまた ほこづくり	甲殻《こうかく》・地殻《ちかく》 殻《から》・貝殻《かいがら》
17	嚇	[カク]	口 くちへん	威嚇《いかく》

画数	漢字	読み	部首	用例
9	括	[カツ]	扌 てへん	括弧《かっこ》・一括《いっかつ》 包括《ほうかつ》・統括《とうかつ》
11	喝	[カツ]	口 くちへん	喝破《かっぱ》・一喝《いっかつ》 恐喝《きょうかつ》
11	渇	[カツ](高) [かわく]	氵 さんずい	渇望《かつぼう》・渇水《かっすい》 のどが渇《かわ》く
13	褐	[カツ]	衤 ころもへん	褐色《かっしょく》・茶褐色《ちゃかっしょく》 褐炭《かったん》
17	轄	[カツ]	車 くるまへん	管轄《かんかつ》・所轄《しょかつ》 直轄《ちょっかつ》・総轄《そうかつ》
5	且	[かつ]	一 いち	飲《の》み且《か》つ食《く》う
6	缶	[カン]	缶 ほとぎ	缶詰《かんづめ》 缶《かん》
10	陥	[カン] [おちいる] [おとしいれる](高)	阝 こざとへん	陥没《かんぼつ》・欠陥《けっかん》 陥落《かんらく》・陥《おちい》る
11	患	[カン] [わずらう](高)	心 こころ	患部《かんぶ》・疾患《しっかん》 大患《たいかん》・長患《ながわずら》い
12	堪	[カン](高) [たえる]	土 つちへん	堪忍《かんにん》 任《にん》に堪《た》える
12	棺	[カン]	木 きへん	棺《かん》おけ 石棺《せっかん》・出棺《しゅっかん》

画数	漢字	読み	部首	用例
12	款	[カン]	欠 あくび かける	定款《ていかん》・借款《しゃっかん》 落款《らっかん》・約款《やっかん》
12	閑	[カン]	門 もんがまえ	閑静《かんせい》・森閑《しんかん》 安閑《あんかん》・閑散《かんさん》
13	寛	[カン]	宀 うかんむり	寛大《かんだい》・寛容《かんよう》 寛厳《かんげん》
16	憾	[カン]	忄 りっしんべん	遺憾《いかん》
16	還	[カン]	辶 しんにょう しんにゅう	帰還《きかん》・召還《しょうかん》 還元《かんげん》・償還《しょうかん》
21	艦	[カン]	舟 ふねへん	艦船《かんせん》・艦隊《かんたい》 艦艇《かんてい》・艦長《かんちょう》
13	頑	[ガン]	頁 おおがい	頑強《がんきょう》・頑是《がんぜ》 頑固《がんこ》・頑迷《がんめい》
10 キ	飢	[キ] [うえる]	食 しょくへん	飢餓《きが》 愛情《あいじょう》に飢《う》える
8	宜	[ギ]	宀 うかんむり	適宜《てきぎ》・便宜《べんぎ》 時宜《じぎ》
11	偽	[ギ] [いつわる] [にせ](高)	亻 にんべん	虚偽《きょぎ》・真偽《しんぎ》 偽《いつわ》る・偽造《ぎぞう》
17	擬	[ギ]	扌 てへん	擬音《ぎおん》・模擬《もぎ》 擬似《ぎじ》・擬態《ぎたい》

画数	漢字	読み	部首	部首名	用例
9	糾	[キュウ]	糸	いとへん	糾弾《きゅうだん》・糾明《きゅうめい》 紛糾《ふんきゅう》
15	窮	[キュウ] [きわめる](高) [きわまる](高)	穴	あなかんむり	窮地《きゅうち》・窮屈《きゅうくつ》 窮迫《きゅうはく》・困窮《こんきゅう》
8	拒	[キョ] [こばむ]	扌	てへん	拒絶《きょぜつ》・拒否《きょひ》 申《もう》し出《で》を拒《こば》む
8	享	[キョウ]	亠	なべぶた けいさんかんむり	享有《きょうゆう》・享受《きょうじゅ》 享楽《きょうらく》・享年《きょうねん》
9	挟	[キョウ](高) [はさむ] [はさまる]	扌	てへん	挟撃《きょうげき》・挟殺《きょうさつ》 挟《はさ》む・挟《はさ》まる
10	恭	[キョウ] [うやうやしい](高)	小	したごころ	恭賀《きょうが》・恭順《きょうじゅん》 恭《うやうや》しい
17	矯	[キョウ] [ためる](高)	矢	やへん	矯正《きょうせい》・奇矯《ききょう》 矯《た》め直《なお》す
12	暁	[ギョウ](高) [あかつき]	日	ひへん	暁天《ぎょうてん》・今暁《こんぎょう》 成功《せいこう》の暁《あかつき》には
11	菌	[キン]	艹	くさかんむり	滅菌《めっきん》・殺菌《さっきん》 抗菌《こうきん》・無菌《むきん》
12	琴	[キン] [こと]	王	おう	木琴《もっきん》・琴線《きんせん》 大正琴《たいしょうごと》
17	謹	[キン] [つつしむ]	言	ごんべん	謹慎《きんしん》・謹呈《きんてい》 謹《つつし》む・謹厳《きんげん》
18	襟	[キン](高) [えり]	衤	ころもへん	襟《えり》・襟足《えりあし》 襟元《えりもと》・襟章《えりしょう》
7	吟	[ギン]	口	くちへん	吟味《ぎんみ》・吟詠《ぎんえい》 吟醸《ぎんじょう》・独吟《どくぎん》
12 ク	隅	[グウ] [すみ]	阝	こざとへん	隅隅《すみずみ》・一隅《いちぐう》 隅《すみ》・片隅《かたすみ》
15	勲	[クン]	力	ちから	勲功《くんこう》・勲章《くんしょう》 叙勲《じょくん》・殊勲《しゅくん》
16	薫	[クン](高) [かおる]	艹	くさかんむり	薫風《くんぷう》・薫陶《くんとう》 風薫《かぜかお》る五月《ごがつ》
8 ケ	茎	[ケイ] [くき]	艹	くさかんむり	球茎《きゅうけい》・地下茎《ちかけい》 歯茎《はぐき》・茎《くき》
11	渓	[ケイ]	氵	さんずい	渓谷《けいこく》・渓流《けいりゅう》 雪渓《せっけい》
11	蛍	[ケイ] [ほたる]	虫	むし	蛍光灯《けいこうとう》・蛍光《けいこう》 蛍雪《けいせつ》・蛍《ほたる》
15	慶	[ケイ]	心	こころ	慶弔《けいちょう》・慶事《けいじ》 同慶《どうけい》・内弁慶《うちべんけい》
13	傑	[ケツ]	亻	にんべん	傑物《けつぶつ》・傑作《けっさく》 傑出《けっしゅつ》・豪傑《ごうけつ》
13	嫌	[ケン] [ゲン] [きらう] [いや]	女	おんなへん	嫌疑《けんぎ》・機嫌《きげん》 嫌《きら》う
13	献	[ケン] [コン]	犬	いぬ	献呈《けんてい》・献身《けんしん》 文献《ぶんけん》・献立《こんだて》
17	謙	[ケン]	言	ごんべん	謙虚《けんきょ》 謙譲《けんじょう》
18	繭	[ケン](高) [まゆ]	糸	いと	繭糸《けんし》 繭玉《まゆだま》
18	顕	[ケン]	頁	おおがい	顕著《けんちょ》・顕彰《けんしょう》 露顕《ろけん》・顕在《けんざい》
20	懸	[ケン] [ケ](高) [かける] [かかる]	心	こころ	懸命《けんめい》・懸賞《けんしょう》 命懸《いのちが》け
8	弦	[ゲン] [つる](高)	弓	ゆみへん	上弦《じょうげん》・管弦《かんげん》 下弦《かげん》・弦《げん》
7 コ	呉	[ゴ]	口	くち	呉服《ごふく》・呉音《ごおん》 呉越同舟《ごえつどうしゅう》
13	碁	[ゴ]	石	いし	碁石《ごいし》・碁盤《ごばん》 囲碁《いご》
6	江	[コウ] [え]	氵	さんずい	江湖《こうこ》 江戸《えど》・入《い》り江《え》
8	肯	[コウ]	肉	にく	肯定《こうてい》 首肯《しゅこう》
9	侯	[コウ]	亻	にんべん	諸侯《しょこう》・侯爵《こうしゃく》 王侯《おうこう》

9	洪	[コウ]	氵 さんずい	洪水《こうずい》 洪積層《こうせきそう》
10	貢	[コウ] [ク]㊔ [みつぐ]㊔	貝 かい こがい	貢献《こうけん》・年貢《ねんぐ》 貢《みつ》ぎ物《もの》
13	溝	[コウ] [みぞ]	氵 さんずい	下水溝《げすいこう》・海溝《かいこう》 敷居《しきい》の溝《みぞ》
16	衡	[コウ]	行 ぎょうがまえ ゆきがまえ	均衡《きんこう》・平衡《へいこう》 度量衡《どりょうこう》
17	購	[コウ]	貝 かいへん	購入《こうにゅう》・購買《こうばい》 購読《こうどく》
9	拷	[ゴウ]	扌 てへん	拷問《ごうもん》
10	剛	[ゴウ]	刂 りっとう	剛直《ごうちょく》・剛健《ごうけん》 剛胆《ごうたん》・剛腕《ごうわん》
14	酷	[コク]	酉 とりへん	酷似《こくじ》・酷《こく》 酷評《こくひょう》・過酷《かこく》
8	昆	[コン]	日 ひ	昆虫《こんちゅう》 昆布《こん(こ)ぶ》
17	懇	[コン] [ねんごろ]㊔	心 こころ	懇情《こんじょう》・懇親《こんしん》 懇意《こんい》・懇願《こんがん》
10 サ	唆	[サ] [そそのかす]㊔	口 くちへん	教唆《きょうさ》・示唆《し(じ)さ》 悪事《あくじ》を唆《そそのか》す

12	詐	[サ]	言 ごんべん	詐欺《さぎ》・詐取《さしゅ》 詐称《さしょう》
9	砕	[サイ] [くだく] [くだける]	石 いしへん	砕石《さいせき》・粉砕《ふんさい》 心《こころ》を砕《くだ》く
10	宰	[サイ]	宀 うかんむり	宰領《さいりょう》・宰相《さいしょう》 主宰《しゅさい》
10	栽	[サイ]	木 き	栽培《さいばい》・盆栽《ぼんさい》 植栽《しょくさい》
11	斎	[サイ]	斉 せい	斎場《さいじょう》・潔斎《けっさい》 書斎《しょさい》
10	索	[サク]	糸 いと	索引《さくいん》・思索《しさく》 捜索《そうさく》・検索《けんさく》
12	酢	[サク] [す]	酉 とりへん	酢酸《さくさん》 甘酢《あまず》・酢豚《すぶた》
10	桟	[サン]	木 きへん	桟道《さんどう》 桟橋《さんばし》
12	傘	[サン] [かさ]㊔	人 ひとやね	傘下《さんか》・落下傘《らっかさん》 傘《かさ》・日傘《ひがさ》
8 シ	肢	[シ]	月 にくづき	肢体《したい》・下肢《かし》 四肢《しし》・選択肢《せんたくし》
13	嗣	[シ]	口 くち	嗣子《しし》 嫡嗣《ちゃくし》

15	賜	[シ]㊔ [たまわる]	貝 かいへん	賜暇《しか》・恩賜《おんし》 お言葉《ことば》を賜《たまわ》る
19	璽	[ジ]	玉 たま	御璽《ぎょじ》 国璽《こくじ》
14	漆	[シツ] [うるし]	氵 さんずい	漆器《しっき》・漆黒《しっこく》 漆《うるし》塗《ぬ》り
14	遮	[シャ] [さえぎる]	辶 しんにょう しんにゅう	遮断《しゃだん》・遮光《しゃこう》 話《はなし》を遮《さえぎ》る
11	蛇	[ジャ] [ダ] [へび]	虫 むしへん	蛇腹《じゃばら》・長蛇《ちょうだ》 蛇行《だこう》・蛇《へび》
10	酌	[シャク] [くむ]㊔	酉 とりへん	晩酌《ばんしゃく》・酌量《しゃくりょう》 媒酌《ばいしゃく》・酌《く》む
17	爵	[シャク]	爫 つめかんむり つめがしら	爵位《しゃくい》・伯爵《はくしゃく》 侯爵《こうしゃく》
10	珠	[シュ]	王 おうへん たまへん	珠玉《しゅぎょく》・珠算《しゅざん》 真珠《しんじゅ》
16	儒	[ジュ]	亻 にんべん	儒学《じゅがく》・儒教《じゅきょう》 儒者《じゅしゃ》
5	囚	[シュウ]	囗 くにがまえ	囚人《しゅうじん》・幽囚《ゆうしゅう》 死刑囚《しけいしゅう》
9	臭	[シュウ] [くさい] [におう]	自 みずから	異臭《いしゅう》・体臭《たいしゅう》 泥臭《どろくさ》い・臭《くさ》い

画数	漢字	読み	部首	用例
13	愁	[シュウ] [うれえる](高) [うれい](高)	心 こころ	愁傷《しゅうしょう》・哀愁《あいしゅう》 旅愁《りょしゅう》・憂愁《ゆうしゅう》
13	酬	[シュウ]	酉 とりへん	報酬《ほうしゅう》 応酬《おうしゅう》
17	醜	[シュウ] [みにくい]	酉 とりへん	美醜《びしゅう》・醜態《しゅうたい》 醜聞《しゅうぶん》・醜《みにく》い
5	汁	[ジュウ] [しる]	氵 さんずい	果汁《かじゅう》・苦汁《くじゅう》 胆汁《たんじゅう》・汁粉《しるこ》
6	充	[ジュウ] [あてる](高)	儿 ひとあし にんにょう	充実《じゅうじつ》・充電《じゅうでん》 補充《ほじゅう》・充満《じゅうまん》
11	渋	[ジュウ] [しぶ] [しぶい] [しぶる]	氵 さんずい	渋滞《じゅうたい》・苦渋《くじゅう》 渋皮《しぶかわ》・茶渋《ちゃしぶ》
14	銃	[ジュウ]	金 かねへん	銃口《じゅうこう》・銃創《じゅうそう》 銃声《じゅうせい》・小銃《しょうじゅう》
8	叔	[シュク]	又 また	叔父《おじ》・叔母《おば》 伯叔《はくしゅく》
11	淑	[シュク]	氵 さんずい	淑女《しゅくじょ》・貞淑《ていしゅく》 私淑《ししゅく》
11	粛	[シュク]	聿 ふでづくり	粛清《しゅくせい》・粛正《しゅくせい》 厳粛《げんしゅく》・自粛《じしゅく》
14	塾	[ジュク]	土 つち	私塾《しじゅく》・学習塾《がくしゅうじゅく》 塾生《じゅくせい》
9	俊	[シュン]	亻 にんべん	俊敏《しゅんびん》・俊足《しゅんそく》 俊傑《しゅんけつ》・俊才《しゅんさい》
10	准	[ジュン]	冫 にすい	准《じゅん》 批准《ひじゅん》
10	殉	[ジュン]	歹 かばねへん いちたへん がつへん	殉死《じゅんし》・殉職《じゅんしょく》 殉教《じゅんきょう》
12	循	[ジュン]	彳 ぎょうにんべん	循環《じゅんかん》・因循《いんじゅん》 循環器《じゅんかんき》
11	庶	[ショ]	广 まだれ	庶民《しょみん》 庶務《しょむ》
14	緒	[ショ] [チョ] [お]	糸 いとへん	内緒《ないしょ》・一緒《いっしょ》 情緒《じょうちょ(じょ)》・鼻緒《はなお》
9	叙	[ジョ]	又 また	叙景《じょけい》・叙勲《じょくん》 叙情《じょじょう》・自叙伝《じじょでん》
4	升	[ショウ] [ます]	十 じゅう	一升《いっしょう》 升席《ますせき》・升目《ますめ》
7	抄	[ショウ]	扌 てへん	抄録《しょうろく》・抄本《しょうほん》 抄訳《しょうやく》
7	肖	[ショウ]	肉 にく	肖像《しょうぞう》 不肖《ふしょう》
8	尚	[ショウ]	⺌ しょう	尚早《しょうそう》 高尚《こうしょう》
10	宵	[ショウ] [よい](高)	宀 うかんむり	徹宵《てっしょう》 宵宮《よいみや》・宵《よい》の口《くち》
10	症	[ショウ]	疒 やまいだれ	症状《しょうじょう》・感染症《かんせんしょう》 炎症《えんしょう》・症候群《しょうこうぐん》
10	祥	[ショウ]	礻 しめすへん	発祥《はっしょう》・吉祥《きっしょう》 不祥事《ふしょうじ》
11	渉	[ショウ]	氵 さんずい	渉外《しょうがい》・干渉《かんしょう》 交渉《こうしょう》
11	訟	[ショウ]	言 ごんべん	訴訟《そしょう》
12	硝	[ショウ]	石 いしへん	硝煙《しょうえん》・硝石《しょうせき》 硝酸《しょうさん》
12	粧	[ショウ]	米 こめへん	化粧《けしょう》
12	詔	[ショウ] [みことのり](高)	言 ごんべん	詔勅《しょうちょく》 詔書《しょうしょ》
13	奨	[ショウ]	大 だい	奨励《しょうれい》・推奨《すいしょう》 勧奨《かんしょう》
14	彰	[ショウ]	彡 さんづくり	表彰《ひょうしょう》 顕彰《けんしょう》
17	償	[ショウ] [つぐなう]	亻 にんべん	有償《ゆうしょう》・代償《だいしょう》 償還《しょうかん》・償《つぐな》う

画数	漢字	読み	部首	部首名	用例
17	礁	[ショウ]	石	いしへん	岩礁《がんしょう》・暗礁《あんしょう》 座礁《ざしょう》
9	浄	[ジョウ]	氵	さんずい	浄化《じょうか》・洗浄《せんじょう》 自浄《じじょう》・浄財《じょうざい》
11	剰	[ジョウ]	刂	りっとう	剰余《じょうよ》・過剰《かじょう》 余剰《よじょう》・剰員《じょういん》
16	壌	[ジョウ]	土	つちへん	土壌《どじょう》
20	醸	[ジョウ] [かもす](高)	酉	とりへん	醸造《じょうぞう》・醸成《じょうせい》 吟醸《ぎんじょう》
9	津	[シン](高) [つ]	氵	さんずい	興味津津《きょうみしんしん》 津波《つなみ》
10	唇	[シン](高) [くちびる]	口	くち	口唇《こうしん》 唇《くちびる》をかむ
10	娠	[シン]	女	おんなへん	妊娠《にんしん》
11	紳	[シン]	糸	いとへん	紳士《しんし》
12	診	[シン] [みる]	言	ごんべん	診察《しんさつ》・診断《しんだん》 打診《だしん》・診《み》る
3	刃	[ジン](高) [は]	刀	かたな	自刃《じじん》・刃物《はもの》 刃先《はさき》・刃渡《はわた》り
6	迅	[ジン]	辶	しんにょう しんにゅう	迅速《じんそく》 疾風迅雷《しっぷうじんらい》
9	甚	[ジン](高) [はなはだ] [はなはだしい]	甘	かん あまい	甚大《じんだい》・甚《はなは》だ 甚《はなは》だしい
9 ス	帥	[スイ]	巾	はば	総帥《そうすい》・統帥《とうすい》 元帥《げんすい》
13	睡	[スイ]	目	めへん	睡眠《すいみん》・熟睡《じゅくすい》 睡魔《すいま》・一睡《いっすい》
8	枢	[スウ]	木	きへん	枢軸《すうじく》・枢要《すうよう》 中枢《ちゅうすう》
11	崇	[スウ]	山	やま	崇高《すうこう》・崇敬《すうけい》 崇拝《すうはい》
11	据	[すえる] [すわる]	扌	てへん	見据《みす》える 据《す》える・据《す》わる
7	杉	[すぎ]	木	きへん	杉《すぎ》 杉並木《すぎなみき》
8 セ	斉	[セイ]	斉	せい	斉唱《せいしょう》 一斉《いっせい》
10	逝	[セイ] [ゆく](高) [いく](高)	辶	しんにょう しんにゅう	逝去《せいきょ》・急逝《きゅうせい》 恩人《おんじん》が逝《ゆ》く
14	誓	[セイ] [ちかう]	言	げん	誓約《せいやく》・宣誓《せんせい》 心《こころ》に誓《ちか》う
8	析	[セキ]	木	きへん	解析《かいせき》・透析《とうせき》 分析《ぶんせき》
8	拙	[セツ] [つたない]	扌	てへん	巧拙《こうせつ》・稚拙《ちせつ》 拙速《せっそく》・拙劣《せつれつ》
9	窃	[セツ]	穴	あなかんむり	窃盗《せっとう》・窃取《せっしゅ》
5	仙	[セン]	亻	にんべん	仙境《せんきょう》・仙薬《せんやく》 仙人《せんにん》・仙骨《せんこつ》
10	栓	[セン]	木	きへん	栓《せん》・消火栓《しょうかせん》 耳栓《みみせん》
11	旋	[セン]	方	ほうへん かたへん	旋回《せんかい》・旋律《せんりつ》 周旋《しゅうせん》・旋風《せんぷう》
13	践	[セン]	⻊	あしへん	実践《じっせん》
15	遷	[セン]	辶	しんにょう しんにゅう	変遷《へんせん》・左遷《させん》 遷都《せんと》
16	薦	[セン] [すすめる]	艹	くさかんむり	自薦《じせん》・推薦《すいせん》 他薦《たせん》・薦《すす》める
17	繊	[セン]	糸	いとへん	繊細《せんさい》・繊維《せんい》 化繊《かせん》
13	禅	[ゼン]	礻	しめすへん	座禅《ざぜん》・禅問答《ぜんもんどう》 禅宗《ぜんしゅう》・禅譲《ぜんじょう》

画数	漢字	読み	部首	部首名	用例
14	漸	［ゼン］	氵	さんずい	漸進《ぜんしん》・漸次《ぜんじ》 漸増《ぜんぞう》
10 ソ	租	［ソ］	禾	のぎへん	租借《そしゃく》・租税《そぜい》 公租公課《こうそこうか》
12	疎	［ソ］［うとい］高［うとむ］高	𤴔	ひきへん	疎外《そがい》・過疎《かそ》 空疎《くうそ》・疎《うと》い
13	塑	［ソ］	土	つち	塑像《そぞう》・彫塑《ちょうそ》 可塑性《かそせい》
6	壮	［ソウ］	士	さむらい	壮絶《そうぜつ》・壮観《そうかん》 豪壮《ごうそう》・壮麗《そうれい》
9	荘	［ソウ］	艹	くさかんむり	山荘《さんそう》・別荘《べっそう》 荘重《そうちょう》・荘厳《そうごん》
10	捜	［ソウ］［さがす］	扌	てへん	捜索《そうさく》・捜査《そうさ》 人を捜《さが》す
10	挿	［ソウ］［さす］	扌	てへん	挿入《そうにゅう》・挿絵《さしえ》 挿話《そうわ》・挿《さ》す
11	曹	［ソウ］	曰	ひらび いわく	重曹《じゅうそう》 法曹界《ほうそうかい》
12	喪	［ソウ］［も］	口	くち	喪失《そうしつ》・阻喪《そそう》 喪《も》・喪中《もちゅう》
15	槽	［ソウ］	木	きへん	水槽《すいそう》 浴槽《よくそう》
17	霜	［ソウ］高［しも］	雨	あめかんむり	霜《しも》・霜焼《しもや》け 霜柱《しもばしら》・初霜《はつしも》
19	藻	［ソウ］［も］	艹	くさかんむり	藻類《そうるい》・海藻《かいそう》 藻《も》くず
7 タ	妥	［ダ］	女	おんな	妥当《だとう》・妥結《だけつ》 妥協《だきょう》
12	堕	［ダ］	土	つち	堕落《だらく》 堕《だ》する
12	惰	［ダ］	忄	りっしんべん	遊惰《ゆうだ》・惰性《だせい》 惰眠《だみん》・惰弱《だじゃく》
14	駄	［ダ］	馬	うまへん	駄弁《だべん》・駄作《ださく》 駄菓子《だがし》
10	泰	［タイ］	氺	したみず	泰然《たいぜん》・泰斗《たいと》 安泰《あんたい》
17	濯	［タク］	氵	さんずい	洗濯《せんたく》
7	但	［ただし］	亻	にんべん	但《ただ》し書《が》き
12	棚	［たな］	木	きへん	棚《たな》・棚上《たなあ》げ 棚田《たなだ》・網棚《あみだな》
13 チ	痴	［チ］	疒	やまいだれ	音痴《おんち》・痴態《ちたい》 愚痴《ぐち》・痴情《ちじょう》
10	逐	［チク］	辶	しんにょう しんにゅう	駆逐《くちく》・逐次《ちくじ》 逐語訳《ちくごやく》・放逐《ほうちく》
10	秩	［チツ］	禾	のぎへん	秩序《ちつじょ》
14	嫡	［チャク］	女	おんなへん	嫡嗣《ちゃくし》・嫡子《ちゃくし》 嫡流《ちゃくりゅう》
9	衷	［チュウ］	衣	ころも	衷心《ちゅうしん》・折衷《せっちゅう》 苦衷《くちゅう》
4	弔	［チョウ］［とむらう］	弓	ゆみ	慶弔《けいちょう》・弔慰《ちょうい》 弔電《ちょうでん》・弔《とむら》う
9	挑	［チョウ］［いどむ］	扌	てへん	挑戦《ちょうせん》・挑発《ちょうはつ》 決戦《けっせん》を挑《いど》む
11	眺	［チョウ］［ながめる］	目	めへん	眺望《ちょうぼう》 空《そら》を眺《なが》める
11	釣	［チョウ］高［つる］	金	かねへん	釣果《ちょうか》・釣魚《ちょうぎょ》 釣《つ》る
18	懲	［チョウ］［こりる］［こらす］［こらしめる］	心	こころ	懲役《ちょうえき》・懲戒《ちょうかい》 懲罰《ちょうばつ》・懲《こ》らす
9	勅	［チョク］	力	ちから	勅願《ちょくがん》・勅使《ちょくし》 詔勅《しょうちょく》
10	朕	［チン］	月	つきへん	朕《ちん》は国家《こっか》なり

画数	漢字	読み	部首	部首名	用例
12 ツ	塚	[つか]	土	つちへん	塚《つか》・一里塚《いちりづか》 貝塚《かいづか》
14	漬	[つける] [つかる]	氵	さんずい	塩漬《しおづ》け・茶漬《ちゃづ》け 漬《つ》ける
8	坪	[つぼ]	土	つちへん	建坪《たてつぼ》・坪《つぼ》 坪庭《つぼにわ》
7 テ	呈	[テイ]	口	くち	進呈《しんてい》・贈呈《ぞうてい》 献呈《けんてい》・露呈《ろてい》
7	廷	[テイ]	廴	えんにょう	宮廷《きゅうてい》・法廷《ほうてい》 出廷《しゅってい》
8	邸	[テイ]	阝	おおざと	邸内《ていない》・邸宅《ていたく》 豪邸《ごうてい》・官邸《かんてい》
9	亭	[テイ]	亠	なべぶた けいさんかんむり	亭主《ていしゅ》 料亭《りょうてい》
9	貞	[テイ]	貝	かい こがい	貞淑《ていしゅく》・貞操《ていそう》 貞節《ていせつ》
10	逓	[テイ]	辶	しんにょう しんにゅう	逓減《ていげん》・逓増《ていぞう》 逓信《ていしん》・逓送《ていそう》
11	偵	[テイ]	亻	にんべん	偵察《ていさつ》・密偵《みってい》 内偵《ないてい》
13	艇	[テイ]	舟	ふねへん	艦艇《かんてい》・舟艇《しゅうてい》 競艇《きょうてい》
8	泥	[デイ] [どろ] ㊄高	氵	さんずい	泥沼《どろぬま》・泥縄《どろなわ》 泥《どろ》・泥臭《どろくさ》い
8	迭	[テツ]	辶	しんにょう しんにゅう	更迭《こうてつ》
15	徹	[テツ]	彳	ぎょうにんべん	徹夜《てつや》・貫徹《かんてつ》 徹《てっ》する・冷徹《れいてつ》
15	撤	[テツ]	扌	てへん	撤廃《てっぱい》・撤収《てっしゅう》 撤去《てっきょ》・撤回《てっかい》
11 ト	悼	[トウ] [いたむ] 高	忄	りっしんべん	哀悼《あいとう》・追悼《ついとう》 悼辞《とうじ》・悼《いた》む
12	搭	[トウ]	扌	てへん	搭載《とうさい》 搭乗《とうじょう》
12	棟	[トウ] [むね] [むな] 高	木	きへん	病棟《びょうとう》・別棟《べつむね》 棟《むね》・棟上《むねあ》げ
12	筒	[トウ] [つつ]	⺮	たけかんむり	水筒《すいとう》・封筒《ふうとう》 筒先《つつさき》・筒抜《つつぬ》け
17	謄	[トウ]	言	げん	謄写《とうしゃ》 謄本《とうほん》
20	騰	[トウ]	馬	うま	騰貴《とうき》・急騰《きゅうとう》 高騰《こうとう》・暴騰《ぼうとう》
9	洞	[ドウ] [ほら]	氵	さんずい	洞察《どうさつ》・空洞《くうどう》 洞穴《どうけつ(ほらあな)》
13	督	[トク]	目	め	督促《とくそく》・督励《とくれい》 監督《かんとく》
5	凸	[トツ]	凵	うけばこ	凸版《とっぱん》・凹凸《おうとつ》 凸《とつ》レンズ
4	屯	[トン]	屮	てつ	駐屯《ちゅうとん》
11 ナ	軟	[ナン] [やわらか] [やわらかい]	車	くるまへん	軟禁《なんきん》・柔軟《じゅうなん》 軟《やわ》らかい
5 ニ	尼	[ニ] 高 [あま]	尸	かばね しかばね	尼僧《にそう》 尼寺《あまでら》
7	妊	[ニン]	女	おんなへん	妊婦《にんぷ》・妊娠《にんしん》 懐妊《かいにん》・不妊《ふにん》
7	忍	[ニン] [しのぶ] [しのばせる]	心	こころ	残忍《ざんにん》・忍苦《にんく》 忍者《にんじゃ》・忍《しの》ぶ
14 ネ	寧	[ネイ]	宀	うかんむり	安寧《あんねい》 丁寧《ていねい》
7 ハ	把	[ハ]	扌	てへん	把握《はあく》・把持《はじ》 大雑把《おおざっぱ》
19	覇	[ハ]	襾	おおいかんむり	争覇《そうは》・覇業《はぎょう》 覇《は》・覇権《はけん》
12	廃	[ハイ] [すたれる] [すたる]	广	まだれ	撤廃《てっぱい》・廃棄《はいき》 廃坑《はいこう》・廃絶《はいぜつ》

見出し	画数	漢字	読み	部首	用例
	11	培	[バイ] [つちかう]㊎高	土 つちへん	培養《ばいよう》・栽培《さいばい》 愛国心《あいこくしん》を培《つちか》う
	12	媒	[バイ]	女 おんなへん	触媒《しょくばい》・媒介《ばいかい》 媒体《ばいたい》・媒酌《ばいしゃく》
	15	賠	[バイ]	貝 かいへん	賠償《ばいしょう》
	7	伯	[ハク]	亻 にんべん	伯仲《はくちゅう》・伯爵《はくしゃく》 画伯《がはく》・伯父《おじ》
	11	舶	[ハク]	舟 ふねへん	舶来《はくらい》 船舶《せんぱく》
	13	漠	[バク]	氵 さんずい	広漠《こうばく》・空漠《くうばく》 漠然《ばくぜん》・砂漠《さばく》
	6	肌	[はだ]	月 にくづき	鳥肌《とりはだ》・柔肌《やわはだ》 山肌《やまはだ》・肌合《はだあ》い
	13	鉢	[ハチ] [ハツ]㊎高	金 かねへん	鉢《はち》・鉢巻《はちまき》 火鉢《ひばち》
	14	閥	[バツ]	門 もんがまえ	派閥《はばつ》・財閥《ざいばつ》 学閥《がくばつ》
	13	煩	[ハン] [ボン]㊎高 [わずらう] [わずらわす]	火 ひへん	煩雑《はんざつ》・煩忙《はんぼう》 煩《わずら》わす
	13	頒	[ハン]	頁 おおがい	頒布《はんぷ》 頒価《はんか》
ヒ	6	妃	[ヒ]	女 おんなへん	妃殿下《ひでんか》 王妃《おうひ》
	8	披	[ヒ]	扌 てへん	披見《ひけん》・披露《ひろう》 直披《じきひ》
	12	扉	[ヒ]㊎高 [とびら]	戸 とだれ とかんむり	開扉《かいひ》・門扉《もんぴ》 校門《こうもん》の扉《とびら》
	15	罷	[ヒ]	罒 あみがしら あみめ よこめ	罷業《ひぎょう》 罷免《ひめん》
	11	猫	[ビョウ]㊎高 [ねこ]	犭 けものへん	愛猫《あいびょう》 猫舌《ねこじた》・猫背《ねこぜ》
	15	賓	[ヒン]	貝 かい こがい	国賓《こくひん》・主賓《しゅひん》 来賓《らいひん》・貴賓《きひん》
	17	頻	[ヒン]	頁 おおがい	頻出《ひんしゅつ》・頻度《ひんど》 頻発《ひんぱつ》・頻繁《ひんぱん》
	11	瓶	[ビン]	瓦 かわら	花瓶《かびん》・鉄瓶《てつびん》 瓶詰《びんづめ》
フ	7	扶	[フ]	扌 てへん	扶助《ふじょ》・扶養《ふよう》 扶育《ふいく》
	8	附	[フ]	阝 こざとへん	附属《ふぞく》 寄附《きふ》
	19	譜	[フ]	言 ごんべん	譜面《ふめん》・年譜《ねんぷ》 棋譜《きふ》・系譜《けいふ》
	8	侮	[ブ] [あなどる]㊎高	亻 にんべん	侮辱《ぶじょく》・軽侮《けいぶ》 実力《じつりょく》を侮《あなど》る
	8	沸	[フツ] [わく] [わかす]	氵 さんずい	沸沸《ふつふつ》・沸点《ふってん》 沸《わ》く・沸《わ》かす
	12	雰	[フン]	雨 あめかんむり	雰囲気《ふんいき》
	15	憤	[フン] [いきどおる]㊎高	忄 りっしんべん	憤激《ふんげき》・発憤《はっぷん》 義憤《ぎふん》・憤慨《ふんがい》
ヘ	5	丙	[ヘイ]	一 いち	丙種《へいしゅ》 甲乙丙丁《こうおつへいてい》
	8	併	[ヘイ] [あわせる]	亻 にんべん	併用《へいよう》・併発《へいはつ》 合併《がっぺい》・併《あわ》せる
	12	塀	[ヘイ]	土 つちへん	塀《へい》・板塀《いたべい》 土塀《どべい》
	15	幣	[ヘイ]	巾 はば	紙幣《しへい》・造幣《ぞうへい》 貨幣《かへい》
	15	弊	[ヘイ]	廾 こまぬき にじゅうあし	旧弊《きゅうへい》・悪弊《あくへい》 宿弊《しゅくへい》・弊社《へいしゃ》
	11	偏	[ヘン] [かたよる]	亻 にんべん	偏向《へんこう》・偏在《へんざい》 偏見《へんけん》・偏《かたよ》る
	12	遍	[ヘン]	辶 しんにょう しんにゅう	遍歴《へんれき》・遍路《へんろ》 満遍《まんべん》ない

画数	索引	漢字	読み	部首	用例
8	ホ	泡	[ホウ] [あわ]	氵 さんずい	発泡《はっぽう》・気泡《きほう》 一泡《ひとあわ》・泡《あわ》
10		俸	[ホウ]	イ にんべん	俸給《ほうきゅう》・年俸《ねんぽう》 本俸《ほんぽう》
15		褒	[ホウ]高 [ほめる]	衣 ころも	褒賞《ほうしょう》・褒美《ほうび》 善行《ぜんこう》を褒《ほ》める
10		剖	[ボウ]	刂 りっとう	解剖《かいぼう》
10		紡	[ボウ] [つむぐ]高	糸 いとへん	混紡《こんぼう》・紡績《ぼうせき》 紡錘《ぼうすい》・紡《つむ》ぐ
6		朴	[ボク]	木 きへん	純朴《じゅんぼく》 素朴《そぼく》
14		僕	[ボク]	イ にんべん	公僕《こうぼく》 下僕《げぼく》
15		撲	[ボク]	扌 てへん	打撲《だぼく》・撲滅《ぼくめつ》 撲殺《ぼくさつ》・相撲《すもう》
11		堀	[ほり]	土 つちへん	堀《ほり》・堀端《ほりばた》 外堀《そとぼり》・釣《つ》り堀《ぼり》
8		奔	[ホン]	大 だい	奔放《ほんぽう》・奔走《ほんそう》 狂奔《きょうほん》・出奔《しゅっぽん》
11	マ	麻	[マ] [あさ]	麻 あさ	麻《あさ》・麻酔《ますい》 麻薬《まやく》
15		摩	[マ]	手 て	摩滅《まめつ》・摩擦《まさつ》 摩天楼《まてんろう》・摩耗《まもう》
16		磨	[マ] [みがく]	石 いし	練磨《れんま》・磨耗《まもう》 研磨《けんま》・磨《みが》く
8		抹	[マツ]	扌 てへん	抹殺《まっさつ》・抹消《まっしょう》 抹茶《まっちゃ》・一抹《いちまつ》
8	ミ	岬	[みさき]	山 やまへん	宗谷岬《そうやみさき》
14	メ	銘	[メイ]	金 かねへん	銘菓《めいか》・感銘《かんめい》 銘柄《めいがら》・銘打《めいう》つ
6	モ	妄	[モウ] [ボウ]高	女 おんな	迷妄《めいもう》・妄想《もうそう》 妄言《もうげん》
8		盲	[モウ]	目 め	盲点《もうてん》・盲従《もうじゅう》 盲導犬《もうどうけん》
10		耗	[モウ] [コウ]高	耒 すきへん らいすき	摩耗《まもう》・消耗《しょうもう》 心神耗弱《しんしんこうじゃく》
4	ヤ	厄	[ヤク]	厂 がんだれ	厄介《やっかい》・厄年《やくどし》 厄日《やくび》
12	ユ	愉	[ユ]	忄 りっしんべん	愉快《ゆかい》 愉悦《ゆえつ》
16		諭	[ユ] [さとす]	言 ごんべん	教諭《きょうゆ》・説諭《せつゆ》 諭旨《ゆし》・諭《さと》す
18		癒	[ユ] [いえる] [いやす]	疒 やまいだれ	治癒《ちゆ》・癒着《ゆちゃく》 平癒《へいゆ》・快癒《かいゆ》
11		唯	[ユイ] [イ]高	口 くちへん	唯美《ゆいび》・唯一《ゆいいつ》 唯唯諾諾《いいだくだく》
11		悠	[ユウ]	心 こころ	悠悠《ゆうゆう》・悠然《ゆうぜん》 悠久《ゆうきゅう》・悠長《ゆうちょう》
12		猶	[ユウ]	犭 けものへん	猶予《ゆうよ》
12		裕	[ユウ]	衤 ころもへん	裕福《ゆうふく》・富裕《ふゆう》 余裕《よゆう》
16		融	[ユウ]	虫 むし	融合《ゆうごう》・金融《きんゆう》 融解《ゆうかい》・融資《ゆうし》
11	ヨ	庸	[ヨウ]	广 まだれ	凡庸《ぼんよう》 中庸《ちゅうよう》
15		窯	[ヨウ]高 [かま]	穴 あなかんむり	窯《かま》・窯元《かまもと》 窯出《かまだ》し・石窯《いしがま》
19	ラ	羅	[ラ]	罒 あみがしら あみめ よこめ	羅列《られつ》・網羅《もうら》 羅針盤《らしんばん》
13		酪	[ラク]	酉 とりへん	酪農《らくのう》
12	リ	痢	[リ]	疒 やまいだれ	疫痢《えきり》・下痢《げり》 赤痢《せきり》

画数	漢字	読み	部首	用例
15	履	[リ] [はく]	尸 かばね しかばね	草履《ぞうり》・履歴《りれき》 履《は》く・履物《はきもの》
9	柳	[リュウ] [やなぎ]	木 きへん	川柳《せんりゅう》 柳腰《やなぎごし》
10	竜	[リュウ] [たつ]	竜 りゅう	竜宮《りゅうぐう》・竜神《りゅうじん》 竜巻《たつまき》
12	硫	[リュウ]	石 いしへん	硫酸《りゅうさん》 硫黄《いおう》
13	虜	[リョ]	虍 とらがしら とらかんむり	虜囚《りょしゅう》 捕虜《ほりょ》
11	涼	[リョウ] [すずしい] [すずむ]	氵 さんずい	秋涼《しゅうりょう》・涼感《りょうかん》 涼《すず》しい・涼《すず》む
14	僚	[リョウ]	亻 にんべん	同僚《どうりょう》・官僚《かんりょう》 閣僚《かくりょう》
15	寮	[リョウ]	宀 うかんむり	入寮《にゅうりょう》・寮《りょう》 寮母《りょうぼ》・寮生《りょうせい》
10	倫	[リン]	亻 にんべん	倫理《りんり》・人倫《じんりん》 絶倫《ぜつりん》
11 ル	累	[ルイ]	糸 いと	係累《けいるい》・累積《るいせき》 累計《るいけい》
12	塁	[ルイ]	土 つち	孤塁《こるい》・土塁《どるい》 塁審《るいしん》・盗塁《とうるい》
7 レ	戻	[レイ]高 [もどす] [もどる]	戸 とだれ とかんむり	返戻《へんれい》・戻《もど》る 後戻《あともど》り
13	鈴	[レイ] [リン] [すず]	金 かねへん	予鈴《よれい》・電鈴《でんれい》 風鈴《ふうりん》・鈴虫《すずむし》
13 ワ	賄	[ワイ] [まかなう]	貝 かいへん	収賄《しゅうわい》・贈賄《ぞうわい》 一万円《いちまんえん》で賄《まかな》う
8	枠	[わく]	木 きへん	木枠《きわく》・大枠《おおわく》 枠組《わくぐ》み・枠《わく》

資料1

重要な 熟字訓・当て字

「読み」や「書き取り」などでは、熟字訓・当て字の問題もよく出題されます。

使い方▼赤シートをあてて、読みのテストをしてみましょう。
漢字の上に＊がついたものは主に高校で学ぶものです。とくにしっかり覚えましょう。

	漢字	読み
☐	明日	あす
☐	小豆	あずき
☐	＊海女・海士	あま
☐	＊硫黄	いおう
☐	意気地	いくじ
☐	田舎	いなか
☐	＊息吹	いぶき
☐	海原	うなばら
☐	乳母	うば
☐	＊浮気	うわき
☐	浮つく	うわつく
☐	笑顔	えがお
☐	叔父・伯父	おじ
☐	大人	おとな
☐	乙女	おとめ
☐	叔母・伯母	おば
☐	お巡りさん	おまわりさん
☐	＊お神酒	おみき
☐	＊母屋・母家	おもや
☐	母さん	かあさん
☐	＊神楽	かぐら
☐	＊河岸	かし
☐	風邪	かぜ
☐	仮名	かな
☐	＊蚊帳	かや
☐	為替	かわせ
☐	河原・川原	かわら
☐	昨日	きのう
☐	今日	きょう
☐	果物	くだもの
☐	＊玄人	くろうと
☐	今朝	けさ
☐	景色	けしき
☐	心地	ここち
☐	＊居士	こじ
☐	今年	ことし
☐	早乙女	さおとめ
☐	＊雑魚	ざこ
☐	＊桟敷	さじき
☐	差し支える	さしつかえる
☐	五月	さつき
☐	早苗	さなえ
☐	五月雨	さみだれ
☐	時雨	しぐれ
☐	竹刀	しない
☐	老舗	しにせ
☐	芝生	しばふ
☐	清水	しみず
☐	三味線	しゃみせん
☐	砂利	じゃり

☐	*数珠	じゅず
☐	上手	じょうず
☐	白髪	しらが
☐	*素人	しろうと
☐	*師走	しわす(しはす)
☐	*数寄屋・数奇屋	すきや
☐	相撲	すもう
☐	草履	ぞうり
☐	*山車	だし
☐	太刀	たち
☐	立ち退く	たちのく
☐	七夕	たなばた
☐	足袋	たび
☐	*稚児	ちご
☐	一日	ついたち
☐	*築山	つきやま
☐	梅雨	つゆ

☐	凸凹	でこぼこ
☐	手伝う	てつだう
☐	*伝馬船	てんません
☐	*投網	とあみ
☐	父さん	とうさん
☐	*十重二十重	とえはたえ
☐	*読経	どきょう
☐	時計	とけい
☐	友達	ともだち
☐	*仲人	なこうど
☐	名残	なごり
☐	雪崩	なだれ
☐	兄さん	にいさん
☐	姉さん	ねえさん
☐	*野良	のら
☐	*祝詞	のりと
☐	博士	はかせ

☐	二十・二十歳	はたち
☐	二十日	はつか
☐	波止場	はとば
☐	一人	ひとり
☐	日和	ひより
☐	二人	ふたり
☐	二日	ふつか
☐	吹雪	ふぶき
☐	下手	へた
☐	部屋	へや
☐	迷子	まいご
☐	真面目	まじめ
☐	真っ赤	まっか
☐	真っ青	まっさお
☐	土産	みやげ
☐	息子	むすこ
☐	眼鏡	めがね

☐	*猛者	もさ
☐	紅葉	もみじ
☐	木綿	もめん
☐	最寄り	もより
☐	*八百長	やおちょう
☐	八百屋	やおや
☐	大和	やまと
☐	*浴衣	ゆかた
☐	行方	ゆくえ
☐	*寄席	よせ
☐	若人	わこうど

資料2

重要な特別な読み

準2級以上で出題される特別な音読み・訓読みを集めました。

使い方▼文章に赤シートをあてて、大きくなっている部分の漢字の読みを覚えましょう。

- ☐ 仏道に帰依《きえ》する。
- ☐ 疫病神《やくびょうがみ》が舞い込む。
- ☐ 参拝して御利益《ごりやく》を得る。
- ☐ 久遠《くおん》の時を感じる。
- ☐ 遠くに火影《ほかげ》が見える。
- ☐ 寺院で散華《さんげ》が行われる。

- ☐ 祖先に回向《えこう》する。
- ☐ 格子《こうし》で空間を仕切る。
- ☐ 十年かかって開眼《かいげん》する。
- ☐ この期《ご》に及んで言い訳をする。
- ☐ 脚立《きゃたつ》に乗って枝を切る。
- ☐ 宮内庁《くないちょう》から発表がある。

- ☐ 虚無僧《こむそう》姿でねり歩く。
- ☐ 故人をしのび供養《くよう》する。
- ☐ 毎朝の勤行《ごんぎょう》は欠かさない。
- ☐ 寺は平安時代に建立《こんりゅう》された。
- ☐ 欲望の権化《ごんげ》と化す。
- ☐ 霊験《れいげん》あらたかな神社に行く。
- ☐ 先々のことを懸念《けねん》する。
- ☐ 荘厳《そうごん》な雰囲気に感動する。
- ☐ 寺の庫裏《くり》を改装する。
- ☐ 功徳《くどく》を積むことが大切だ。

- ☐ 全国各地を行脚《あんぎゃ》する。
- ☐ 香車《きょうしゃ》は将棋の駒《こま》である。
- ☐ 年貢《ねんぐ》の納め時と観念する。
- ☐ 借入金を相殺《そうさい》する。
- ☐ 殺生《せっしょう》は許されない。
- ☐ 来客の食事を給仕《きゅうじ》する。
- ☐ 彼はかなりの好事家《こうずか》だ。
- ☐ 相手に言質《げんち》を与える。
- ☐ 老若男女《ろうにゃくなんにょ》が集まる。
- ☐ 夜の墓地は寂《せき》として声なし。

- ☐ 何事も三日坊主《ぼうず》を改める。
- ☐ 長年の夢が成就《じょうじゅ》する。
- ☐ 衆生《しゅじょう》済度《さいど》は仏教の教えである。
- ☐ 従容《しょうよう》として見解を述べる。
- ☐ 従三位《じゅさんみ》は位階の位である。
- ☐ 祝儀《しゅうぎ》袋にお金を入れる。
- ☐ 姉さん女房《にょうぼう》にあこがれる。
- ☐ 株式投資で身上《しんしょう》を潰《つぶ》す。
- ☐ 風情《ふぜい》のある宿に泊まった。
- ☐ 一年に一回断食《だんじき》を行う。

- ☐ 神々《こうごう》しい風景に見入った。
- ☐ 数寄屋《すきや》造りの宿に泊まる。
- ☐ 成仏《じょうぶつ》するよう願う。
- ☐ 大音声《だいおんじょう》で話をする。
- ☐ 好きな色は紺青《こんじょう》だ。
- ☐ 摂政《せっしょう》・関白を独占した。
- ☐ 六根清浄《ろっこんしょうじょう》を唱える。
- ☐ 商売繁盛《はんじょう》を祈願する。
- ☐ 堤防を普請《ふしん》する。
- ☐ 赤銅《しゃくどう》色に日焼けする。

- ☐ お節料理《せちりょうり》の準備をする。
- ☐ 首相の遊説《ゆうぜい》に人が集まる。
- ☐ 今回ばかりは愛想《あいそ》を尽かす。
- ☐ 快晴の日に布団《ふとん》を干す。
- ☐ 土壇場《どたんば》の逆転で勝利する。
- ☐ 執着《しゅうじゃく》は仏教語の一つである。 ※「しゅうちゃく」とも読む
- ☐ 友人の通夜《つや》に参列する。
- ☐ 未成年の飲酒はご法度《はっと》だ。
- ☐ 棟木《むなぎ》は屋根にある部材。
- ☐ 乾杯の音頭《おんど》をとる。

- ☐ 神道《しんとう》は日本独自の信仰だ。
- ☐ 南無阿弥陀仏《なむあみだぶつ》と唱える。
- ☐ 農機具を納屋《なや》に納める。
- ☐ わが家は納戸《なんど》が広い。
- ☐ 博徒《ばくと》はばくち打ちをいう。
- ☐ 衣鉢《いはつ》を継ぐ。
- ☐ 謀反《むほん》の疑いで切腹する。
- ☐ 煩悩《ぼんのう》を取り除く。
- ☐ 疾病《しっぺい》で緊急入院する。
- ☐ 富貴《ふうき》な家で育つ。

歩《ふ》は将棋の駒《こま》の一つ。

法被《はっぴ》を着て祭りに参加する。

法身《ほっしん》は仏の三身《さんじん》の一つ。

彼は金の亡者《もうじゃ》だ。

凡例《はんれい》は通常、本の最初にある。

心神耗弱《しんしんこうじゃく》状態が認められる。

帽子を目深《まぶか》にかぶる。

由緒《ゆいしょ》正しい家の出だ。

唯唯諾諾《いいだくだく》として意に従う。

物見遊山《ゆさん》で各地を回る。

彼はとても律儀《りちぎ》な人だ。

風説の流布《るふ》は禁止されている。

兵糧《ひょうろう》攻めが得意な武将がいる。

緑青《ろくしょう》は青緑色のさびをいう。

和尚《おしょう》の説法を聞く。

資料3

重要な高校で習う読みの問題

準2級以上で出題される高校で習う読みを集めました。

使い方▼文章に赤シートをあてて、大きくなっている部分の漢字の読みを覚えましょう。

- ☐ 今朝から悪《お》心《しん》がする。
- ☐ 細菌に因《よ》る炎症を起こす。
- ☐ 栄《は》えある受賞。
- ☐ 正月に短歌を詠《よ》む。
- ☐ 怨恨《えんこん》による犯罪が起こる。
- ☐ 契約書に押印《おういん》する。
- ☐ 顔面を強く殴《おう》打《だ》する。
- ☐ 桜桃《おうとう》の実がなる。

- ☐ 奥州《おうしゅう》は東北地方の一部だ。
- ☐ 今度の本は注目に価《あたい》する。
- ☐ 過《あやま》ちを恐れてはいけない。
- ☐ ミスを部下に責任転《てん》嫁《か》する。
- ☐ 社内で上司に会《え》釈《しゃく》する。
- ☐ 解《げ》熱《ねつ》作用のある薬を飲む。
- ☐ 各《おのおの》の役割を全うする。
- ☐ 過去の失敗を鑑《かんが》みる。

- ☐ 忌《い》まわしい事故を思い出す。
- ☐ 先生は医学の基《もとい》を築く。
- ☐ 海で波と戯《たわむ》れる。
- ☐ 支払いの遅延を詰問《きつもん》する。
- ☐ 飼っている動物を虐《しいた》げる。
- ☐ 供物《くもつ》のマナーを教わる。
- ☐ 病院で狭心症《きょうしんしょう》と診断された。
- ☐ 会社の上司は狭量《きょうりょう》な人物だ。
- ☐ 生命を脅《おびや》かす事態だ。
- ☐ チームは競《せ》り合いに強い。
- ☐ 会長の仰《おお》せの通りにする。
- ☐ 業《ごう》を煮やして席を立つ。

- ☐ 親友と固く契《ちぎ》る。
- ☐ 地元の人が憩《いこ》う場所がある。
- ☐ 潔《いさぎよ》い態度に好感を持つ。
- ☐ 肩甲骨《けんこうこつ》に痛みがある。
- ☐ 絹《けん》布《ぷ》で着物を仕立てる。
- ☐ 旬の食材に舌鼓《したつづみ》を打つ。
- ☐ 受験勉強で夜が更《ふ》ける。
- ☐ 友人の部屋に居《い》候《そうろう》する。
- ☐ 税額の控《こう》除《じょ》を受ける。
- ☐ 世界的な恐慌《きょうこう》が起こる。
- ☐ 絞殺《こうさつ》死体が発見された。
- ☐ 協力して会社を興《おこ》す。

□ インテリアで暮らしを彩《いろど》る。
□ 作品は一段と際立《きわだ》つ。
□ 労働者から搾取《さくしゅ》する。
□ 短冊《たんざく》に願い事を書く。
□ 野球の試合で惨敗《ざんぱい》する。
□ 部屋から産声《うぶごえ》が上がる。
□ 酸《す》っぱい物が食べたくなる。
□ 練習試合で一矢《いっし》報いる。
□ 訪問の旨《むね》を伝える。
□ 終日主君に奉伺《ほうし》する。
□ 枝葉《しよう》末節にとらわれる。
□ 新しい法律が施行《せこう》される。
※「しこう」とも読む

□ 慈《いつく》しむ気持ちを忘れない。
□ 容器を煮沸《しゃふつ》消毒する。
□ 語学の能力は秀《ひい》でている。
□ 瞬《また》く間に時が過ぎ去る。
□ 敵地で初陣《ういじん》を飾る。
□ 現実が如実《にょじつ》に描かれる。
□ 湖沼《こしょう》の水質を調査する。
□ 電車が遅れて少し焦《あせ》る。
□ 工事の音が気に障《さわ》る。
□ 常夏《とこなつ》の島で休暇を過ごす。
□ 家には古い紡織機《ぼうしょくき》がある。
□ 名を辱《はずか》しめる行為は許されない。

□ 穂状《すいじょう》花序を形成する。
□ 油井《ゆせい》の場所を地図に示す。
□ 次女の女婿《じょせい》は料理人だ。
□ 昔年《せきねん》の思いを語る。
□ 父は骨を接《つ》ぐ専門家だ。
□ 裏技で洋服の染《し》みを抜く。
□ 接戦の末に三連覇を阻《はば》む。
□ 今日の発展の礎《いしずえ》を築く。
□ 美しい響きを奏《かな》でる。
□ 桑田《そうでん》変じて海となる。
□ 手術で病巣《びょうそう》を取り除く。
□ 故人を手厚く葬《ほうむ》る。

□ 店を南国風に装《よそお》う。
□ 操《みさお》を貫くのが大切だ。
□ 郵便物を郵袋《ゆうたい》に入れて運ぶ。
□ 荷物を担《かつ》いで階段を上る。
□ 端数《はすう》を切り上げて計算する。
□ 沖天《ちゅうてん》の勢いで進む。
□ 景気回復の兆《きざ》しが見える。
□ 清澄《せいちょう》な空気に癒される。
□ 火事がようやく鎮《しず》まる。
□ 水も滴《したた》るいい男だ。
□ 話の内容は定《さだ》かではない。
□ 天《あめ》の下の空言《そらごと》である。

□ 街の灯《ひ》が灯る。
□ 当主がその地方を統《す》べる。
□ にわかに信じ難《がた》い事実だ。
□ 一度白夜《びゃくや》を見たい。
□ 競走馬が坂路《はんろ》を駆け上がる。
□ 実力不足は否《いな》めない。
□ 卑《いや》しい心は捨てよ。
□ 兄は泌尿器科《ひにょうきか》の医者だ。
□ 今夜は氷雨《ひさめ》になる。
□ 優良な種苗《しゅびょう》を生産する。
□ 新しいケーブルを敷設《ふせつ》する。
□ 風呂敷《ふろしき》を広げて荷物を包む。

□ 常識を覆《くつがえ》す考え方だ。
□ 事前の不安を払拭《ふっしょく》する。
□ 国会で聴聞会《ちょうもんかい》が開かれる。
□ 権柄尽《けんぺいづ》くな態度に終始する。
□ 芳《かんば》しい梅の香りがする。
□ 万事の成功を祈り奉《たてまつ》る。
□ 前例に倣《なら》って対処する。
□ 道の傍《かたわ》らで休息を取る。
□ 会社役員の不正を暴《あば》く。
□ 時間をかけて敵を謀《はか》る。
□ 身を翻《ひるがえ》して危険を避ける。
□ 幕府末造《ばつぞう》の江戸に生まれる。

□ 彼は責任を免《まぬか》れる。
□ 不敵な面構《つらがま》えで迎える。
□ 相手に会って憂《う》いに沈む。
□ 腰痛《ようつう》は日増しに悪化する。
□ 野鳥が謡《うた》う鳴き声を聞く。
□ 体が甘い物を欲《ほっ》する。
□ 複雑に絡《から》み合った事件だ。
□ 野球だけは左利《き》きだ。
□ 陵《みささぎ》は皇室の墓所である。
□ 礼記《らいき》は中国の五経の一つだ。
□ 悪霊《あくりょう》払いの儀式を行う。
□ 麗《うるわ》しい容姿の女性に出会う。

□ 年齢より老《ふ》けて見える。

資料4 重要な

中学で習う読みの問題

試験ではとめ、はねなどの細かい点に注意して、すべて書けるように勉強しておきましょう。

使い方▼解答部分に赤シートをあてて、問題のカタカナ部分を漢字にしてみましょう。

問題	解答
天ぷらの**コロモ**にこだわる。	衣
ウモウ布団は温かい。	羽毛
山々が夕日に**ハ**える。	映
学びの**ソノ**で教壇に立つ。	園
英語の**ボイン**について学ぶ。	母音
先生の**モト**、挨拶《あいさつ》をする。	下
神の**ケシン**の存在を信じる。	化身
キカガク模様を好む。	幾何学
商品の**シュッカ**を手伝う。	出荷
ガリュウの進め方は認められない。	我流
多くの**セッカイガン**を収集する。	石灰岩
父は大学病院の**ゲカイ**だ。	外科医
カワ製品の手入れをする。	革
ブンカツ払いで商品を買う。	分割
好天続きで池が**ヒア**がる。	干上
チマナコになって追いかける。	血眼
アヤういところを助けられた。	危
キジョウの空論は意味がない。	机上
業務内容は**タキ**にわたる。	多岐
仮説を**モト**に実験を行う。	基
神仏を**タット**ぶ心を持つ。	貴
ウツワの大きい人物に出会う。	器
ハタオり教室に通う。	機織
柔道では**ネワザ**が得意だ。	寝技
路線バスは**リョカク**自動車だ。	旅客

姉は**キュウドウ**部に所属する。	弓道
日本史を奥深く**キワ**める。	究
試合に勝って**ゴウキュウ**する。	号泣
コウグウ警察に興味がある。	皇宮
ケイヒン工業地帯にある工場で働く。	京浜
ゴウインに計画を進める。	強引
シラカワゴウは世界的な観光地だ。	白川郷
湖一周で健脚を**キソ**う。	競
野犬の**シワザ**に違いない。	仕業
カンキワまって泣き出す。	感極
チョウケイは十歳年上だ。	長兄
法事でお**キョウ**を唱える。	経
カロやかな足取りで走る。	軽
ケイケツは東洋医学の用語である。	経穴
美容院で髪を**ユ**う。	結
料理人が包丁を**ト**ぐ。	研
スコやかな毎日を過ごす。	健
オゴソかな気持ちで式に臨む。	厳
オノレを知って事を進める。	己
ユエ有りげな表情を浮かべる。	故
キオクれして話しかけることができなかった。	気後
久々に**オオヤケ**の場に姿を見せる。	公
パーティーで言葉を**カ**わす。	交
君に**サチ**あれと願う。	幸
コウセイ労働省から発表がある。	厚生
仏前で**コウ**をたく。	香
ハガネは焼いて強くした鉄をいう。	鋼
深山**ユウコク**に立ち入る。	幽谷
コキン和歌集は有名な歌集だ。	古今
大雨で**ドシャ**災害が起こる。	土砂
長時間体育館に**スワ**る。	座
口は**ワザワ**いの元といわれる。	災
はさみで生地を**タ**つ。	裁

☐ **ウジガミ**様にお参りする。	氏神
☐ 旅先で三**シマイ**に出会う。	姉妹
☐ 新製品を**タメ**しに使う。	試
☐ 仕組みを簡単に**ズシ**する。	図示
☐ **アザ**とは地名の表記の一種である。	字
☐ 天気は**シダイ**に回復する。	次第
☐ 事件は世間の**ジモク**を集めた。	耳目
☐ デザインが**ルイジ**する。	類似
☐ 病院の**ショウニカ**を受診する。	小児科
☐ 栄養ドリンクで**ジヨウ**をとる。	滋養
☐ 二十年勤めた会社を**ヤ**める。	辞
☐ **ムロマチ**時代に精通している。	室町
☐ 宝石を**シチ**に入れる。	質
☐ 先日の無礼を**アヤマ**る。	謝
☐ **ジャクネン**層をターゲットにする。	若年
☐ 赤ん坊の**コモ**りを頼まれる。	子守
☐ 母から秘伝の味を**サズ**かる。	授
☐ 近くの河口は**サンカクス**だ。	三角州
☐ 実家は茶道の**ソウケ**である。	宗家
☐ 混乱して**シュウシュウ**がつかない。	収拾
☐ 深夜にようやく眠りに**ツ**く。	就
☐ 演奏会に多くの若者が**ツド**う。	集
☐ **ウ**れたトマトを丸かじりする。	熟
☐ **カキゾ**めを提出する。	書初
☐ **オトメ**には悩みが多い。	乙女
☐ **スケ**っ人が大活躍する。	助
☐ 身に余る大役を**ウケタマワ**る。	承
☐ 美女が優しく**ホホエ**む。	微笑
☐ 大口の**アキナ**いが舞い込む。	商
☐ 投手力は相手よりも**マサ**る。	勝
☐ 重要文化財が**ショウシツ**する。	焼失
☐ 暑さによって魚が**イタ**む。	傷
☐ タイトル争いが話題に**ノボ**る。	上

問題	解答
過去の議案を**ム**し返す。	蒸
ジョウモン時代の食器が出土する。	縄文
交通費を**シンコク**する。	申告
事態の収拾を**ハカ**る。	図
友人を生徒会長に**オ**す。	推
兄は**キ**真面目な性格だ。	生
中途半端は**ショウブン**に合わない。	性分
もう一度自らを**カエリ**みる。	省
血気**サカ**んな年ごろだ。	盛
マコトを尽くして事に当たる。	誠
一朝**イッセキ**には成功しない。	一夕
ゼッセンの末に敗れた。	舌戦
カセンジキで野球をする。	河川敷
休日は**モッパ**ら寝て過ごす。	専
センガクを恥じる。	浅学
布を**センショク**する技術を習う。	染色
前回は完全な負け**イクサ**だ。	戦
コゼニ入れをポケットにしまう。	小銭
スデで魚を捕まえる。	素手
シュショウの所信表明を聞く。	首相
歌手の**イショウ**は派手だ。	衣装
姉は三か国語を**アヤ**ツる。	操
オオクラショウは昔の官庁だ。	大蔵省
情報を**スミ**やかに処理する。	速
クラス全員を**インソツ**する。	引率
運動不足で健康を**ソコ**なう。	損
ツイになる漢字を見つける。	対
文書の**テイサイ**を整える。	体裁
チンタイ住宅の工事が始まる。	賃貸
ミノシロキンが奪われた。	身代金
停電のため**テサグ**りで進む。	手探
日常の悪習慣を**タ**つ。	断
アタイ千金の一打が出た。	値

☑ キッサテンで休息をとる。 喫茶店

☑ 土地取引をチュウカイする。 仲介

☑ 最近の活躍はイチジルしい。 著

☑ テイネイな作業と評判だ。 丁寧

☑ 一日かけて準備がトトノう。 調

☑ テサげかばんを作ってもらう。 手提

☑ 身のホドをわきまえる。 程

☑ 江戸のカタキを長崎で討つ。 敵

☑ 旅のシタクをする。 支度 仕度

☑ 夜明けとともに敵をウつ。 討

☑ オカシラツきのごちそうだ。 尾頭付

☑ ワラベウタがどこからか聞こえる。 童歌

☑ 知りウる限りの情報を出す。 得

☑ チキョウダイとして育つ。 乳兄弟

☑ ギネス記録にニンテイされる。 認定

☑ 父にソムいて自己を貫く。 背

☑ バクガはビールの原料だ。 麦芽

☑ 新政権がホッソクする。 発足

☑ オカした罪を償う。 犯

☑ ハンシンは大阪を中心とする地域だ。 阪神

☑ かなりの力をヒめている。 秘

☑ 時間をツイやして解決する。 費

☑ ジビカで薬を処方される。 耳鼻科

☑ ヤマイは気からといわれる。 病

☑ ヒンプの差が問題になる。 貧富

☑ コイブミを書くのは難しい。 恋文

☑ 電池をヘイレツにつなぐ。 並列

☑ 幼少時から心をトざす。 閉

☑ イッペンの肉を味わう。 一片

☑ ブアイ制のアルバイトをする。 歩合

☑ ハクボで見通しが悪い。 薄暮

☑ 遠方の友人の家をオトズれる。 訪

☑ ようやく一矢をムクいる。 報

☐ 町内会のボウネンカイが開かれる。	忘年会
☐ 世界進出のタイモウを抱く。	大望
☐ 過去の秘密をバクロする。	暴露
☐ マキバは広く晴れ渡る。	牧場
☐ もはやバンジ休すだ。	万事
☐ タミは君主に従う。	民
☐ 電化製品のジュミョウが尽きる。	寿命
☐ 議論がメイソウして終了する。	迷走
☐ オモシロい話に爆笑する。	面白
☐ 笑うカドには福来たる	門
☐ ゲンエキのプロ野球選手だ。	現役
☐ ウチョウテンになる。	有頂天
☐ ヤサしい心で動物に接する。	優
☐ すぐにお金がイる。	要
☐ 新しいゲームがホしい。	欲
☐ キタる三月十日は兄の誕生日だ。	来
☐ ランパクでお菓子を作る。	卵白
☐ 悪夢がノウリをよぎる。	脳裏
☐ 明日再試合にノゾむ。	臨
☐ ホガらかな性格が好感だ。	朗
☐ 会議はナゴやかに進む。	和

資料5

試験に出る 四字熟語の問題

四字熟語の意味がわかると四字熟語の漢字も覚えやすくなります。一緒に覚えるようにしましょう。

使い方▼四字熟語に赤シートをあてて、かくれた部分の漢字を書けるようにしておきましょう。

四字熟語	意味
愛《あい》別《べつ》離《り》苦《く》	親子、兄弟、夫婦など、愛する人との別れのつらさ、悲しさ。
青《あお》息《いき》吐《と》息《いき》	心配や苦労のあまり心身ともに弱ったときに吐くため息。また、ため息の出るような状態。
悪《あく》逆《ぎゃく》無《む》道《どう》	人として行う道に、はなはだしくそむいた、悪い行い。「無道」は「ぶどう」「ぶとう」とも読む。類語に「極悪非道」がある。
悪《あく》戦《せん》苦《く》闘《とう》	強敵に対しての苦しい戦い。転じて、困難に打ち勝とうと苦労しながら努力すること。
悪《あっ》口《こう》雑《ぞう》言《ごん》	口にまかせていろいろ悪口を言うこと。
暗《あん》雲《うん》低《てい》迷《めい》	前途多難な状態が続くこと。また、雲が低くたれこめ、なかなか晴れそうにないこと。
暗《あん》中《ちゅう》模《も》索《さく》	手がかりなしにいろいろやってみること。「模索」は「摸索」とも書く。
安《あん》寧《ねい》秩《ちつ》序《じょ》	世の中が平穏で、秩序が保たれていること。
遺《い》憾《かん》千《せん》万《ばん》	大変残念なこと。非常に心残り。「遺憾」は憾《うら》みを遺《のこ》す意。類語に「残念至極」がある。
意《い》気《き》消《しょう》沈《ちん》	元気がなくしょげ返っていること。失望してがっかりしていること。
意《い》気《き》投《とう》合《ごう》	心持が互いにぴったりと合い、一つになること。
異《い》口《く》同《どう》音《おん》	「異口」は「いこう」とも読む。大勢の人が口をそろえて同じことを言う。意見が一致する。
異《い》国《こく》情《じょう》緒《ちょ》	外国風の趣や雰囲気。「異国情調」とも言う。（「情緒」を「じょうちょ」と読むのは慣用で、正式には「じょうしょ」）

意《い》志《し》堅《けん》固《ご》

考えや志がしっかりしていること。

意《い》思《し》疎《そ》通《つう》

互いに考えていることを伝え合うことで、相手の考えを理解し認識を共有すること。

意《い》志《し》薄《はく》弱《じゃく》

意志の力が弱く、忍耐や決断ができないこと。類語に「優柔不断」がある。

医《い》食《しょく》同《どう》源《げん》

ふだんの食事に気を配ることが、病気を予防するための最もよい策であるということ。「同源」は、もとが同じ意。

以《い》心《しん》伝《でん》心《しん》

考えや思っていることが言葉を使わずに、互いの心から心に伝わること。

異《い》端《たん》邪《じゃ》説《せつ》

正統からはずれた意見や立場。

一《いち》意《い》専《せん》心《しん》

わき目もふらずに一つのことに熱心になること。

一《いち》衣《い》帯《たい》水《すい》

とても近いことのたとえ。一筋の帯のような、細くて長い川のこと。また、そのような川を隔てて接していること。

一《いち》言《ごん》半《はん》句《く》

ほんのわずかな言葉。類語に「片言隻句」などがある。

一《いち》日《じつ》千《せん》秋《しゅう》

非常に待ち遠しく思うことのたとえ。たった一日が千年のように長く思われる意。類語に「一日三秋」がある。

一《いち》汁《じゅう》一《いっ》菜《さい》

汁物一品と、おかず一品。質素な食事のたとえ。

一《いち》念《ねん》発《ほっ》起《き》

あることを成し遂げようと心に決めること、決心すること。

一《いち》罰《ばつ》百《ひゃっ》戒《かい》

一人を罰することで、他の大勢が同じような罪を犯さないように戒めること。

一《いち》望《ぼう》千《せん》里《り》

非常に見晴らしがよいこと。ひと目で遠くまで見晴らせること。

一《いち》網《もう》打《だ》尽《じん》

網を一打ちしてその周辺にいる魚を残らずとらえること。転じて、一度に悪党の一味や敵対する者すべてをとらえつくすこと。

一《いち》利《り》一《いち》害《がい》

利益があるかわりに害もあること。よいことと悪いことの両方があること。

一《いっ》獲《かく》千《せん》金《きん》

一度にたやすく大きな利益をえること。

一《いっ》喜《き》一《いち》憂《ゆう》

状況の変化によって、そのつど喜んだり、心配したりすること。

一《いっ》騎《き》当《とう》千《せん》

一人で千人もの敵を相手にできるほど実力があること。

一《いっ》挙《きょ》両《りょう》得《とく》

一つのことをするだけで、二つの利益をあげること。「一挙」は一つの動作、一回の行動。類語に「一石二鳥」がある。

一《いっ》刻《こく》千《せん》金《きん》

わずかなひとときが、千金の値打ちがあるくらい貴重であること。

一《いっ》所《しょ》懸《けん》命《めい》

物事に真剣に取り組むこと。懸命に努力すること。類語に「一生懸命」がある。

一《いっ》触《しょく》即《そく》発《はつ》

互いににらみ合って対立している勢力が、ちょっとふれ合うだけで爆発しそうな、非常に切迫している状態。類語に「危機一髪」がある。

一《いっ》致《ち》団《だん》結《けつ》

多くの人が一つの目的のためにまとまること。

一《いっ》知《ち》半《はん》解《かい》

あることをちょっと知っているだけで、十分には理解していないこと。生半可な知識しかないこと。

一《いっ》朝《ちょう》一《いっ》夕《せき》

一日か一晩。転じて、短いとき。

威《い》風《ふう》堂《どう》堂《どう》

重々しくどっしりと威力に満ちているようす。

意《い》味《み》深《しん》長《ちょう》

人の行動や言葉、詩文などの意味が深く、ふくみがあること。

隠《いん》忍《にん》自《じ》重《ちょう》

じっと我慢して軽々しい言動を慎むこと。

有《う》為《い》転《てん》変《ぺん》

この世の中は常に移り変わり、一定の状態にないこと。この世が無常ではかないことのたとえ。「転変」は「てんぺん」「てんでん」とも読む。

有《う》象《ぞう》無《む》象《ぞう》

形のあるものとないもの全てのこと。転じて、数は多いが種々雑多なくだらないもののこと。

雲《うん》散《さん》霧《む》消《しょう》

雲や霧が消えうせるように、物事が一時にあとかたもなく消えること。

栄《えい》枯《こ》盛《せい》衰《すい》

人や家が栄えたり衰えたりすること。

英《えい》俊《しゅん》豪《ごう》傑《けつ》

人並みはずれて優れた人物。

□ 得手勝手《えてかって》
他人のことは考えず、自分に都合のよいように行動すること。また、そのさま。わがまま。

□ 円転滑脱《えんてんかつだつ》
なめらかで、よく変化して自由自在なこと。物事がすらすらと運び、とどこおらないこと。

□ 延命息災《えんめいそくさい》
命をのばして災いを取り去る。「息災」は災いをとめる。「息」はやむ、終わらせるの意。「延命」は「えんみょう」とも読む。類語に「無病息災」「無事息災」がある。

□ 汚名返上《おめいへんじょう》
着せられた汚名をそそいで、名誉を回復すること。

□ 温厚篤実《おんこうとくじつ》
短気を起こさず、いつも心が安定しており、誠実で信頼するに足る人柄。

□ 音吐朗朗《おんとろうろう》
声などが豊かでさわやかなこと。

□ 外柔内剛《がいじゅうないごう》
外見は物柔らかに見えるが、実際はしんが強くしっかりしていること。対語に「内柔外剛」がある。

□ 快刀乱麻《かいとうらんま》
様々な問題をあっさりと解決すること。

□ 佳人薄命《かじんはくめい》
美人には不幸な者や短命な者が多い。「佳人」は美人。類語に「美人薄命」がある。

□ 我田引水《がでんいんすい》
自分の田へ水を引くこと。転じて、自分の都合のよいように言ったり、したりすること。

□ 歌舞音曲《かぶおんぎょく》
音と踊りと音楽のこと。華やかな遊芸の総称。

□ 禍福得喪《かふくとくそう》
不幸や幸せ、成功や失敗があること。

□ 夏炉冬扇《かろとうせん》
時節に合わず役に立たないもの。類語に「十日の菊、六日の菖蒲」がある。

□ 感慨無量《かんがいむりょう》
言葉では言い表せないほど、胸いっぱいにしみじみと感じ入ること。

□ 緩急自在《かんきゅうじざい》
緩めたり引き締めたり、思いのままにすること。

□ 汗牛充棟《かんぎゅうじゅうとう》
蔵書が非常に多いこと。また、多くの蔵書。牛車に乗せて運ぶと牛が汗をかき、家に積み重ねると棟がつかえるほど一杯になるという意味。

□ 頑固一徹《がんこいってつ》
強情で周りの意見に耳を貸さず、自分の意見を最後まで押し通すこと。また、そのような性格。

換《かん》骨《こつ》奪《だっ》胎《たい》

骨を取り換え子の宿るところを奪う意から、先人の発想や趣旨を取り入れ、自分なりの表現を加えて新たな作品を作ること。現在では誤用が慣用化し、内容を少し変えただけの焼き直しの意味に用いられる。

冠《かん》婚《こん》葬《そう》祭《さい》

元服、婚礼、葬儀、祖先の祭祀（祭り）、の四大礼式のこと。

勧《かん》善《ぜん》懲《ちょう》悪《あく》

善行を勧め励まし、悪事を懲らしめること。略して「勧懲」という。

気《き》宇《う》壮《そう》大《だい》

心構えや度量が非常に大きいさま。

気《き》炎《えん》万《ばん》丈《じょう》

炎が燃え上がるように、大いに意気を上げること。「万丈」は非常に高く上がること。

危《き》機《き》一《いっ》髪《ぱつ》

髪の毛一本ほどのほんのわずかな違いで、非常に危険な状態になりそうな瞬間、状況。

喜《き》色《しょく》満《まん》面《めん》

顔いっぱいに喜びの表情が表れていること。

疑《ぎ》心《しん》暗《あん》鬼《き》

疑う心があると、なんでもないことまで怪しく感じられるようになること。

奇《き》想《そう》天《てん》外《がい》

普通の人には思いつかないような、きわめて奇抜な考え。

奇《き》怪《かい》千《せん》万《ばん》

通常と変わっていて不気味、また、まったくけしからんこと。「奇怪」は「きかい」とも読む。「千万」は程度がはなはだしい。

吉《きっ》凶《きょう》禍《か》福《ふく》

幸福とわざわい。

喜《き》怒《ど》哀《あい》楽《らく》

喜び、怒り、哀しみ、楽しみのこと。

鬼《き》面《めん》仏《ぶっ》心《しん》

外見は鬼のような怖い顔をしているが、本当は仏のような優しい心を持っていること。また、そのような人。対語に「人面獣心」がある。

脚《きゃっ》下《か》照《しょう》顧《こ》

他に対して理屈を言う前に自分の足もとをよく見ること。自己反省を促す意で用いられる。

旧《きゅう》態《たい》依《い》然《ぜん》

昔からの状態がそのまま続いて少しも変化、進歩しないさま。類語に「十年一日」がある。

狂《きょう》喜《き》乱《らん》舞《ぶ》

非常に喜ぶさま。

驚《きょう》天《てん》動《どう》地《ち》
天を驚かし、地を動かす意で、世間を大いに驚かすこと。

器《き》用《よう》貧《びん》乏《ぼう》
器用なためあちこちに手を出し、かえって中途半端となり大成しないこと。

玉《ぎょく》石《せき》混《こん》交《こう》
すぐれたものと劣ったものが入り混じっていること。

機《き》略《りゃく》縦《じゅう》横《おう》
その時その時の状況に応じたはかりごと。臨機応変の策略。

金《きん》科《か》玉《ぎょく》条《じょう》
金や玉のように大切な法律。一番重要な規則。

謹《きん》厳《げん》実《じっ》直《ちょく》
慎み深く、誠実なこと。

金《きん》城《じょう》鉄《てっ》壁《ぺき》
金や鉄で造ったような城壁を持つ堅固な城。物事が非常に堅固であることのたとえ。

金《きん》城《じょう》湯《とう》池《ち》
きわめて守りの堅固な城と堀。「湯池」は熱湯をたたえた堀の意。転じて、攻めるのが難しいほどに守りが固いこと。類語に「金城鉄壁」「難攻不落」がある。

空《くう》中《ちゅう》楼《ろう》閣《かく》
空中に築いた（土台のない）立派な建物。元は「しんきろう」の意。根拠のない物事や現実性のないこと。

空《くう》理《り》空《くう》論《ろん》
実際の状態からはかけ離れていて、実際には役に立たない考えのこと。

九《く》分《ぶ》九《く》厘《りん》
ほぼ完全に近いこと。

群《ぐん》雄《ゆう》割《かっ》拠《きょ》
多くの英雄が各地で勢力を張り、対立すること。

鯨《げい》飲《いん》馬《ば》食《しょく》
鯨が海水を吸い込むようにたくさん酒を飲み、馬が草をはむようにたくさん食べるさま。類語に「牛飲馬食」「暴飲暴食」がある。

軽《けい》挙《きょ》妄《もう》動《どう》
よく考えもせず軽はずみに行動すること。軽率な行動。

鶏《けい》口《こう》牛《ぎゅう》後《ご》
「鶏口となるも牛後となるなかれ」と同じ。大きなものの後ろにつくよりは、小さなものの頭になるべきだの意。「牛後」は牛のしり。

軽《けい》薄《はく》短《たん》小《しょう》
うすっぺらで中身のないさま。

月《げっ》下《か》氷《ひょう》人《じん》
男女の仲をとりもつ人。仲人。媒酌人。

言行一致《げんこういっち》
言葉と行動が食い違わないこと。類語に「有言実行」がある。

堅忍不抜《けんにんふばつ》
どんな困難に直面しても心を動かさず、我慢強く耐えること。類語に「志操堅固」「鉄心石腸」がある。

権謀術数《けんぼうじゅつすう》
巧みに人をあざむくはかりごとやたくらみのこと。

厚顔無恥《こうがんむち》
あつかましくて恥知らずなさま。

好機到来《こうきとうらい》
ちょうどよい機会がくること。絶好の機会に恵まれること。

恒久平和《こうきゅうへいわ》
常に変わらずに平和であること。永久に平和で争いごとがない状態であるさま。

巧言令色《こうげんれいしょく》
巧みな言葉や、顔色をつくろったりすること。転じて、言葉を飾り、口先だけのことを言い、相手にこびへつらうこと。

公私混同《こうしこんどう》
公的なこと、私的なことのけじめをつけないこと。

公序良俗《こうじょりょうぞく》
公共の秩序と、善良な風俗。

巧遅拙速《こうちせっそく》
じょうずで遅いより、へたでも速いほうがよいの意。古くは兵法の語。「巧遅は拙速にしかず」の略。

公平無私《こうへいむし》
公平で、判断に自分の感情などをまぜないこと。

呉越同舟《ごえつどうしゅう》
仲の悪い者同士が同じ境遇や場所にいること。もとは、仲の悪い者同士が反目しあいながらも、利害の一致をみるときは協力し合うという意。

極悪非道《ごくあくひどう》
この上なく道理にそむいたひどい悪事を行うこと。

極楽浄土《ごくらくじょうど》
仏教で阿弥陀仏がいる西方浄土のこと。

孤軍奮闘《こぐんふんとう》
孤立した中で少人数で必死に戦うこと。だれの援助も受けず、独りで懸命にがんばるさま。

古今無双《ここんむそう》
昔から今まで並ぶものがないこと。それほどすぐれていること。類語に「古今独歩」がある。

孤城《こじょう》落日《らくじつ》
孤立無援の城に沈む夕日がさし込んでいる光景。勢力も傾き、助けもこない心細いさま。

故事《こじ》来歴《らいれき》
昔から伝えられてきた物事についてのいわれや経過。「古事」とも書く。

誇大《こだい》妄想《もうそう》
自分の現状を実際以上に想像して、事実のように思いこむこと。

酷寒《こっかん》猛暑《もうしょ》
耐えがたいほど厳しい暑さや寒さのこと。

刻苦《こっく》勉励《べんれい》
非常に苦労して、勉学や仕事につとめはげむこと。類語に「刻苦精励」がある。

鼓舞《こぶ》激励《げきれい》
気持ちを奮い立たせて励ますこと。元気づけること。類語に「叱咤激励」がある。

孤立《こりつ》無援《むえん》
独りぼっちで、だれも手を差しのべてくれない状態。類語に「孤軍奮闘」がある。

五里《ごり》霧中《むちゅう》
霧が深く方向がつかめないこと。現状がつかめず方針をたてる手がかりがない状態。

困苦《こんく》欠乏《けつぼう》
生活に窮して困り苦しむこと。

懇切《こんせつ》丁寧《ていねい》
細かい隅々まで注意が行き届いていて親切なこと。

才色《さいしょく》兼備《けんび》
すぐれた才知を持ち、美ぼうをも兼ね備えている女性。「色」はようす、容ぼうのこと。「才色」は「さいしき」とも読む。

山紫《さんし》水明《すいめい》
山が陽光を受けて紫色に映え、流れる川の水は澄んで清らかなこと。

詩歌《しいか》管弦《かんげん》
文学と音楽のこと。「詩歌」は漢詩や和歌、「管弦」は管楽器と弦楽器の意。

四角《しかく》四面《しめん》
非常にまじめで堅苦しいこと。とてもかしこまっていること。

自画《じが》自賛《じさん》
自分のことを自分でほめること。「賛」は絵画に書きそえる詩文で、通常は他人に書いてもらうもの。自分の描いた絵に自分で賛を書く意。

時期《じき》尚早《しょうそう》
ある事を行うにはまだ早すぎること。

色即《しきそく》是空《ぜくう》
仏教の根本思想の一つで、この世のすべての物には形があるが、形は実在ではなく本質は空である、という意。

試行錯誤《しこうさくご》

新しい事に取り組むとき、試みと失敗を繰り返しながら適切な方法を見つけていくこと。

時機到来《じきとうらい》

何か物事を行う絶好の機会がやって来たということ。

自己矛盾《じこむじゅん》

言葉や行動が前後でつじつまが合わないこと。言うことと行うことが矛盾していること。

時節到来《じせつとうらい》

よい機会がやってくること。

七転八倒《しちてんばっとう》

七回転げ、八回倒れる様子から、苦痛のあまり転げたり倒れたりしてもがくこと。「しってんばっとう」「しちてんはっとう」とも読む。

七難八苦《しちなんはっく》

いろいろな困難や多くの苦悩。仏教語で、七つの災いと八つの苦しみのこと。

執行猶予《しっこうゆうよ》

有罪の判決を受けた者について、情状により一定期間刑の執行を猶予し、猶予期間を無事経過したときは刑を科さないこととする制度。

質実剛健《しつじつごうけん》

飾り気がなく、まじめで、心身ともに強くしっかりしていること。

疾風迅雷《しっぷうじんらい》

強く吹く風と、激しい雷鳴。転じて、物事のなりゆきや変化がすばやく激しいさま。

自暴自棄《じぼうじき》

失敗したり希望が持てなくなったりして、自分自身を粗末に扱い、すてばちになること。

縦横無尽《じゅうおうむじん》

この上なく自由自在で、思う存分にふるまうこと。類語に「自由自在」などがある。

衆口一致《しゅうこういっち》

多くの人の意見や評判がぴったり合うこと。

重厚長大《じゅうこうちょうだい》

どっしりとしていて大きいさま。

終始一貫《しゅうしいっかん》

始めから終わりまで常に態度が変わらないこと。

周知徹底《しゅうちてってい》

世間一般、広くすみずみまで知れわたるようにすること。

集中砲火《しゅうちゅうほうか》

一つの目標に対して砲撃を浴びせること。また、ある一点に対して非難や批判を集中的に向けること。

襲名披露《しゅうめいひろう》

師匠や親の名前を継承したことを公に発表すること。

主《しゅ》客《かく》転《てん》倒《とう》

主人と客が入れ替わることで、重要な事柄と取るに足らない事柄、人や物事の軽重が逆になること。「主客」は「しゅきゃく」とも読む。類語に「本末転倒」がある。

熟《じゅく》慮《りょ》断《だん》行《こう》

じっくり考えた上で思い切って実行すること。

首《しゅ》尾《び》一《いっ》貫《かん》

始めから終わりまで一つの方針や態度を貫き通すこと。始めと終わりで矛盾しないさま。類語に「終始一貫」がある。

準《じゅん》備《び》万《ばん》端《たん》

万全の用意ができている状態。

順《じゅん》風《ぷう》満《まん》帆《ぱん》

物事が順調に進んでいること。船の帆が風を受けて軽快に進む意。

笑《しょう》止《し》千《せん》万《ばん》

非常にばかばかしいこと。「笑止」はおかしいこと。「千万」はこの上ない、はなはだしいの意。

正《しょう》真《しん》正《しょう》銘《めい》

本当のこと。うそ、偽りがなく、確かに本物であること。

少《しょう》壮《そう》気《き》鋭《えい》

若く意気盛んで、将来が期待されること。

諸《しょ》行《ぎょう》無《む》常《じょう》

この世のすべては常に移り変わり、生滅を繰り返して、永久に不変のものはないということ。人生は、はかなく無常であるという仏教の大綱「三法印」の一つ。

初《しょ》志《し》貫《かん》徹《てつ》

物事の始めに決めたことを、くじけることなく最後まで完全に貫いて、志を遂げること。

私《し》利《り》私《し》欲《よく》

自分の利益を第一に考えて行動しようとする欲望のこと。

支《し》離《り》滅《めつ》裂《れつ》

てんでんばらばらで、まとまりがないこと。乱れてつじつまが合わないこと。類語に「四分五裂」「乱雑滅裂」がある。

思《し》慮《りょ》分《ふん》別《べつ》

よく考えて判断すること。また、その能力。類語に「熟慮断行」がある。

真《しん》剣《けん》勝《しょう》負《ぶ》

本気で勝負すること。本気で物事にとりくむこと。

人《じん》材《ざい》輩《はい》出《しゅつ》

すぐれた人物が続いて世に出ること。

深《しん》山《ざん》幽《ゆう》谷《こく》

人里離れた奥深い山や、物の形がはっきりしないほど深い谷。奥深く静かな自然のこと。

□
真実一路《しんじついちろ》
真実を求めて、ひとすじに進むこと。

□
神出鬼没《しんしゅつきぼつ》
すばやく、自由自在に、現れたり隠れたりすること。所在が容易につかめないさま。

□
尋常一様《じんじょういちよう》
ごくあたりまえのこと。とおりいっぺん。

□
信賞必罰《しんしょうひつばつ》
賞罰のけじめを厳正にすること。功労のある者には賞を与え、罪を犯した者は必ず罰するということ。

□
新進気鋭《しんしんきえい》
新たに参加したてで非常に意気込み、勢いが盛んなこと。また、その人。

□
人跡未踏《じんせきみとう》
いまだかつて、人が足をふみ入れたことのないこと。

□
迅速果断《じんそくかだん》
すばやく判断し、思い切って物事を行うこと。類語に「即断即決」がある。

□
陣頭指揮《じんとうしき》
先頭に立って指揮すること。直接現場に出て指揮すること。

□
心頭滅却《しんとうめっきゃく》
心の中の雑念が消え去り、無念・無想の境地に至ること。仏教語で「心頭を滅却すれば火も自ずから涼し」とあり、どんな苦難にあっても、それを超越して心頭にとどめないようにすれば、苦しさを感じないという意。

□
深謀遠慮《しんぼうえんりょ》
はるか先のことまで考えて立てた周到な計略。「深謀」は深いはかりごと、「遠慮」は遠く思いはかるの意。

□
人面獣心《じんめんじゅうしん》
人間らしい心を持たない人のこと。顔は人間であるが心は獣の意から、冷酷非情な人。

□
森羅万象《しんらばんしょう》
宇宙空間に存在する、すべての物、すべての現象。「万象」は「ばんぞう」「まんぞう」とも読む。類語に「有象無象」「一切合切」がある。

□
酔生夢死《すいせいむし》
酒に酔い、夢心地で自覚もなく一生を過ごす意で、何もせずにぼんやりと、むだに一生を送ること。類語に「無為徒食」がある。

□
晴耕雨読《せいこううどく》
晴れた日は田畑を耕し、雨が降れば家にこもって読書し、気の向くままに生活すること。俗世間を離れて生活をするさま。

□ 生《せい》殺《さつ》与《よ》奪《だつ》
生かすも殺すも、奪うも与えるも、思いのままであること。「生殺与奪の権」と用いる。絶対的権力。類語に「活殺自在」がある。

□ 静《せい》寂《じゃく》閑《かん》雅《が》
ひっそり静かでみやびやかな風情がある様子。「閑雅」は静かで風情のあること。

□ 盛《せい》衰《すい》興《こう》亡《ぼう》
ものごとが盛んになることと滅びること。

□ 青《せい》天《てん》白《はく》日《じつ》
よく晴れた天気。転じて、心にやましさも後ろめたさもなく、潔白であること。

□ 清《せい》風《ふう》明《めい》月《げつ》
夜の静かで清らかなたたずまいの形容。清らかな美しい自然の形容。

□ 精《せい》力《りょく》絶《ぜつ》倫《りん》
精力が抜きんでて強いこと。

□ 勢《せい》力《りょく》伯《はく》仲《ちゅう》
二つの勢力に優劣がないこと。

□ 清《せい》廉《れん》潔《けっ》白《ぱく》
心が清く、後ろめたいところがないさま。類語に「青天白日」などがある。

□ 責《せき》任《にん》回《かい》避《ひ》
自身が負わなくてはならない任務や義務をまぬかれようと避けること。

□ 絶《ぜっ》体《たい》絶《ぜつ》命《めい》
せっぱ詰まってどうにも逃れられない困難な状態。

□ 是《ぜ》非《ひ》曲《きょく》直《ちょく》
物事の正・不正や、善悪。類語に「理非曲直」がある。

□ 是《ぜ》非《ひ》善《ぜん》悪《あく》
物事のよしあし。類語に「是非曲直」「理非曲直」がある。

□ 浅《せん》学《がく》非《ひ》才《さい》
学識が浅く未熟であること。「非」は「菲」（1級）とも書く。

□ 千《せん》客《きゃく》万《ばん》来《らい》
大勢の客がひっきりなしにやってくること。「千客」は「せんかく」とも読む。

□ 前《ぜん》後《ご》不《ふ》覚《かく》
物事の後先の判断がつかなくなるほど正体を失うこと。類語に「人事不省」がある。

□ 千《せん》載《ざい》一《いち》遇《ぐう》
二度とない絶好のチャンス。千年に一度出会えるぐらいのチャンス。

□ 千《せん》紫《し》万《ばん》紅《こう》
色彩豊かで、さまざまな花が咲きほこっていること。「千」「万」は数が多いことを表す。

□ 全《ぜん》身《しん》全《ぜん》霊《れい》
体力と気力のすべて。その人の身も心もすべて。

□ 全《ぜん》知《ち》全《ぜん》能《のう》
あらゆることを実行し、あらゆることを理解できる能力をもっていること。神の能力。

□ 前《ぜん》途《と》多《た》難《なん》
将来に困難の多いことが予想されること。対語に「前途有望」「前途洋洋」がある。

前《ぜん》途《と》有《ゆう》望《ぼう》

将来に大いに見込みがあること。類語に「前途有為」「前途洋洋」がある。

前《ぜん》途《と》洋《よう》洋《よう》

将来が明るく、希望に満ちていること。類語に「前途有為」「前途有望」がある。

千《せん》変《ぺん》万《ばん》化《か》

「千変」は「せんべん」とも読む。さまざまに変化すること。類語に「変幻自在」がある。

先《せん》憂《ゆう》後《こう》楽《らく》

先に心配事・苦痛に思うことをかたづけ、楽しみは後回しにすること。

千《せん》慮《りょの》一《いっ》失《しつ》

知者が、どんなに入念に考えたことでも、一つぐらいは失敗や間違いがあるということ。対語に「千慮一得」「愚者一得」がある。

善《ぜん》隣《りん》友《ゆう》好《こう》

隣国や隣家などと仲良くすること。外交上、友好関係を結ぶこと。

粗《そ》衣《い》粗《そ》食《しょく》

粗末な着物と粗末な食事。質素な生活のたとえ。

率《そっ》先《せん》垂《すい》範《はん》

積極的に行動し模範を示すこと。「率先」は先に立って行動する、「垂範」は手本を示す。

大《たい》喝《かつ》一《いっ》声《せい》

大きなひと声でしかり付けること。

大《たい》器《き》晩《ばん》成《せい》

大きな器や道具は完成に長い年月がかかる。偉大な人物は、ゆっくりと実力を養い、晩年に大成するということ。

泰《たい》然《ぜん》自《じ》若《じゃく》

気持ちが落ち着いて物事に動揺しないさま。

大《だい》胆《たん》不《ふ》敵《てき》

度胸がすわっていて敵をまったく恐れないさま。

大《だい》同《どう》小《しょう》異《い》

多少の違いがあるだけで、おおよそ同じであること。似たり寄ったり。

多《た》岐《き》亡《ぼう》羊《よう》

逃げた羊を追いかけながら、分かれ道が多いために、とうとう羊を見失ったという故事から、方針が多すぎて選択に迷うたとえ。

多《た》事《じ》多《た》端《たん》

仕事や事件が多くて忙しいこと。

多《た》事《じ》多《た》忙《ぼう》

仕事が多く、大変に忙しいこと。

多《た》情《じょう》多《た》感《かん》

感情が豊かで、感受性が高いこと。

暖《だん》衣《い》飽《ほう》食《しょく》

暖かい服を着て、十分に食べること。なんの不足もない恵まれた生活のたとえ。

胆《たん》大《だい》心《しん》小《しょう》
大胆でありながら、細心の注意をはらうこと。

短《たん》慮《りょ》軽《けい》率《そつ》
考えが浅く、軽々しく行動すること。

注《ちゅう》意《い》散《さん》漫《まん》
あれこれと気が散っているさま。集中していないこと。

昼《ちゅう》夜《や》兼《けん》行《こう》
昼も夜も休まずに進むこと。仕事などを続けて行うこと。類語に「不眠不休」がある。

朝《ちょう》三《さん》暮《ぼ》四《し》
目先の違いにこだわり、本質が同じであることに気づかないこと。物事の本質を理解しないこと。

眺《ちょう》望《ぼう》絶《ぜっ》佳《か》
見晴らしが非常にすばらしいこと。

朝《ちょう》令《れい》暮《ぼ》改《かい》
朝出した命令を夕に改めることから、法律や方針などが頻繁に変わり定まらないこと。

沈《ちん》思《し》黙《もっ》考《こう》
静かにじっとして、深く考え込むこと。

痛《つう》快《かい》無《む》比《ひ》
たぐいなく痛快であること。

徹《てっ》頭《とう》徹《てつ》尾《び》
始めから終わりまで。一から十まで。類語に「終始一貫」「首尾一貫」がある。

天《てん》衣《い》無《む》縫《ほう》
天人の衣には人工的な縫い目がないことから、詩文などで技巧の跡がなく、ごく自然に見えながら完成度の高いこと。また、人柄が無邪気なこと。

天《てん》涯《がい》孤《こ》独《どく》
一人の身寄りもなくひとりぼっちであること。故郷を遠く離れて一人で暮らすこと。

天《てん》下《か》御《ご》免《めん》
何者にもはばかることなく堂々と行えること。公認されていること。

天《てん》下《か》泰《たい》平《へい》
世の中がよく治まって平穏であること。心配事がないこと。「泰平」は「太平」とも書く。

天《てん》地《ち》神《しん》明《めい》
天と地の神々のこと。

当《とう》意《い》即《そく》妙《みょう》
その場にふさわしいタイミングで即座の機転をきかすこと。

闘《とう》志《し》満《まん》満《まん》
戦う意気込みにあふれていること。

同《どう》床《しょう》異《い》夢《む》
共に暮らす夫婦が別のことを考えている状態。同じ仕事をする仲間の目標が異なること。

東《とう》奔《ほん》西《せい》走《そう》
あっちこっち忙しく走り回って尽力すること。

独《どく》立《りつ》独《どっ》歩《ぽ》

他人の力にたよらず、自分の信じるとおりに行動すること。

怒《ど》髪《はつ》衝《しょう》天《てん》

髪の毛が天を衝《つ》くぐらいに逆立つほど大きな怒り。「怒髪天を衝く」とも読む。

内《ない》憂《ゆう》外《がい》患《かん》

内部や外部どちらにも心配事が多いこと。

難《なん》行《ぎょう》苦《く》行《ぎょう》

苦難に耐えてする修行。転じて，ひどい苦労をすること。

難《なん》攻《こう》不《ふ》落《らく》

守りが堅固で攻め落としにくい。相手がなかなかこちらの思い通りにならないこと。

南《なん》船《せん》北《ほく》馬《ば》

（南は船で、北は馬で）絶えずあちこちに旅行すること。

二《に》人《にん》三《さん》脚《きゃく》

二人の隣り合った足首をしばって走る競技から、二人が力を合わせて物事に取り組むこと。

破《は》顔《がん》一《いっ》笑《しょう》

顔をほころばせて笑うこと。

博《はく》学《がく》多《た》才《さい》

広くいろいろな学問に通じ、多方面にすぐれた才能を持っていること。

薄《はく》志《し》弱《じゃっ》行《こう》

意志が弱くて実行力が足りないこと。

白《はく》髪《はつ》童《どう》顔《がん》

年齢を重ねて年老いても元気である様子。

薄《はく》利《り》多《た》売《ばい》

利益を少なくして、多く売ること。

馬《ば》耳《じ》東《とう》風《ふう》

他人からの意見や批判に無関心で、注意を払わないこと。「東風」は心地よい春風。

波《は》乱《らん》万《ばん》丈《じょう》

変化が激しく劇的であること。

美《び》辞《じ》麗《れい》句《く》

美しく飾ったたくみな言葉。主にお世辞を言うための言葉や言いまわしで、悪い意味で用いられることが多い。

百《ひゃく》戦《せん》錬《れん》磨《ま》

歴戦のなかできたえられていること。経験豊富であること。

百《ひゃっ》鬼《き》夜《や》行《こう》

いろいろな化け物が夜になると動きまわる。転じて、悪人どもが自分勝手なふるまいをすること。「夜行」は「やぎょう」とも読む。

表《ひょう》裏《り》一《いっ》体《たい》

まったく逆に見える事柄が、内面ではつながっており、切り離せないこと。また、相反する二つのものが一つになること。

- ☐ **比翼連理《ひよくれんり》**　夫婦の愛情の深いこと。「比翼」は「比翼の鳥」、「連理」は「連理の枝」。いつも翼を並べて飛ぶ鳥と、二本の木の枝がくっついて木目が一つにつながった枝。
- ☐ **不可抗力《ふかこうりょく》**　人の力では防ぎきれない外部からの力。
- ☐ **不朽不滅《ふきゅうふめつ》**　永遠に滅びないこと。
- ☐ **複雑怪奇《ふくざつかいき》**　いろいろなことが込み入って混乱しているため、全体として怪しく不思議なようす。
- ☐ **不即不離《ふそくふり》**　つかず離れずの関係を保つこと。
- ☐ **物情騒然《ぶつじょうそうぜん》**　世間、世人がおだやかでなく物騒な状態。
- ☐ **腐敗堕落《ふはいだらく》**　気持ちがゆるんで、だらしない生活をするようになること。
- ☐ **普遍妥当《ふへんだとう》**　どんな場合にも真理として承認されること。
- ☐ **不偏不党《ふへんふとう》**　どちらにも味方せずに中立を保つこと。類語に「中立公正」がある。
- ☐ **不眠不休《ふみんふきゅう》**　眠らず、休まないこと。期限の間際など、せっぱつまった状態のときに懸命に努めるさま。
- ☐ **不老不死《ふろうふし》**　いつまでも年をとることなく、死なないこと。
- ☐ **付和雷同《ふわらいどう》**　自分なりの確固とした考えを持たず、他人の説や判断に軽々しく同調すること。
- ☐ **粉骨砕身《ふんこつさいしん》**　骨身を惜しまず力の限りを尽くすこと。
- ☐ **文武両道《ぶんぶりょうどう》**　学問と武芸。また、その両方にすぐれていること。
- ☐ **奮励努力《ふんれいどりょく》**　目標を立てて一心に当たる心構え。
- ☐ **平穏無事《へいおんぶじ》**　変わりなく穏やかなこと。
- ☐ **変幻自在《へんげんじざい》**　思いのままに変化すること。変わり身が早いこと。
- ☐ **傍若無人《ぼうじゃくぶじん》**　人を人とも思わないような態度や言動。人前をはばからず勝手気ままにふるまうこと。類語に「得手勝手」がある。
- ☐ **抱腹絶倒《ほうふくぜっとう》**　腹をかかえて倒れるほど大笑いするさま。

本《ほん》末《まつ》転《てん》倒《とう》

物事の根本と、枝葉のつまらないことを取り違えること。類語に「主客転倒」がある。

満《まん》場《じょう》一《いっ》致《ち》

その場にいる人全部の意見が一致すること。

妙《みょう》計《けい》奇《き》策《さく》

人の意表をついた奇抜ですぐれたはかりごと。

無《む》為《い》自《し》然《ぜん》

何もしないであるがままにまかせること。

無《む》為《い》徒《と》食《しょく》

なんの仕事もせず遊び暮らすこと。「無為」は何もしない、「徒食」は働かない。

無《む》我《が》夢《む》中《ちゅう》

物事に熱中して自分を忘れ、他のことを顧みないこと。

無《む》味《み》乾《かん》燥《そう》

少しもおもしろみや味わいのないこと。「無味」は趣がない、「乾燥」はうるおいがない。

明《めい》鏡《きょう》止《し》水《すい》

くもりのない鏡と静かな水面。転じて、心にくもりがなく静かに落ち着いているさま。

名《めい》実《じつ》一《いっ》体《たい》

名前と実質、評判と実際の内容が一致していること。対語に「有名無実」がある。

迷《めい》惑《わく》千《せん》万《ばん》

たいへん迷惑なこと。「千万」は程度がはなはだしいこと。類語に「迷惑至極」がある。

免《めん》許《きょ》皆《かい》伝《でん》

武術や芸道などで、師が弟子に、その道の奥義を残らず伝え、その修了を認めること。

面《めん》目《もく》躍《やく》如《じょ》

「面目」は「めんぼく」とも読む。その人の名誉や評価にふさわしい活躍をするさま。

門《もん》戸《こ》開《かい》放《ほう》

制限をなくして自由にすること。

唯《ゆい》一《いつ》無《む》二《に》

この世に一つしかないこと。

優《ゆう》柔《じゅう》不《ふ》断《だん》

決断力に欠け、いつまでもぐずぐずしていること。類語に「意志薄弱」がある。

優《ゆう》勝《しょう》劣《れっ》敗《ぱい》

力のある者が勝ち、劣っている者が負けること。類語に「弱肉強食」「適者生存」がある。

勇《ゆう》猛《もう》果《か》敢《かん》

勇ましくて決断力が強く、屈しないこと。類語に「進取果敢」がある。

悠《ゆう》悠《ゆう》自《じ》適《てき》

ゆっくりと落ち着いて心静かに過ごすこと。あくせくせず、気の向くままに生活すること。

用《よう》意《い》周《しゅう》到《とう》

用意が十分に整って手抜かりのないこと。

要《よう》害《がい》堅《けん》固《ご》

備えのかたいこと。「要害」は地勢が険しく、攻めるのに難しく守るのにたやすい地。

容《よう》姿《し》端《たん》麗《れい》

姿、形がきちんと整っていて美しいこと。類語に「姿色端麗」がある。

力《りき》戦《せん》奮《ふん》闘《とう》
力いっぱい戦うこと。全力を尽くして努力すること。

離《り》合《ごう》集《しゅう》散《さん》
離れたり集まったりすること。また、そのくりかえし。

立《りっ》身《しん》出《しゅっ》世《せ》
社会的な地位を確立して名をあげること。

理《り》非《ひ》曲《きょく》直《ちょく》
道理に合っていることとはずれていること。道徳的に正しいことと誤ったこと。

流《りゅう》言《げん》飛《ひ》語《ご》
確かな根拠のない、いいかげんな情報。でたらめなうわさ。

粒《りゅう》粒《りゅう》辛《しん》苦《く》
米を作る農民のつらさの一通りでないこと。転じて、こつこつと努力や苦労を積み重ねること。

竜《りょう》頭《とう》蛇《だ》尾《び》
「竜頭」は「りゅうとう」とも読む。竜の頭に蛇の尾。最初は勢いが盛んでありながら、終わりは振るわなくなってしまうことのたとえ。

良《りょう》風《ふう》美《び》俗《ぞく》
よい習慣、うるわしい風俗。

臨《りん》機《き》応《おう》変《へん》
その場に臨み、変化に応じて最も適当な手段をほどこすこと。また、そのさま。

連《れん》鎖《さ》反《はん》応《のう》
ある一つの反応が起こったことをきっかけに、次々と同じ反応が繰り返して起こる様子。

論《ろん》旨《し》明《めい》快《かい》
議論や文章などの主旨・要旨の筋道が通っていて、わかりやすいこと。対語に「論旨不明」がある。

和《わ》敬《けい》清《せい》寂《じゃく》
茶道の精神を表す言葉。「和敬」は主人と客の心の持ち方の心得、「清寂」は茶室や茶道具などに関連する心得のこと。

和《わ》衷《ちゅう》協《きょう》同《どう》
心を同じくして、ともに力を合わせること。類語に「和衷共済」がある。

和《わ》洋《よう》折《せっ》衷《ちゅう》
建築や生活様式などで、日本風と西洋風を適度に取り合わせること。

資料6

よく出る 対義語の問題

対義語の組み合わせは一つではないので、熟語の意味も考えて覚えましょう。

使い方▼下の対義語の部分に赤シートをあてて、隠れた熟語を考えてみましょう。

- ☐ 召還《しょうかん》 ⇔ 派遣《はけん》
- ☐ 煩雑《はんざつ》 ☐ 繁雑《はんざつ》 ⇔ 簡略《かんりゃく》
- ☐ 凡庸《ぼんよう》 ☐ 卑小《ひしょう》 ⇔ 偉大《いだい》
- ☐ 高尚《こうしょう》 ⇔ 低俗《ていぞく》
- ☐ 傑物《けつぶつ》 ⇔ 凡人《ぼんじん》
- ☐ 中枢《ちゅうすう》 ⇔ 末端《まったん》

- ☐ 喪失《そうしつ》 ⇔ 獲得《かくとく》
- ☐ 堕落《だらく》 ⇔ 更生《こうせい》
- ☐ 拘禁《こうきん》 ☐ 拘束《こうそく》 ☐ 逮捕《たいほ》 ⇔ 釈放《しゃくほう》
- ☐ 懐柔《かいじゅう》 ⇔ 威圧《いあつ》
- ☐ 受諾《じゅだく》 ⇔ 拒否《きょひ》
- ☐ 醜悪《しゅうあく》 ⇔ 美麗《びれい》

- ☐ 絶賛《ぜっさん》 ☐ 激賞《げきしょう》 ⇔ 酷評《こくひょう》
- ☐ 浄化《じょうか》 ☐ 洗浄《せんじょう》 ⇔ 汚染《おせん》
- ☐ 清浄《せいじょう》 ⇔ 汚濁《おだく》
- ☐ 怠惰《たいだ》 ⇔ 勤勉《きんべん》
- ☐ 暫時《ざんじ》 ⇔ 恒久《こうきゅう》
- ☐ 謙虚《けんきょ》 ⇔ 高慢《こうまん》
- ☐ 秩序《ちつじょ》 ⇔ 混乱《こんらん》
- ☐ 削除《さくじょ》 ⇔ 添加《てんか》
- ☐ 淡泊《たんぱく》 ☐ 希薄《きはく》 ⇔ 濃厚《のうこう》
- ☐ 希釈《きしゃく》 ⇔ 濃縮《のうしゅく》

- ☐ 寛容《かんよう》 ☐ 寛大《かんだい》 ⇔ 厳格《げんかく》
- ☐ 恭順《きょうじゅん》 ☐ 服従《ふくじゅう》 ⇔ 反抗《はんこう》
- ☐ 享楽《きょうらく》 ⇔ 禁欲《きんよく》
- ☐ 純白《じゅんぱく》 ⇔ 漆黒《しっこく》
- ☐ 概略《がいりゃく》 ☐ 概要《がいよう》 ⇔ 詳細《しょうさい》
- ☐ 擁護《ようご》 ⇔ 侵害《しんがい》
- ☐ 衰微《すいび》 ⇔ 繁栄《はんえい》
- ☐ 裕福《ゆうふく》 ☐ 富裕《ふゆう》 ⇔ 貧困《ひんこん》
- ☐ 干渉《かんしょう》 ⇔ 放任《ほうにん》

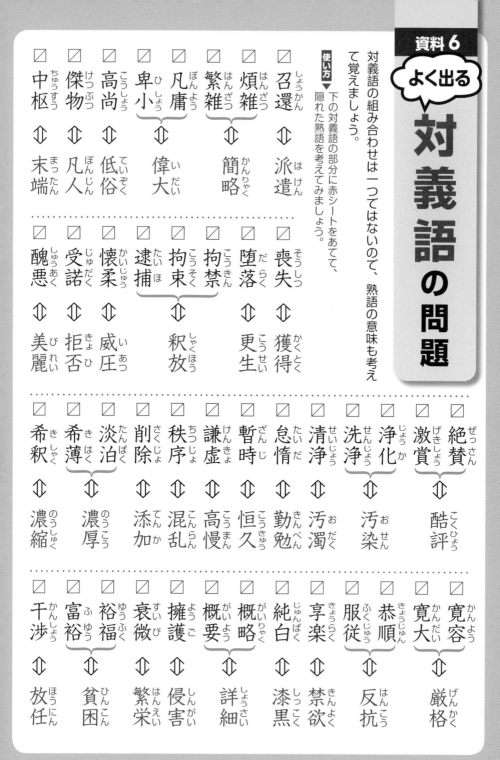

- ☐ 逸材《いつざい》 ⇔ 凡才《ぼんさい》
- ☐ 冗漫《じょうまん》 ☐ 冗長《じょうちょう》 ⇔ 簡潔《かんけつ》
- ☐ 閑暇《かんか》 ☐ 閑散《かんさん》 ⇔ 多忙《たぼう》
- ☐ 緩慢《かんまん》 ⇔ 敏速《びんそく》
- ☐ 左遷《させん》 ⇔ 栄転《えいてん》
- ☐ 中庸《ちゅうよう》 ⇔ 極端《きょくたん》
- ☐ 哀悼《あいとう》 ⇔ 祝賀《しゅくが》
- ☐ 漠然《ばくぜん》 ⇔ 鮮明《せんめい》
- ☐ 寡黙《かもく》 ⇔ 多弁《たべん》
- ☐ 一括《いっかつ》 ⇔ 分割《ぶんかつ》
- ☐ 個別《こべつ》 ⇔ 一斉《いっせい》

- ☐ 湿潤《しつじゅん》 ⇔ 乾燥《かんそう》
- ☐ 高慢《こうまん》 ☐ 尊大《そんだい》 ⇔ 謙虚《けんきょ》
- ☐ 蓄積《ちくせき》 ⇔ 消耗《しょうもう》
- ☐ 緩慢《かんまん》 ⇔ 迅速《じんそく》
- ☐ 隆起《りゅうき》 ⇔ 沈降《ちんこう》
- ☐ 購入《こうにゅう》 ⇔ 売却《ばいきゃく》
- ☐ 秘匿《ひとく》 ⇔ 暴露《ばくろ》
- ☐ 騰貴《とうき》 ☐ 高騰《こうとう》 ⇔ 下落《げらく》
- ☐ 剛健《ごうけん》 ⇔ 柔弱《にゅうじゃく》
- ☐ 罷免《ひめん》 ⇔ 任命《にんめい》
- ☐ 悲哀《ひあい》 ⇔ 歓喜《かんき》

資料7 よく出る 類義語の問題

類義語の組み合わせは一つではないので、熟語の意味も考えて覚えましょう。

使い方▼下の類義語の部分に赤シートをあてて、隠れた熟語を考えてみましょう。

- ☐ 忍耐《にんたい》 ☐ 辛抱《しんぼう》 ＝ 我慢《がまん》
- ☐ 秀逸《しゅういつ》 ☐ 屈指《くっし》 ☐ 卓越《たくえつ》 ☐ 卓絶《たくぜつ》 ☐ 出色《しゅっしょく》 ☐ 非凡《ひぼん》 ＝ 抜群《ばつぐん》

- ☐ 肯定《こうてい》 ＝ 是認《ぜにん》
- ☐ 伯仲《はくちゅう》 ＝ 互角《ごかく》
- ☐ 回顧《かいこ》 ＝ 追憶《ついおく》
- ☐ 勲功《くんこう》 ☐ 殊勲《しゅくん》 ☐ 功績《こうせき》 ＝ 手柄《てがら》
- ☐ 紛糾《ふんきゅう》 ＝ 混乱《こんらん》
- ☐ 干渉《かんしょう》 ＝ 介入《かいにゅう》

- 懲戒《ちょうかい》・制裁《せいさい》 ＝ 処罰《しょばつ》
- 丁寧《ていねい》・克明《こくめい》・綿密《めんみつ》 ＝ 丹念《たんねん》
- 泰然《たいぜん》 ＝ 沈着《ちんちゃく》
- 酌量《しゃくりょう》・勘案《かんあん》 ＝ 考慮《こうりょ》
- 遺憾《いかん》 ＝ 残念《ざんねん》
- 奔走《ほんそう》 ＝ 尽力《じんりょく》
- 貢献《こうけん》 ＝ 寄与《きよ》
- 是認《ぜにん》 ＝ 肯定《こうてい》
- 変遷《へんせん》 ＝ 推移《すいい》

- 同等《どうとう》 ＝ 匹敵《ひってき》
- 輸送《ゆそう》 ＝ 運搬《うんぱん》
- 猶予《ゆうよ》 ＝ 延期《えんき》
- 醜聞《しゅうぶん》 ＝ 汚名《おめい》
- 動転《どうてん》 ＝ 仰天《ぎょうてん》
- 憤慨《ふんがい》 ＝ 激怒《げきど》
- 普通《ふつう》 ＝ 尋常《じんじょう》
- 熟睡《じゅくすい》 ＝ 安眠《あんみん》
- 激励《げきれい》 ＝ 鼓舞《こぶ》
- 将来《しょうらい》 ＝ 前途《ぜんと》
- 看過《かんか》 ＝ 黙認《もくにん》
- 平穏《へいおん》 ＝ 安寧《あんねい》
- 残念《ざんねん》 ＝ 遺憾《いかん》

- 逝去《せいきょ》 ＝ 永眠《えいみん》
- 難点《なんてん》 ＝ 欠陥《けっかん》
- 盲点《もうてん》 ＝ 死角《しかく》
- 慶賀《けいが》 ＝ 祝福《しゅくふく》
- 庶民《しょみん》 ＝ 大衆《たいしゅう》
- 懇切《こんせつ》 ＝ 丁重《ていちょう》
- 対価《たいか》 ＝ 報酬《ほうしゅう》
- 永遠《えいえん》 ＝ 悠久《ゆうきゅう》
- 道徳《どうとく》 ＝ 倫理《りんり》
- 看護《かんご》・看病《かんびょう》 ＝ 介抱《かいほう》
- 左遷《させん》 ＝ 降格《こうかく》
- 薄情《はくじょう》 ＝ 冷淡《れいたん》

- 根底《こんてい》・根幹《こんかん》 ＝ 基盤《きばん》
- 首肯《しゅこう》・了解《りょうかい》・了承《りょうしょう》 ＝ 納得《なっとく》
- 厄介《やっかい》・大儀《たいぎ》 ＝ 面倒《めんどう》
- 邸宅《ていたく》 ＝ 屋敷《やしき》
- 幽閉《ゆうへい》 ＝ 監禁《かんきん》
- 駆逐《くちく》 ＝ 追放《ついほう》
- 倫理《りんり》 ＝ 道徳《どうとく》
- 顕著《けんちょ》 ＝ 歴然《れきぜん》
- 道端《みちばた》 ＝ 路傍《ろぼう》

資料8

よく出る 熟語の構成の問題

熟語がどのような構成になっているか、見分け方のコツをつかみましょう。

使い方▼ 熟語の構成のしかたについて確認しましょう。赤シートをあてて読み方もチェックしてみましょう。

ア （同じような意味の漢字を重ねたもの）でよく出題される熟語

上の字と下の字、それぞれの意味を考え、同じような意味であればこの構成。

（例）枢要　物事のかなめ ＝ 物事のかなめ

- □ 枢要《すうよう》
- □ 災禍《さいか》
- □ 珠玉《しゅぎょく》
- □ 安寧《あんねい》
- □ 旋回《せんかい》
- □ 虜囚《りょしゅう》
- □ 把握《はあく》
- □ 扶助《ふじょ》
- □ 擬似《ぎじ》
- □ 搭乗《とうじょう》
- □ 媒介《ばいかい》
- □ 賠償《ばいしょう》
- □ 紛糾《ふんきゅう》
- □ 紡績《ぼうせき》
- □ 飢餓《きが》
- □ 享受《きょうじゅ》
- □ 謹慎《きんしん》
- □ 愉悦《ゆえつ》
- □ 憂愁《ゆうしゅう》
- □ 逸脱《いつだつ》
- □ 勧奨《かんしょう》
- □ 献呈《けんてい》
- □ 研磨《けんま》
- □ 充満《じゅうまん》
- □ 俊敏《しゅんびん》
- □ 分析《ぶんせき》
- □ 威嚇《いかく》
- □ 寡少《かしょう》
- □ 打撲《だぼく》
- □ 土壌《どじょう》

イ （反対または対応の意味を表す字を重ねたもの）でよく出題される熟語

上の字と下の字、それぞれの意味を考え、反対または対応する意味であればこの構成。

（例）禍福　わざわい ⇔ 幸い。しあわせ。

- □ 禍福《かふく》
- □ 巧拙《こうせつ》
- □ 寛厳《かんげん》
- □ 親疎《しんそ》
- □ 慶弔《けいちょう》
- □ 往還《おうかん》
- □ 去就《きょしゅう》
- □ 疎密《そみつ》
- □ 存廃《そんぱい》
- □ 衆寡《しゅうか》
- □ 繁閑《はんかん》
- □ 抑揚《よくよう》
- □ 興廃《こうはい》
- □ 隠顕《いんけん》
- □ 多寡《たか》
- □ 雅俗《がぞく》
- □ 虚実《きょじつ》
- □ 剛柔《ごうじゅう》
- □ 出没《しゅつぼつ》
- □ 点滅《てんめつ》
- □ 任免《にんめん》
- □ 添削《てんさく》
- □ 起伏《きふく》
- □ 屈伸《くっしん》
- □ 経緯《けいい》
- □ 硬軟《こうなん》
- □ 早晩《そうばん》
- □ 彼我《ひが》
- □ 美醜《びしゅう》
- □ 緩急《かんきゅう》

ウ （上の字が下の字を修飾しているもの）でよく出題される熟語

上の字から下の字に読むと意味がわかるものはこの構成。

（例）酪農　乳製品に関する → 農業

- □ 酪農《らくのう》
- □ 奔流《ほんりゅう》
- □ 漆黒《しっこく》
- □ 庶務《しょむ》
- □ 独吟《どくぎん》
- □ 急逝《きゅうせい》

懇請《こんせい》 緒論《しょろん》 漸進《ぜんしん》 腐臭《ふしゅう》 偏在《へんざい》 暗礁《あんしょう》
貴賓《きひん》 尚早《しょうそう》 繊毛《せんもう》 塑像《そぞう》 直轄《ちょっかつ》 酷使《こくし》
酷似《こくじ》 淑女《しゅくじょ》 逓増《ていぞう》 媒体《ばいたい》 頻発《ひんぱつ》 逸話《いつわ》
環礁《かんしょう》 公邸《こうてい》 公僕《こうぼく》 懇談《こんだん》 醜態《しゅうたい》 硝煙《しょうえん》
勅使《ちょくし》 独酌《どくしゃく》 筆禍《ひっか》 墨汁《ぼくじゅう》 抹茶《まっちゃ》

エ（下の字が上の字の目的語・補語になっているもの）でよく出題される熟語

下の字に「て・に・を・は」をつけ、下の字から上の字に読むことができればこの構成。

（例）検疫 ― 病気（を） 取り調べる

検疫《けんえき》 罷業《ひぎょう》 遷都《せんと》 争覇《そうは》 挑戦《ちょうせん》 遮光《しゃこう》
殉職《じゅんしょく》 上棟《じょうとう》 克己《こっき》 座礁《ざしょう》 殉教《じゅんきょう》 叙勲《じょくん》
贈賄《ぞうわい》 還元《かんげん》 抗菌《こうきん》 奨学《しょうがく》 造幣《ぞうへい》 懲悪《ちょうあく》
徹夜《てつや》 撤兵《てっぺい》 廃刊《はいかん》 防疫《ぼうえき》 懐古《かいこ》 収賄《しゅうわい》
渉外《しょうがい》 免疫《めんえき》 閲兵《えっぺい》 崇仏《すうぶつ》 遭難《そうなん》 盗塁《とうるい》

オ（上の字が下の字を打ち消しているもの）でよく出題される熟語

上の字が打ち消しの意味をあらわす「不」「未」「無」「非」であればこの構成。

（例）不利 ― 利点・メリット（が） ない

不肖《ふしょう》 未遂《みすい》 未踏《みとう》 不穏《ふおん》 未了《みりょう》 無粋《ぶすい》
不詳《ふしょう》 不偏《ふへん》 不遇《ふぐう》 無謀《むぼう》 未詳《みしょう》 不浄《ふじょう》
未刊《みかん》 無臭《むしゅう》 不振《ふしん》 不惑《ふわく》 未婚《みこん》 不祥《ふしょう》
未到《みとう》 未来《みらい》 無為《むい》 無窮《むきゅう》 不朽《ふきゅう》 不審《ふしん》
未納《みのう》 不屈《ふくつ》 不粋《ぶすい》 不滅《ふめつ》 未熟《みじゅく》 無償《むしょう》
無尽《むじん》 無恥《むち》 不慮《ふりょ》 未明《みめい》 無類《むるい》

都道府県名 一覧

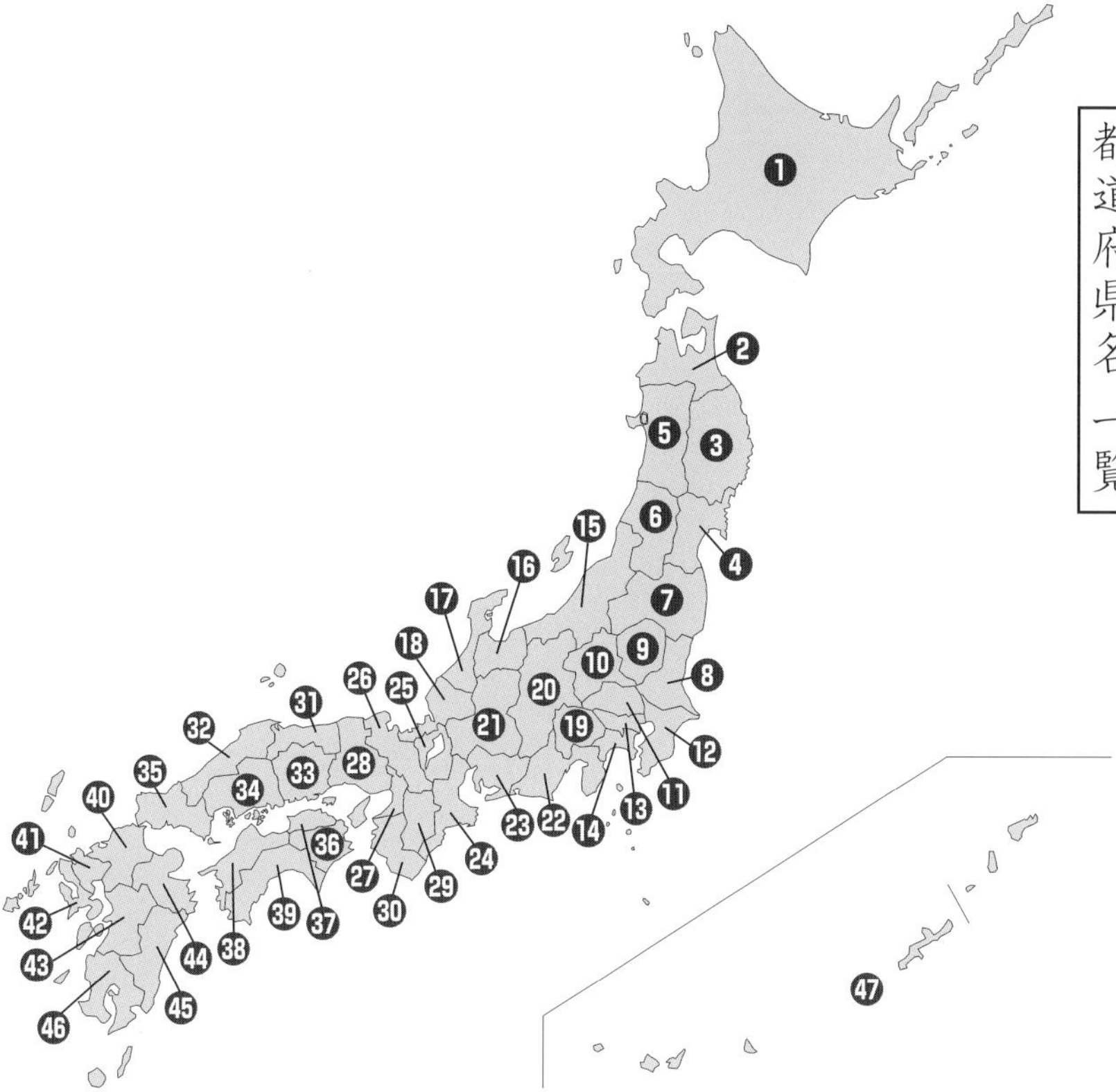

1	2	3	4	5	6	7	8	9	10	11	12	13	14	15	16
北海道《ほっかいどう》	青森《あおもり》県	岩手《いわて》県	宮城《みやぎ》県	秋田《あきた》県	山形《やまがた》県	福島《ふくしま》県	茨城《いばらき》県	栃木《とちぎ》県	群馬《ぐんま》県	埼玉《さいたま》県	千葉《ちば》県	東京都《とうきょうと》	神奈川《かながわ》県	新潟《にいがた》県	富山《とやま》県

17	18	19	20	21	22	23	24	25	26	27	28	29	30	31	32
石川《いしかわ》県	福井《ふくい》県	山梨《やまなし》県	長野《ながの》県	岐阜《ぎふ》県	静岡《しずおか》県	愛知《あいち》県	三重《みえ》県	滋賀《しが》県	京都府《きょうとふ》	大阪府《おおさかふ》	兵庫《ひょうご》県	奈良《なら》県	和歌山《わかやま》県	鳥取《とっとり》県	島根《しまね》県

33	34	35	36	37	38	39	40	41	42	43	44	45	46	47
岡山《おかやま》県	広島《ひろしま》県	山口《やまぐち》県	徳島《とくしま》県	香川《かがわ》県	愛媛《えひめ》県	高知《こうち》県	福岡《ふくおか》県	佐賀《さが》県	長崎《ながさき》県	熊本《くまもと》県	大分《おおいた》県	宮崎《みやざき》県	鹿児島《かごしま》県	沖縄《おきなわ》県

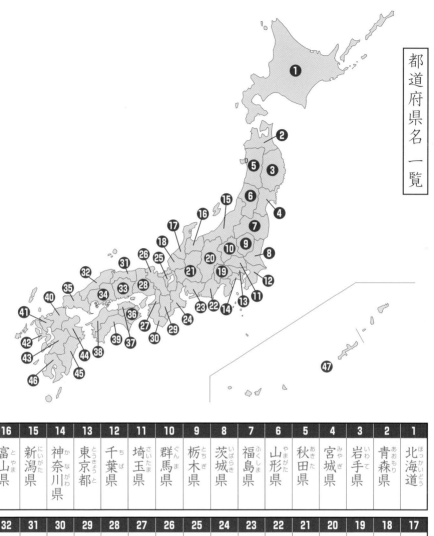

矢印の方向に引くと、取り外せます。→